名师工程 教研提升系列

赣南师范大学教材建设基金资助项目
汉语言文学国家一流专业建设点资助出版项目

中学散文名篇解读与教学设计

主　编／江梅玲
副主编／刘家秀　龙中强

西南大学出版社
国家一级出版社
全国百佳图书出版单位

图书在版编目（CIP）数据

中学散文名篇解读与教学设计 / 江梅玲主编 . -- 重庆：西南大学出版社，2024.5
ISBN 978-7-5697-2080-8

Ⅰ.①中… Ⅱ.①江… Ⅲ.①中学语文课－教学研究 Ⅳ.①G633.302

中国国家版本馆CIP数据核字(2024)第003266号

中学散文名篇解读与教学设计

ZHONGXUE SANWEN MINGPIAN JIEDU YU JIAOXUE SHEJI

江梅玲　主编

刘家秀　龙中强　副主编

责任编辑：雷　兮
责任校对：赖晓玥
排　　版：杨建华
出版发行：西南大学出版社（原西南师范大学出版社）
　　　　　　地址：重庆市北碚区天生路2号
　　　　　　邮编：400715　市场营销部电话：023-68868624
经　　销：全国新华书店
印　　刷：重庆市正前方彩色印刷有限公司
成品尺寸：170 mm×240 mm
印　　张：16.25
字　　数：280千字
版　　次：2024年5月　第1版
印　　次：2024年5月　第1次印刷
书　　号：ISBN 978-7-5697-2080-8
定　　价：68.00元

编委会

主　编：江梅玲

副主编：刘家秀　龙中强

编　委：黄维萍　刘　玮　￼　刘学洋
　　　　　曹　钢　夏朝阳　　　黄运华
　　　　　沈江虹　刘￼　　　　￼国英
　　　　　陈淑妮　叶￼　　　　张雅雯

序

《中学散文名篇解读与教学设计》一书以中学散文教学为研究对象,选取了10篇中学教材的经典篇目,如《背影》《故都的秋》《荷塘月色》等耳熟能详、具有代表性的散文名篇,对其进行文本解读、课例分析及教学设计。鉴于目前中学教学一线对散文名篇的解读思维趋于定式,本书的一大特色便是吸纳了最新的科研成果,集学界众家之长,科学分析了诸家说法,对散文文本进行了更为深入的分析和理解,并试图将最新的科研成果融入教学实践中。在文本解读的过程中,我们不仅注重材料搜集,还尤为重视对散文艺术特色的分析,以凸显现当代散文的艺术魅力。正如习近平总书记所言:"一个国家、一个民族不能没有灵魂。文化文艺工作、哲学社会科学工作就属于培根铸魂的工作,在党和国家全局工作中居于十分重要的地位,在新时代坚持和发展中国特色社会主义中具有十分重要的作用。"本书的编撰者们始终秉持"精品育人"的编写精神,结合新课标对立德树人的要求,深入挖掘中华优秀传统文化,培养学生的民族品格、文化自信以及爱国情操。

离开了实践的教学就如无源之水。本书深入调查了每一篇散文的教学现状,各自选取了8~10篇公开发表的教学课例,细致分析其教学目标、教学重点、教学难点、教学内容、教学方法,以表格统计的方式全面而直观地呈现了散文教学的现状,并分析了其中存在的一些不足之处。总体来说,目前的散文教学对于文本的解读较为单一,较少结合新成果引导学生从多角度、多方面领略散文的思想内容与情感世界。再者,目前的教学较为忽视对学生艺术感知、审美能力的培养。这不仅需要教学理念的更新,还要在应试教育与素养培育之间找到平衡点,这也是本书的着力点之一。本书在详细的课例分析后结合学情进行了教学设计,力图做到理论与实践相统一,为中学一线语文教师提供教学参考。

本书的编纂者由大学教师、中学教师、学科语文研究生团队组成。作为主编,我非常荣幸地邀请到了一批优秀的博士教师投身本书的撰写,他们除了要完成繁忙的教学科研工作之外,还对中学教育投入了极大的热情,反复修改稿件,这是尤为难能可贵的,同时也成为本书可靠的质量保证。感谢来自中学一线教学名师们的指导,他们对本书提出了很多建设性意见,使它更为贴近教学一线。另外还要感谢我的朋友们以及我的研究生团队对本书的辛苦付出,在他们身上,我看到了中学教育的传承不息。感谢赣南师范大学以及文学院领导、同事对编写团队的大力支持,作为师范院校,学校始终把培养优秀的师范生作为不懈努力的目标,本书不仅获得了赣南师范大学教材建设基金的资助,也是文学院汉语言文学国家一流专业建设点的成果。百年大计,教育为本,但愿本书的出版能为中学语文教育贡献一份绵薄之力!

此为序。

江梅玲

2023 年 11 月 2 日

目 录

第一课 《背影》文本解读与教学设计
　　一、教学文本解读 …………………………………………… 2
　　二、典型课例分析 …………………………………………… 13
　　三、基于课例分析的教学建议 ……………………………… 24
　　四、教学设计参考 …………………………………………… 26

第二课 《春》文本解读与教学设计
　　一、教学文本解读 …………………………………………… 30
　　二、典型课例分析 …………………………………………… 36
　　三、基于课例分析的教学建议 ……………………………… 46
　　四、教学设计参考 …………………………………………… 47

第三课 《济南的冬天》文本解读与教学设计
　　一、教学文本解读 …………………………………………… 51
　　二、典型课例分析 …………………………………………… 56
　　三、基于课例分析的教学建议 ……………………………… 67
　　四、教学设计参考 …………………………………………… 69

第四课 《藤野先生》文本解读与教学设计
　　一、教学文本解读 …………………………………………… 72
　　二、典型课例分析 …………………………………………… 81
　　三、基于课例分析的教学建议 ……………………………… 90
　　四、教学设计参考 …………………………………………… 92

第五课 《从百草园到三味书屋》文本解读与教学设计
　　一、教学文本解读 …………………………………………… 97
　　二、典型课例分析 …………………………………………… 107
　　三、基于课例分析的教学建议 ……………………………… 116
　　四、教学设计参考 …………………………………………… 118

第六课 《回忆我的母亲》文本解读与教学设计
- 一、教学文本解读 ……………………………………120
- 二、典型课例分析 ……………………………………129
- 三、基于课例分析的教学建议 ………………………137
- 四、教学设计参考 ……………………………………140

第七课 《白杨礼赞》文本解读与教学设计
- 一、教学文本解读 ……………………………………144
- 二、典型课例分析 ……………………………………158
- 三、基于课例分析的教学建议 ………………………170
- 四、教学设计参考 ……………………………………172

第八课 《我与地坛》文本解读与教学设计
- 一、教学文本解读 ……………………………………177
- 二、典型课例分析 ……………………………………187
- 三、基于课例分析的教学建议 ………………………197
- 四、教学设计参考 ……………………………………200

第九课 《故都的秋》文本解读与教学设计
- 一、教学文本解读 ……………………………………204
- 二、典型课例分析 ……………………………………210
- 三、基于课例分析的教学建议 ………………………223
- 四、教学设计参考 ……………………………………224

第十课 《荷塘月色》文本解读与教学设计
- 一、教学文本解读 ……………………………………229
- 二、典型课例分析 ……………………………………234
- 三、基于课例分析的教学建议 ………………………245
- 四、教学设计参考 ……………………………………246

第一课 《背影》文本解读与教学设计

《背影》是朱自清先生的回忆性散文。文中回忆了1917年作者前往北京上学,父亲亲自送他去火车站,并穿过铁道为他买橘子的往事,表现出了父亲对儿子的深切之爱。父亲攀爬月台的"背影"给儿子留下了深刻的印象。时隔8年之后,朱自清收到了父亲的来信,勾起了他对往事的回忆,眼前又浮现出了父亲的背影,于是写下了这篇经典之作。

朱自清作为散文大家,尤擅写景抒情,多用比喻、拟人等修辞手法,写景状物生动形象,语言典雅自然。如《春》《荷塘月色》等写景名篇,优美隽秀,引人入胜。正如郁达夫所言:"朱自清虽则是一个诗人,可是他的散文仍能够贮满着那一种诗意。"[①]朱自清的散文具有古典诗词的意境美、形象美和情感美,真正做到了情景交融,浑然一体。而《背影》在朱自清的散文中是特别的。《背影》记叙的是日常生活的琐事,语言平实自然,情感质朴真挚。正如评论家指出的,《背影》能够感人至深,"并不是凭藉了甚么宏伟的结构和华瞻的文字,而只是凭了它的老实,凭了其中所表达的真情"[②]。在这短短的1500字之中,表现出了朱自清对父子关系的追忆、反思、忏悔、珍惜,这既有典型性,又有普遍性,能引起广大读者的共鸣。朱自清曾出版了以《背影》为名的散文集,可见其本人对于这篇文章的重视和偏爱。

自20世纪80年代以来,《背影》一文一直被收录在中学语文教材中,"背影"已成为现代散文中"父爱"的代名词。本文以部编版初中语文八年级上册收录的课文为基础进行文本解读与教学设计。

---

① 朱自清.读书指导[M].南京:江苏人民出版社,2020:191.
② 姜建,吴为公.朱自清年谱[M].合肥:安徽教育出版社,1996:65.

一、教学文本解读

(一)主题分析

一般认为,《背影》是一篇表现父子之情的散文。然而近年来,不少学者认为不能简单地从"父子之情"这一种角度来理解《背影》的内蕴。如季羡林先生就指出:"读朱自清先生的《背影》,就应该把眼光放远,远到齐家、治国、平天下,然后才能真正体会到这篇名文所蕴涵的真精神。若只拘泥于欣赏真挚感人的父子之情,则眼光就未免太短浅了。"[①]更有学者认为:"《背影》中父爱只是题材,而表达的主题则是作者对五四时期新文化运动的理性反思。"[②]《背影》产生的特殊时代背景已被学者们所广泛关注。朱自清深受启蒙主义思想的影响,反对封建旧道德,并积极参加了"新文化运动"。在那个水深火热、反帝反封建运动风起云涌的年代,"破旧立新"不仅在全社会引起了巨大反响,也在家庭层面掀起了震荡,而"父子"关系又是家庭伦理的集中体现。在这个背景下审视朱自清父子的关系,我们才能真正理解《背影》中父子之间的矛盾隔阂。

首先,朱自清与父亲平日的相处是怎样的?朱自清为何在此次送别发生的8年之后才写下《背影》?这已经得到了学术界的广泛关注。随着对朱自清生平经历的深入了解,这些问题也有了较为清晰的答案。朱自清生长在一个旧式家庭,父亲在家庭中的地位是专断的。文中提到父亲"少年出外谋生,独立支持,做了许多大事",可看出父亲是家里的顶梁柱。然而父亲"老境却如此颓唐""家庭琐屑便往往触他之怒"。作为一家之主的父亲,与儿子之间存在诸多沟通上的问题。而据学者找到的朱自清的生平资料显示,早年朱父执意纳妾,这不仅导致了严重的家庭矛盾,造成了经济紧张,还因此被上司撤掉了职务,使得祖母抑郁而亡。造成家庭"祸不单行"的原因,正是父亲一系列的荒唐做法。不仅如此,朱自清之后在扬州任职,父亲为了满足家庭开销,霸道地截走了他全部的薪酬。[③]儿子已经成年,并且组建了自己的家庭,父亲却依然以一种专制的姿态支配着儿子,对于追求自由、民主的朱自清而言,这无疑是无法接受的。

---

① 季羡林.季羡林说朱自清散文《背影》[J].名作欣赏,2003(3):2.
② 吕高超.《背影》的文化意蕴解读[J].语文建设,2011(2):51.
③ 孙绍振.《背影》的美学问题[J].语文建设,2010(6):44.

思想的隔阂是横亘在父子间的障碍,新旧的对抗暗藏在这对父子之间,父子关系逐渐冷淡,但人伦之情终于消弭了这种隔阂。父亲年老了,关心儿子的生活,忆念着孙子。8年之后,朱自清也已为人父,逐渐意识到作为一名父亲的艰辛与责任,对于自己的父亲也有了更多的体谅。他认识父亲之所以与他有诸多的矛盾,一是父亲晚年工作、生活皆不如意,"触目伤怀",故而容易动怒。再者,作为儿子,他并没有足够地理解父亲。父子之间由此达成了和解。父亲来信中称"大约大去之期不远",这让以往的纠纷矛盾顿时变得无足轻重。父子彼此之间的"不好"便淡去了,亲情的美好让朱自清格外珍惜。

从更宽阔的背景去审视《背影》,的确能让我们对父子之间的"隔阂"有更深层的理解。文中"满院狼藉的东西""家中光景很是惨淡,一半为了丧事,一半为了父亲赋闲"等叙述,隐含着作者对父亲的失望。而父亲"待我渐渐不同往日""两年的不见"也暗示了父子近些年来的矛盾很深。不得不说,造成这些的,确实有思想隔阂、社会环境、文化氛围等诸多方面的因素。但是就文本本身而言,《背影》并没有直接表现出对"新文化运动"的反思,而是以回忆的视角去展现父子之间的互动,写出作者对于"父爱"这一沉重命题的新体会。这其间固然夹杂着时代、文化等的影响,但"父爱"是超越时空的,隔阂和对抗都不能消解其存在本身的伟大意义,这使得《背影》这篇文章有了永恒的意味。父与子,有着各自不同的成长环境和人生体验,因而出现了认知的偏差和情感的错位,这在文章中表现为儿子对父亲的嫌弃、误解。而儿子最终能够超越这些,触摸到人性最深处的柔软,抵达爱的彼岸,这才是《背影》所要表现的主题。

在《背影》中,儿子对父亲的逆反并非直接指向专制的"父权"。父亲在家庭极度困难的情况下依旧是家庭的"主心骨",还宽慰儿子"不必难过",可见,在心理上,父亲依旧是儿子的依靠。这不难理解,当时的朱自清不过是一个20岁的青年人。这个年纪的青年人,虽已成年,有了比较强的独立自主的意识,但在心理上还是不够成熟的,与家长的关系正处于"若即若离"的过渡时期。一方面,从早年对父亲的依赖转变成了理性的思考,父亲的权威性也随之削弱。作为一个生理成熟的男性个体,儿子与父亲之间也构成潜在的竞争关系,由此也会产生一种试图超越、凌驾对方的心理。另一方面,长期在父母关怀下成长的青年人,虽对独立的生活跃跃欲试,但缺乏足够的阅历,还习惯性地在"被照

顾"中汲取温暖。

然而在家长的眼中,孩子永远是孩子,永远是被照顾的对象,这是一种情感的本能。当这种情感的本能遇上了孩子的矛盾心理,就造就了"不理解"与"理解"并存的局面。《背影》的出色之处正在于将这种矛盾细腻地描写了出来。父亲明明很忙,也嘱咐了茶房照顾"我",但还是不放心,决定要亲自送"我"去车站,而"我"却认为自己已往返北京两三次,这种相送是不必要的。父亲与脚夫讲价钱,而"我"却觉得"他说话不大漂亮,非自己插嘴不可"。父亲又托茶房照应"我","我"却在"心里暗笑他的迂",认为自己已看穿了茶房只认钱,并不会真的照应自己。"我"对父亲行为的嫌弃和嘲笑,很大程度上在于父亲的做法使得自己的尊严受到了损伤。"我"认为父亲在面临一系列问题时是不够高明、不够体面的,并自以为已经透过现象看到了本质,能够比父亲更好地去解决这些问题。这一切都体现出了一个青春期男孩的敏感和逆反。

在面对离别时,父亲对儿子充满了担忧和不舍,但是作为一家之主的父亲是不善言辞的,他只能通过其他方式表达对儿子的关心和爱护。父亲穿过铁道买橘子的行为就集中体现出了父亲的关爱。和之前一系列事情一样,"买橘子"似乎也是"多此一举"的行为。买橘子不仅要穿过铁道,还需要攀爬月台,是一件费力的事情。再者,父亲是一个胖子,这更加大了攀爬的难度。然而父亲坚持要过去,他努力攀爬月台的背影让我深受感动。等父亲回来后,"我赶紧去搀他"。父亲送别"我"离开后,"等他的背影混入来来往往的人里,再找不着了,我便进来坐下,我的眼泪又来了"。与之前的嫌弃和逆反不同,这一次"我"对于父亲的行为是深深理解,并为之感动的。"我"注意到了这样的细节:父亲将橘子给"我"之后,"心里很轻松似的"。父亲买橘子,既是为了照顾儿子,让儿子感到开心,同时父亲也能通过这样的行为让自己感到安心和愉快。父母之爱的伟大正在于无私地付出和给予,只要孩子接收到了他们的关爱,他们就会感到幸福。父亲以他的执着和努力感化了儿子,让儿子终于意识到,父亲之所以做这些看似"多此一举"的事,完全是为了表达一份心意。

在《背影》中,接收到橘子的"我"体会到了"被照顾"的温暖,同时对于离别也有了更深的体会。文中所描绘的火车站送别,本就是一个典型的"离别"场景。作为儿女,与父母分离而过上独立的生活,往往就始于乘火车远行。儿女的独立是一种成长的必然,但是自此之后,孩子们与父母、长辈的距离却不似从前紧密了。祖母的离去已经在"我"心里留下了阴影,在看到父亲蹒跚的步履、肥胖的背影之后,"我"发现父亲也在老去。朱自清"窥见了父亲的普通、平凡,感叹生命流逝不回的悲哀"①。而文章最后一段加深了这种离别的伤感。在这次送别之后,"我"与父亲发生了诸多矛盾,之后更是长达2年不相见。后来,父亲来信说自己膀子疼,"大约大去之期不远矣","我"感叹"不知何时再能与他相见"。文章触碰到了"死亡"这一沉重话题,表现出了对人世的身不由己,对时光逝去的无可奈何以及对亲密之人必然离去的悲伤。

《背影》中所流露的生命意识也被广泛关注,甚至有教师指出:"若把《背影》一文比作核弹,'死亡'就是该篇的'核按钮'。"②"大约大去之期不远矣"是"《背影》一文之灵魂"③,并认为"《背影》所有解读都须回归'大去之期不远、生命脆弱与短暂'"④。持此种观点者认为"大去之期不远"是促使朱自清写下《背影》的原因,并指出《背影》一文中多次提到死亡,儿子的4次落泪均与死亡有关系,对于父亲衰老身影的描绘也指向生命的脆弱。对于此种观点,也有学者提出了不同意见。例如李华平就指出上述观点缺乏科学依据,将文本的写作原因误当成了写作的主旨,用自己的生活经验代替了对《背影》文本的解读。⑤

综合考量《背影》一文,我认为后者的观点更为妥当。《背影》虽然多次提到"死亡",但是文章内容并非聚焦于对"死亡"的理解和反思。文中虽然开篇就提到了祖母的死,但仅是一笔带过,其主要表现的是家庭的变故对父亲和"我"的影响。父亲攀爬月台的身影,让"我"感受到了父亲的衰老,因此落泪。父亲买完橘子之后便与"我"告别,"我"看着父亲离开,消失在人群之中,离别让"我"再次流泪。"衰老"和"离别"是促发我情绪涌动的直接原因。"我"在父亲的

---

① 李沁璜.父与子:《背影》中的生命与文化解读[J].语文建设,2018(33):48.

② 韩军.生之背,死之影:不能承受的生命之轻(上)——《背影》新解码[J].语文教学通讯,2012(2):43.

③ 韩军.生命匆匆 大去不远——朱自清阐释的《背影》灵魂[J].中学语文教学参考,2018(20):40.

④ 韩军.生命匆匆 大去不远——朱自清阐释的《背影》灵魂[J].中学语文教学参考,2018(20):43.

⑤ 李华平.朱父来信真是为了"预告死期"吗?——兼与韩军《背影》新解读商榷[J].语文教学通讯,2018(35):23—29.

衰老中体会到了父亲的不容易以及父亲对"我"的关爱,与父亲的离别让"我"感到伤感和眷恋。不能把对"衰老"和"离别"的情绪体验直接等同于对"死亡"的感知,并因此认为"大去之期不远矣"就是文章的主题。《背影》表现出了比较浓厚的生命意识,行文弥漫着悲凉的情绪,这奠定了文章的基调,构成了文章的叙述语境,凸显了"父子情"这一主题。《背影》一文所着力描写的是"我"与父亲之间的互动以及父亲的"背影",体现出了"我"对父子关系的反思,对父爱的更深入理解。文章所采用的艺术手法都是围绕这一主题进行的。下一部分将对此展开分析。

(二)艺术特色

《背影》以其真挚的情感、细腻的描写、平实的语言,感染了一代代读者,成为现代散文的名篇。对《背影》的艺术分析,也多从以上几个方面展开。应该说,一篇散文的主题思想和艺术手法是相互成就的。对主题的挖掘,有利于我们理解作者的意象选取、形象塑造和行文安排,而对文章艺术特色的分析,则有利于我们进一步体会文章的情感内涵。本文试对文章的核心意象——"背影"进行解读,并从人物形象塑造、文章结构的安排等方面剖析《背影》的艺术特色。

1."背影"意象解读

《背影》这篇文章最大的特色就是提炼了"背影"这一独特的意象作为父爱的载体。正如吴晗先生所言,"在中学生心目中,'朱自清'三个字已经和《背影》成为不可分的一体了"[①]。《背影》的成功很大程度上在于"背影"这一意象契合了人们心中对父子关系的感受和理解,从而引起了读者的广泛共鸣。

前文提到,朱自清与父亲之间存在许多矛盾和隔阂,从中反映出了青春期男孩的叛逆,这种父子关系是具有普遍性的。再者,在中国传统家庭伦理中,父子关系居于最中心的位置,父辈往往将子辈视作生命的延续。这种"子受命于父"的观念强调儿子对父亲的顺从,而随着儿子独立意识的增强,父子关系往往会有微妙的紧张。在《背影》中,朱自清虽然并没有直接批评父亲的蛮横与专制,但结合他在家庭中的处境,他对父亲行为的否定显然隐藏着上述心

---

① 苏双碧.吴晗自传书信文集[M].北京:中国人事出版社,1993:94.

理。中国旧式家庭中以"父权"为主导的模式加剧了父子之间的紧张,这种紧张往往造成父子间直接的对抗。而"背影"这一意象的绝妙之处正在于以背离的姿态消解了父子间直接的冲突,以物理的距离延伸出反思及情绪酝酿的空间。

　　《背影》是一篇回忆性散文,朱自清在时隔8年之后重新回忆与父亲的相处。在经历了多年的分离和隔阂之后,父子关系已破冰。朱自清在文中对父亲这些年的"坏脾气"表示了理解,对自己当年看似"聪明"的行为举动进行了反思。父子间的矛盾和冲突正是此时的朱自清希望去淡化的。他突出父亲对自己的问候和关爱,是为了让过去的不愉快"翻篇",体现出对亲情的珍惜。"背影"象征着对矛盾的搁置与消解。面对过去的送别,朱自清的回忆具有"在场性"与"非在场性"相统一的特点。他穿越时空回到了送别的场景,如实地写下自己当时与父亲的冲突。但心境已然发生了重大变化的朱自清却忍不住从过去抽离出来,评价那个"不懂事"的自己:"我那时真是聪明过分""唉,我现在想想,那时真是太聪明了!"从中我们可以体会到朱自清的自责和后悔。那时的他,因为看到了父亲表面的"不高明"而沾沾自喜,却在父亲的"背影"中体会到了父亲的爱。无论是父亲的转身,还是之后父子二人长久的分离,都让父子之间的矛盾得到了缓冲甚至消解,让朱自清得以在距离中反思自我,体味父爱的沉重。

　　另外,"背影"这一意象还体现出了父爱的含蓄,契合了东方人内敛深沉的审美取向。前文已述,父亲做了许多看似"多此一举"的行为,其实都是为了向儿子表达一份心意。与西方人较为热烈、直接地表达情感不同,东方人对待感情是委婉、含蓄的。这在父子关系中体现得尤为明显。我们常常说"父爱如山",父亲往往不够细腻温柔,也不善言辞,不会直接表达对子女的关爱,而是通过自己的行动去呵护孩子。在《背影》中,父亲与"我"之间面对面的沟通是不够顺畅的,"我"心里似乎总想和父亲较劲,并没有深切感受到父亲对"我"的关爱。而当"我"看到父亲攀爬月台的背影时,却感动得流下了泪水。"我"强烈地接收到了父亲的心意,并由此产生了一种眷恋和不舍。父亲的背影"混入来来往往的人里,再找不着了,我便进来坐下,我的眼泪又来了"。"我"再次流泪,是因为分离,也因为读懂了父亲的含蓄,对父爱有了深切的感知。在《背影》

中，"我"对父爱的理解是有些后知后觉的。"背影"这一意象是沉默的，含而不露、意味深长的，正象征着父爱的深沉和委婉。朱自清在经历了漫长的岁月之后，对父亲的背影念念不忘，便可以看出父爱的醇厚和余韵。

再者，"背影"是背对着离开的形象，正如学者所言："背影是关于离去的隐喻。"[1] 文中 4 次出现了"背影"，2 次是作者"当下"的回忆，另外 2 次是作者"过去"的观察。文章开头，朱自清写道："我与父亲不相见已二年余了，我最不能忘记的是他的背影。"文中流露出了较为浓厚的追忆之情。与父母渐行渐远是人生的常态，是无奈的必然，这其中隐含着对生命的悲剧意识。在文中，"我"看着父亲到月台对面买橘子的背影，又看着父亲的背影消失在人群里，这些都让"我"涌起了离别之情。在文章末尾，朱自清收到了父亲的来信，信中父亲称自己"膀子疼痛厉害，举箸提笔，诸多不便，大约大去之期不远矣"。父亲提到了"死亡"，自然勾起了儿子的怀念和悔恨。最终的分离终将不可避免地到来，这让朱自清意识到过去的自己是多么地身在福中不知福。我们常说："父母在时，人生尚有来处；父母去时，人生只剩归途。"这是所有人都要面对的人生课题，而离别也让我们得以更深刻地感知亲情的伟大，反思自我的生命。

总之，"背影"这一意象暗示了父子隔阂的消解，表现出了父爱的委婉含蓄，也体现出了离别的人生课题。朱自清将自己对父子关系的深切体验凝聚在了"背影"这一意象中，不仅切合了人们的文化心理，还涉及了对人生终极命题的理解，彰显了人情人性之美。

2."父亲"形象的塑造

《背影》之所以能产生广泛的影响力，不仅在于作者提炼出了"背影"这一意象，深刻诠释了父爱，还在于文中运用了多种手法成功塑造了父亲的形象。"父亲"是《背影》这篇文章所着力表现的对象，他的形象是丰富而有层次的。

在文章中，朱自清没有刻画父亲的肖像，而是运用较为简洁的白描手法勾勒出父亲的形象："他戴着黑布小帽，穿着黑布大马褂，深青布棉袍""肥胖的身子"。文中并没有对父亲的神态、表情做细致的描写，而是用平实的语言描绘了父亲的穿着和体貌，给读者留下了一个深邃的剪影。父亲的外形是朴实而平凡的，象征着父爱的质朴与深沉。

---

[1] 李雨轩.从审父到体父：《背影》的文化人类学阐释[J].中学语文教学,2021(12):44.

《背影》中的对话不多,对父亲的语言描写仅有5处。一是"我"回到家后,满目颓唐,伤心落泪,父亲安慰"我"道:"事已如此,不必难过,好在天无绝人之路!"由此可以看出父亲的善解人意与坚毅乐观。再者是"我"再三劝父亲不必相送,而他只说:"不要紧,他们去不好!"用简短的话语打消了儿子的顾虑。之后是在火车站送别时,父亲说:"我买几个橘子去。你就在此地,不要走动。"表现出了父亲对儿子的关心和不放心。最后是父亲买完橘子后向"我"告别:"我走了,到那边来信!"在走了几步之后,父亲回过头看见"我",说:"进去吧,里边没人。"从父亲的叮咛中可看出他对儿子的深深牵挂。从以上语言描写中可以看出,父亲的话语言简意赅,既反映出了父亲干练的个性,又体现出了父亲对"我"的深切关怀。

文章还特别重视动作描写,在细节中展现父爱。在送"我"这件事情上,父亲"再三嘱咐茶房",力求稳妥,但是无论怎样叮嘱茶房,父亲心里始终是不放心的,"颇踌躇了一会"。"踌躇"一词写出了父亲思想上的犹疑。最终,感情上对于儿子的不放心促使父亲还是要亲自相送。儿子"再三劝他不必去",但拿定主意的父亲并未听劝。无论是对他人的反复叮嘱,还是"我"的再三劝阻,都没能安定父亲那颗担心儿子的心,由此可见父爱的执着和深沉。进了车站后,父亲"便又忙着和他们(脚夫)讲价钱",上车后"拣定了靠车门的一张椅子",又"嘱我路上小心,夜里要警醒些,不要受凉。又嘱托茶房好好照应我"。这一系列的举动可看出父亲深知生活的辛苦,世道的艰难,生怕儿子吃亏。他的小心和谨慎既源于对儿子事无巨细的关怀,也来自他丰富的生活经验。父亲要为"我"买橘子,"蹒跚地走到铁道边,慢慢探身下去""他用两手攀着上面,两脚再向上缩"。这里用了"探""攀""缩"等动词形象地刻画了父亲穿过铁道以及攀爬月台的动作。一连串的行动仿佛是一段生动的影像,写出了攀爬的艰难,展现出了父亲衰老的形象。父亲买完橘子后"先将橘子散放在地上,自己慢慢爬下,再抱起橘子走",到了这边后,"将橘子一股脑儿放在我的皮大衣上。于是扑扑衣上的泥土,心里很轻松似的"。朱自清用朴实无华的语言描写了父亲买橘子的全过程,父亲的动作一直是缓慢的,直到回到我身边,便"一股脑儿"将橘子都给了"我",这个动作是畅快的、迅速的,可见父亲心中的轻松与愉悦。

文章还通过心理描写、回忆等方式侧面刻画了父亲的形象。父亲在上车时对"我"多加叮咛嘱咐,而"我心里暗笑他的迂",认为"(茶房)只认得钱,托他们只是白托!而且我这样大年纪的人,难道还不能料理自己么?"。从"我"的心理描写中可以看出"我"涉世未深,不能够体会父亲的一番苦心,也更加凸显了父亲的谨慎、沉稳和对"我"的关心。除此之外,朱自清还记叙了父亲过往的行事:"他少年出外谋生,独立支持,做了许多大事。"简单几句介绍就勾勒出了一个意气风发、独立干练的少年人形象。而父亲中年的生活却与早年有天壤之别,"祖母死了,父亲的差使也交卸了""回家变卖典质,父亲还了亏空;又借钱办了丧事"。父亲面临着事业、家庭的双重危机,老境变得"颓唐","家庭琐屑便往往触他之怒"。父亲心境变了,脾气变得暴躁,可见他是一个有着很强自尊心的人。

  父亲在外能独当一面,但是在送"我"这件事情上,父亲多少有些"婆婆妈妈"。有学者注意到了这一点:"我们在《背影》中看到的与其是父亲的形象,毋宁是一个母亲的形象;这一充满母亲般的慈爱情怀深深感动着作者朱自清,以至时隔两年后依然印刻在作者心里。"[1]并指出:"这充分体现了作家潜意识里的女性意识和需要。"[2]在朱自清的笔下,父亲对"我"的关怀是无微不至的,这种细心和体贴确实像是母亲,表现出了朱自清对父亲慈爱一面的珍惜。毕竟在现实生活中,他与父亲之间有很多矛盾,这样的温情时刻便显得格外难得和珍贵。《背影》中父亲形象的"母性化",体现了作者对于理想父子关系的憧憬,但若说"作品之所以写父亲的'背影'就是作者潜意识里女性意识投射的结果"[3],文中所表现出的是"女性特有的'慈爱'之心"[4],却又忽视了文中所体现出的父爱的独特性以及作者对父子关系的反思。父亲其实不擅长用语言表达对儿子的关爱,文中多次表现出了父亲的干练,这是男性的特征。文中也用了不少笔墨写"我"心里与父亲的对抗,同时也写了父亲性格上的缺点,与"我"之间的矛盾等,这种关系是典型的父子关系。不能因为父亲形象具有一定的"母性"特征,就认为写父亲的"背影"是作家女性意识投射的结果。"背影"的深层意蕴是父爱的含蓄、深沉,父亲转身以离去的姿态出现在儿子面前时,父子矛

---

[1] 蒋济永.《背影》里的"背影"解读[J].中国现代文学研究丛刊,2001(1):235.
[2] 蒋济永.《背影》里的"背影"解读[J].中国现代文学研究丛刊,2001(1):236.
[3] 蒋济永.《背影》里的"背影"解读[J].中国现代文学研究丛刊,2001(1):239.
[4] 蒋济永.《背影》里的"背影"解读[J].中国现代文学研究丛刊,2001(1):239.

盾得到了消解。"背影"极好地表现出了父子关系的微妙，契合了人们的心理。

因此，《背影》中父亲的形象是丰富复杂的。在家庭中，父亲处于核心地位，是果断干练的顶梁柱；在日常生活中，父亲又表现出了沉稳、谨慎、质朴的一面；在父子关系中，父亲是不善言辞、对儿子关怀备至的慈父，同时父亲也有严厉暴躁的一面。父亲的形象并非完美无缺，但正是因为父亲有缺陷，父子关系有隔阂，儿子才能在成长中更深刻地体会到父爱的深沉和伟大。

3.文章结构的安排

文章结构是文章内容的呈现形式，对表现文章主题有着重要作用。《背影》作为一篇叙事抒情散文，在文章结构的安排上也独具匠心。文章围绕"父亲的背影"展开叙事，由当下回望过去，记叙层层深入，叙事和情感逐渐达到高潮。最后作者的笔触又立足现在，回顾几年来的父子关系，以父亲的来信写出对父亲的思念，并以父亲的"背影"作结，首尾照应。

《背影》第一段开门见山地指出"我"与父亲已经2年不见，最怀念的是他的背影。这一段既点明了文章的核心意象，也自然而然地引起了读者的思考：为什么在朱自清的心里最不能忘记的是父亲的背影？"背影"到底有着什么特殊的意蕴？

文章接下来并没有直接回答这个问题，而是先交代了那年冬天家庭发生的重大变故，展现了父子二人所面临的困境和情感痛苦，营造了一个悲伤凄凉的叙事氛围。第3段写因为丧事和父亲赋闲，家中光景很是惨淡，进一步渲染气氛，积蓄情感，并点明了事情发生的机缘，正是因为父亲要到南京谋事，而"我"要回北京去，父子二人才会同行，才有了后来的车站送别。

文章中对过往的回忆遵循时间顺序，平淡中屡见波折。抵达南京之后，"我"和父亲各自有各自的安排，父亲很忙，本来已经说定了不来送"我"，但是权衡再三还是决定亲自相送。送别之事经历了波折，其间传递出的是父亲对"我"的牵挂，使得文章的记叙弥漫着离别的气氛。在接下来的火车站送别，父亲与脚夫讲价钱，替"我"拣位置，嘱咐"我"小心，托茶房照料"我"，一系列的细节体现出了父亲无微不至的关怀，使得离别的情绪更加浓厚，为接下来写"背影"打下了坚实的情感基础。父亲已经送"我"上车，分别在即，父亲却突然决定去为"我"买橘子。这既是分别的缓冲，又为情绪酝酿提供了时间。当"我"

11

看到父亲攀爬月台的背影时,内心潜藏的感情喷薄而出。但"我"担心父亲看见,只得强压住了自己的眼泪。父亲买完橘子之后,与"我"道别,却没有立刻离去,而是在走了几步之后又回头看"我",嘱咐我赶紧进去。经过这样多次的反复,"我"的感情经历了起伏,变得更加强烈。在看着父亲的背影消失在人海中时,"我"情不自已,又一次哭了出来。

《背影》一文的结构安排体现出了高超的铺垫艺术。朱自清通过对家庭变故以及一系列的生活琐碎的记叙,在看似平淡的叙事中慢慢调动读者的情绪,营造出离别的氛围。同时,散文很注意描述送别事件中的"插曲",使得事情的发展波澜丛生,避免了平铺直叙。最终,散文的叙事和抒情在父亲买橘子处达到了高潮。朱自清的回忆是鲜活的,充满着现场感,能够让人身临其境地体会到他的感受。而在最后一段中,朱自清的笔触回到了事件发生的8年之后,介绍了这几年与父亲的聚少离多以及彼此间的矛盾,最终二人冰释前嫌。在阅读了父亲的来信后,作者眼前又浮现出了父亲的背影。这样的安排一方面交代了分别多年后儿子与父亲的互动情况,进一步表明了离别是生活的常态,突出了亲情的可贵;另一方面,朱自清是以一种回望和审视的眼光去看待这些年的父子关系的。这漫长的时光里所发生的事,他并没有详细介绍,只说"父亲和我都是东奔西走,家中光景是一日不如一日",给读者留下了很大的想象空间。作者有意以时间的流逝写出了自己与父亲心境的变化。过去的他对父爱的感受是有偏差的,可谓"当局者迷",而当下的他却"旁观者清",真正读懂了父爱的深沉。因此,最后一段对加深主题有着重要的作用。

《背影》一文以怀念父亲的背影开篇,直奔主题,设置悬念,紧接着通过层层铺垫将送别一事娓娓道来,叙事跌宕起伏,最终"我"在看到父亲的"背影"后情绪抵达了最高点。在最后一段中,作者从感性的回忆中抽离出来,对父子关系进行了审视,可视作高潮过后的理性反思,使得读者在经历了激烈的情感波动后能有所沉淀。而文章最后写"在晶莹的泪光中,又看见那肥胖的、青布棉袍黑布马褂的背影",这不仅与文章的开篇呼应,又一次点明了主题,还以生动的形象再次调动了读者对父爱的体会和感动,使文章留下了无穷的余韵。正是因为作者对文章结构的巧妙安排,使得这篇散文叙事、抒情摇曳生姿,感人至深。

二、典型课例分析

为了了解教学一线的教师是如何讲授《背影》的,本文选取了8篇公开发表的具有一定代表性的教学课例,对其进行了整理归纳。8篇课例的教学目标和教学重难点见表1。

表1　8篇《背影》教学课例中的教学目标及教学重难点梳理表

课例	教学目标	教学重难点
吕茂峰、王云:《叙事散文教学重点突破路径——以〈背影〉教学为例》,《语文建设》,2017年第36期	引导学生透过文章的叙事领悟作者独特的情感认知	教学重点: 引导学生透过叙事领悟作者独特的情感认知 教学难点: 引导学生分析文章的最后一段,发现其言语形式背后的父子冷战这一客观事实,并理解其中表达的强烈情感
李华平:《用语文的方式教语文——〈背影〉教学实录一例》,《中学语文教学参考》,2016年第17期	通过品读文章的关键字词和段落,体味作者的思想感情	教学重点: 要求学生复述故事时用上"惨淡""蹒跚""大去"等词语。引导学生体会首尾两段中作者的感情。从首尾两段中出现的"不"字理解作者对父亲感情的性质
施黎明:《〈背影〉"情感体验式"教学设计》,《语文建设》,2012年第17期	让学生在自主阅读、自主体验、合作交流中感受朱自清与父亲之间真挚至诚的亲子之爱和作者的思父之情	教学重点: 体味文章朴实自然的语言表达,感悟作品中蕴含的父子深情
张广武:《〈背影〉教学设计》,《中学语文教学》,2009年第4期	1.学习文章基本内容及写作思路 2.通过言语篇章的学习,帮助学生了解文中深含的情感 3.在情感分析中,尽可能地体味文章包含的父爱、中年情结和人生感悟等多重主题	教学重点: 感受和体会文章的复杂情感,包括父亲对儿子的深爱及儿子对父亲的复杂情感,特别是经历了从不满到感激再到思念的变化过程,探究这感情的变化原因,以期从中发掘出父爱、中年情结及人生感悟等多重主题

续表

课例	教学目标	教学重难点
田玲、薛翰铭：《〈背影〉教学设计及点评》，《语文教学通讯》，2013年第8期	1.学习文章抓住细节描写刻画人物形象的写法 2.学习使用旁批的方法，从文章朴素自然的语言中感受父子之间的浓浓亲情，体会父爱的深沉	教学重点： 掌握作者在描写"背影"时主要刻画了哪些细节。借助旁批法引导学生赏析"我"的4次流泪，体会其中传达的思想感情 教学难点： 指导学生围绕文中对"背影"及"我"的4次"流泪"的描写，拟写批注，体会作者的思想感情
李晓奎：《设计文本对话 培育言语智慧——以〈背影〉教学设计为例》，《江苏教育研究》，2017年第1期	1.细读文本，揣摩语言，引导学生理解文中的形象，体会作者的旨趣和情感，进一步体会文章的语言美，激活学生的语言智慧 2.引导学生通过自己的思维活动，主动地与文本、作者产生碰撞，联系生活实际，读出自我，从而达到语文素养和语文实践能力的新的融合	教学重点： 揣摩文章的语言，引导学生理解文中的形象，体会作者的旨趣和情感，从而进一步感受文章的语言美 教学难点： 如何运用知人论世的方法，让缺乏生活阅历的学生深入体会文本中丰富的内涵
彭玲芳：《读透文本是教学设计的基础——以〈背影〉教学设计为例》，《语文教学与研究》，2021年第5期	1.体会父亲的深情 2.理解作者独特的情感体验 3.总结写人记事类散文的特点	教学重点： 还原父子间相处的场景，分析父亲的言行，结合背景资料，体会"我"对父亲情感的变化 教学难点： 引导学生读懂父亲的强势和脆弱，从而明白作者看见父亲"背影"流泪的原因，并通过导入写作的背景资料，让学生深入理解父子间的矛盾隔阂
程日东：《背影的背后——〈背影〉教学设计》，《语文教学通讯》，2009年第29期	1.理解文章中"背影"意象与"泪水"意象之间"互为表里，相互引导"的关系 2.引导学生理解文章具体描写父亲"背影"的细节，体味作者为之感动落泪的表层和深层原因，并让学生联系实际，体会父母的深情	教学重点： 理解文章具体描写父亲"背影"的细节，体味作者为之感动落泪的表层和深层原因 教学难点： 如何使缺乏人生阅历的学生能够理解文章中所呈现的情形，产生自己的体验并进行评价

(一)教学目标

通过对8篇教学课例中的教学目标进行梳理,制成下图(图1):

教学目标

体会文章中蕴含的思想感情	8
学习文章抓住细节刻画人物形象的写法	3
学习叙事散文的文体特点	2
引导学生联系生活实际,在文本中读出自我	3
学习文章的写作思路	1

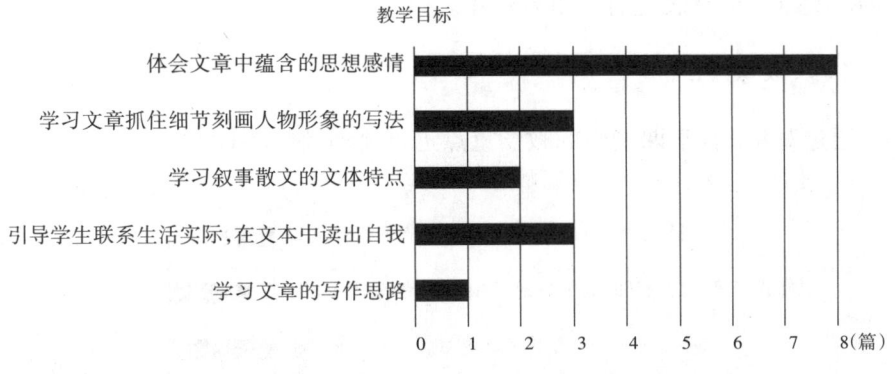

0　1　2　3　4　5　6　7　8(篇)

图1　8篇课例中的教学目标选择情况图

从图1可以看出,8篇课例对《背影》教学目标的设定主要集中在以下4个方面:一是体会文章中蕴含的思想感情;二是学习文章抓住细节刻画人物形象的写法;三是学习叙事散文的文体特点;四是引导学生联系生活实际,在文本中读出自我。8篇课例都把"体会文章中蕴含的思想感情"作为教学目标,可见教师们普遍认为《背影》是一篇表现父子之情的散文,因而十分重视文章的情感内涵。这8篇课例中,大多数教师都选择从品味文章的语言入手,引导学生体会其中蕴含的思想感情。例如李华平老师就选取了"惨淡""蹒跚""大去"等3个关键词,让学生在复述故事中用上这3个词,以体会作者对父亲的感情。

8篇课例中,有3篇将"学习文章抓住细节刻画人物形象的写法"作为教学目标。这3篇课例要求学生仔细阅读文中描写"背影"时所刻画的细节,从中分析父亲的形象。从这个目标设定来看,课例抓住了父亲形象最突出的特征——背影,从中探究作者对父亲复杂的情感,这对理解文章的主题有着重要作用。再者,有3篇课例主张在教学中突出学生的主体地位,要求学生在细读文本时能够联系生活实际,在理解作者情感的同时获得自己的体验。例如,程日东老师的教学设计就引导学生去思考自己平时和父母之间的互动,启发学生去感恩父母,珍惜亲情。另有2篇课例将"学习叙事散文的文体特点"作为教学目标。例如吕茂峰与王云两位老师认为应该引导学生把握散文的特征,

透过散文的叙事领悟作者独特的情感认知。除了以上4个教学目标以外,有1篇课例将"学习文章的写作思路"作为教学目标,该课例注意到了文章的谋篇布局对文章的情感表达有着重要作用。

(二)教学重点

通过对8篇教学课例中的教学重点进行梳理,制成图2。

教学重点

引导学生透过叙事体会作者独特的情感认知

品味作者描写"背影"时的细节刻画,体会作者落泪的原因

探究儿子对父亲感情的变化过程

品读文章的关键字词、句子及段落,体会文章的思想感情

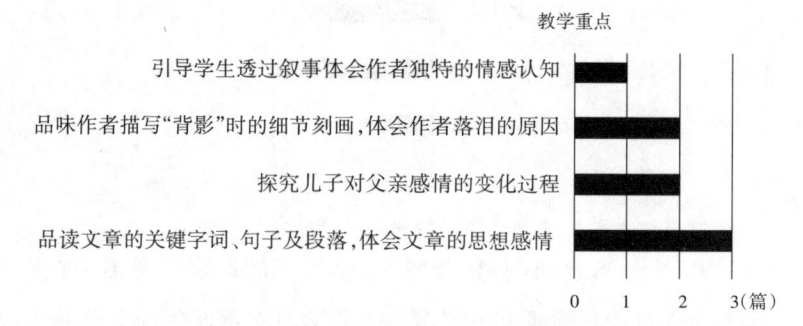

0　　1　　2　　3(篇)

图2　8篇课例中的教学重点选择情况图

与教学目标相一致,几乎所有教师都将体会文章的感情作为教学重点,但各自的侧重点有所不同。有3位老师将品读文章的关键字词、句子及段落作为切入点,例如李晓奎老师设计了一个言语训练题目,让学生任选一组词语说一段话。其中一组词语是"差使""奔丧""狼藉""典质""赋闲",启发学生通过品读语言,体会作品中的形象。再如,引导学生比较"我和父亲有两年没见了"和"我与父亲不相见已二年余了"有什么不同,以体会作者的感情。另有2位老师将教学重点放在作者是如何描写"背影"上,通过引导学生品味作者的细节刻画,体会作者落泪的原因。还有2位老师则着眼于引导学生探究儿子对父亲感情的变化过程,分析作者情感变化的原因。只有1位老师将教学的重点放在透过叙事体会作者独特的情感认知上。

(三)教学难点

从8篇课例来看,教学难点主要有2个方面:一是如何使缺乏生活阅历的学生理解文章中所呈现的情形,如祖母之死、父亲赋闲、火车站送别等,从而体会作者的处境。二是如何结合背景资料,引导学生去理解朱自清与父亲之间的矛盾隔阂,从而体会文章中所流露的复杂情感。造成以上教学难点的主要

原因是事件产生于特殊的时代环境,与现代生活有一定的距离,而学生又阅历尚浅,对成人的辛酸和情感难以共情,较难体会文章中的丰富意蕴。

对课例的教学内容、教学方法进行分析,是掌握教学情况,了解教学成效的必要途径。上述8篇课例中所涉及的教学内容、教学方法比较多,笔者对每篇课例中呈现的主要教学内容、教学方法进行了梳理,制成表2。

表2 8篇《背影》教学课例中的教学内容及教学方法梳理表

课例	教学内容	教学方法
吕茂峰、王云:《叙事散文教学重点突破路径——以〈背影〉教学为例》,《语文建设》,2017年第36期	1.把握言说对象的个人化,探究父亲一定要亲自送儿子的原因 2.关注作者感受事件的眼光,细读文中对父亲攀爬月台时"背影"的描绘,体会作者最不能忘记父亲攀爬月台时的"背影"的原因 3.分析文章最后一段,透过言语形式体察作者非同寻常的情感认知。引导学生发现言语形式背后的父子冷战这一客观事实,理解作者对父亲的复杂感情 4.引导学生从过往的事件中走出来,观照作者写作时的感受	点拨法 朗读法 文本细读法 问答法
李华平:《用语文的方式教语文——〈背影〉教学实录一例》,《中学语文教学参考》,2016年第17期	1.检查学生课前对课文的预习情况,听写"簌簌""惨淡""迂""蹒跚""触目伤怀""大去"等几个关键词语 2.引导学生用"惨淡""蹒跚""大去"3个词语复述课文内容 3.让学生朗读课文的首尾两段,从中选取最有感触的句子,谈谈自己的理解 4.体会第一自然段中的"不"字所蕴含的情感	朗读法 点拨法 文本细读法 问答法

续表

课例	教学内容	教学方法
施黎明:《〈背影〉"情感体验式"教学设计》,《语文建设》,2012年第17期	1.让学生阅读课文,说说本文主要写了什么事,着力表现的是什么,从文中看到了一个怎样的父亲,谈谈自己感受最深的一点是什么 2.让学生再读课文,思考并讨论课文是通过着力描写什么来表现主题的,题目"背影"在文中起什么作用 3.让学生找找文章有几处写到了"背影",选择最感人的一处谈谈作者是如何描述"背影"的,引导学生从中感知父亲的形象 4.让学生阅读父亲信件的内容,点拨关键语句,引导学生体会作者对父亲的复杂感情 5.回顾课文,深入探究。引导学生从文章语言、思想感情、材料选择、谋篇布局等方面探究此文成为抒写父爱的经典名篇的原因 6.深情回眸,表达真情。让学生分享自己被父母感动的回忆。推荐课外阅读篇目《父爱如山》	朗读法 点拨法 合作探究法 情景教学法 文本细读法 问题讨论法
张广武:《〈背影〉教学设计》,《中学语文教学》,2009年第4期	1.让学生谈谈对父亲的印象是怎样的,导入新课 2.让学生找找文章中写了几处背影,尝试给每一处"背影"加一个修饰语并简单说说4处背影间的关系,理清文章的写作思路 3.看作者是怎样巧妙地抓住人物特征"背影"来写人物并表现主旨的 4.让同学们再仔细地阅读课文,看看文中的父子分别有着怎样的感情。重点学习最后一段文字,导入相关背景资料,体会儿子对父亲情感的变化 5.让学生用诗的语言来抒写自己对父爱的认识	朗读法 文本细读法 问答法

续表

课例	教学内容	教学方法
田玲、薛翰铭：《〈背影〉教学设计及点评》，《语文教学通讯》，2013年第8期	1.让学生欣赏油画作品《父亲》，以画面导入新课 2.让学生自读课文，找出文中几次写到了背影，体会"背影"在全文中的作用。找出文中描写"背影"最感人的一次，分析作者描写"背影"时主要刻画了哪些细节 3.以父亲攀爬月台的"背影"描写为赏析对象，教授学生旁批法 4.引导学生默读课文中几次写作者流泪的句子，选择感受最深刻的一次做旁批，品味文章语言，体会其中所表达的思想感情 5.迁移延伸，布置作业。让学生回忆生活中那些父母令他们感动的细节，并用朴素自然的语言把这些细节描述出来	朗读法 旁批法 讲授法 文本细读法 合作探究法 情景教学法 问答法
李晓奎：《设计文本对话　培育言语智慧——以〈背影〉教学设计为例》，《江苏教育研究》，2017年第1期	1.让学生通过有感情地朗读课文，初步感知文本中的"事象"和"人象（物象）" 2.向学生介绍"背"的几个义项，问学生能从文中读出哪几种含"背"之影，从中挖掘文中的思想感情。结合背景资料，深入理解父子隔阂，体察儿子对父亲的复杂感情 3.要求学生带着自己的情感和理解朗读4次写背影的句子，理解文中的细节描写和质朴的语言。教授旁批法，让学生选择一种批注类型评点描写父亲攀爬月台"背影"的文字 4.引导学生阅读朱国华所写的《朱自清与背影》，引导学生思考"父亲"读完《背影》后会有何感触，让学生发挥想象，替父亲续写一句话	朗读法 讲授法 旁批法 问题讨论法 文本细读法

续表

课例	教学内容	教学方法
彭玲芳:《读透文本是教学设计的基础——以〈背影〉教学设计为例》,《语文教学与研究》,2021年第5期	1.引导学生细读文章描绘背影的部分,交流父亲的形象(能用至少3个词语概括父亲的形象),再浏览全文,交流能体现父爱的细节 2.引导学生思考:在看到父亲攀爬月台的背影时,儿子为什么会流泪?让学生细读文本,体会父亲的坚决、强势。让学生相互合作,还原送行时的对话,分析父亲的形象。点拨并呈现:儿子的感动是对父爱的理解,是儿子的成长 3.插入介绍相关背景资料。点拨并呈现:成长就是我们终于和父亲止战;成长就是正视和父母的矛盾,珍惜当下 4.出示几篇散文,让学生将之与《背影》进行比较阅读,分小组讨论《背影》的特点,交流讨论结果,总结写人记事类散文的特点 5.让学生说说和父母之间是否有隔阂,交流文章带来的启发	文本细读法 点拨法 合作探究法 问题讨论法 情景教学法
程日东:《背影的背后——〈背影〉教学设计》,《语文教学通讯》,2009年第29期	1.让学生吟读全文,熟悉课文内容,说说文中父亲为"我"做了哪些事,而我是否领情了 2.选择一个学生朗读第6自然段,要求他描述父亲的"背影"是怎么样的 3.请学生带着思考跳读文章,回答问题:在这"背影的背后",你们又能看出什么?引入背景资料,让学生体会现实的人生 4.让学生给自己的父亲发一条短信,说一句最想对他说的话,让学生的真实情感得以宣泄	朗读法 问答法 文本细读法 情景教学法

(四)教学内容

通过对表2中8篇课例的教学内容进行梳理,我们可以总结出老师们的教学内容主要有以下10个方面(图3)。

教学内容

分析文中的父亲形象	3
概括文章的主要内容	3
引导学生朗读课文,体会文章表达的思想感情	7
延伸阅读,体会父母之爱	2
让学生结合自己的生活体验,谈谈对父母之爱的理解	6
品读文章语言,体会其中蕴含的感情	7
细读最后一段,体会"我"对父亲复杂的感情	5
分析文章的叙事艺术	3
通过背景材料深入了解父子隔阂,理解父子间的感情	4
分析作者是如何描写"背影"的	7

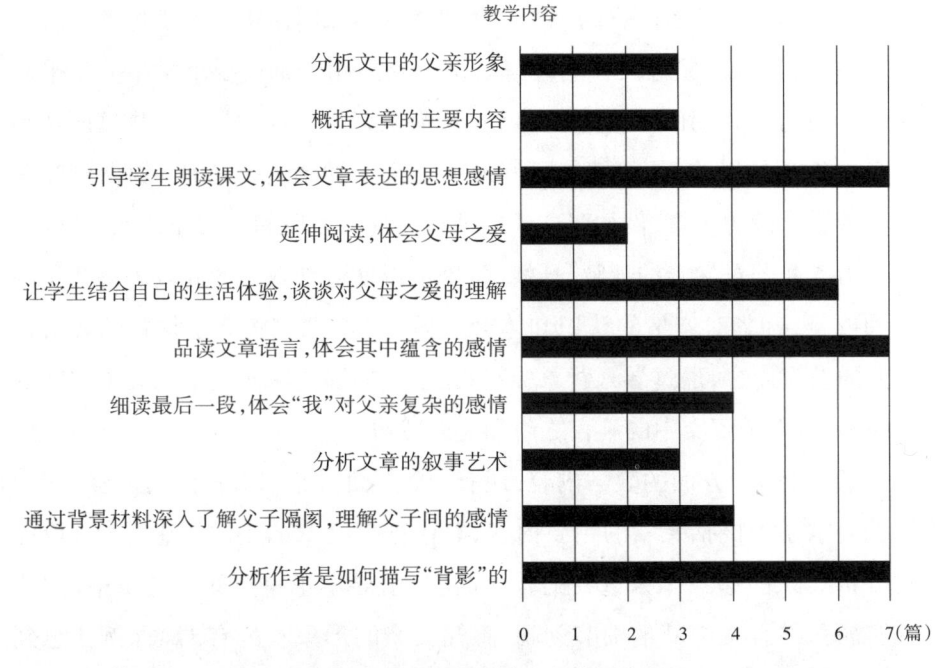

图3 8篇课例中的教学内容选择情况图

由图3可知,老师们的教学内容主要集中在6个方面:一是分析作者是如何描写"背影"的;二是引导学生朗读课文,体会文章表达的思想感情;三是品读文章语言,体会其中蕴含的感情;四是让学生结合自己的生活体验,谈谈对父母之爱的理解;五是细读最后一段,体会"我"对父亲复杂的感情;六是引入背景资料,让学生深入了解父子间的矛盾隔阂。8篇课例中有7篇将"分析作者是如何描写'背影'的"作为主要的教学内容。大多数老师都要求学生重点关注文章中对父亲"背影"的描写,分析作者精彩的细节刻画,从而体会其中蕴含的情感。但是较少有教师细致分析作者为什么会选择"背影"意象作为父爱的凝聚。"背影"有何象征意义?它折射出了作者怎样的心态?"背影"为什么能契合人们对父子关系的理解?对这些问题的探讨还是不够充分。有7位老师将"引导学生朗读课文,体会文章表达的思想感情"作为教学内容的重要组成部分。老师们普遍意识到朗读课文是体会文章语言之美,走进作者情感世界的重要方式。再有7篇课例将品读文章的语言作为重要的教学内容,引导学

生从语言中体会文章所蕴含的感情。另外有6篇课例注重启发学生结合自己的生活体验,谈谈对父母之爱的理解。例如施黎明老师就要求学生分享平时被父母感动的细节,引导学生感知亲情,珍惜亲情。这样的教学安排试图调动学生日常生活的经验,使他们能更好地体会文章的感情。还有4篇课例注重对文章最后一段的讲解,例如张广武老师认为这一段既写了父子之间的隔阂,又体现出了儿子对父亲的理解、忏悔,学生可以通过细致阅读此段了解儿子的变化和成长,升华对亲情的认识和体会。另有4篇课例将背景材料的分析作为重要的教学内容,通过导入背景资料,让学生能够更深入地了解父子之间的矛盾隔阂,从而理解文中的难言之隐和复杂感情。

除了以上6个方面的教学内容,还有4个方面占比相对较低的内容。有3篇课例要求学生概括文章的主要内容,总体把握文章的主题思想。有3篇课例将分析父亲的形象作为重要的教学内容,引导学生重点阅读文章中对"背影"的描写,结合文中其他细节刻画,感知父亲的形象。另有3篇课例注意到了叙事散文的文体特征,引导学生分析文章的叙事艺术。例如施黎明老师让学生从材料选择、谋篇布局等角度分析文章的艺术特色。有2篇课例采取了延伸阅读的方式,加深学生对文章主题的理解。例如李晓奎老师让学生阅读朱国华所写的《朱自清与背影》,让学生思考父亲在读到了《背影》之后会有何感想,引导学生换位思考,深刻体会父子间的深情。

(五)教学方法

通过对表2中8篇课例的教学方法进行梳理,我们可以总结出老师们使用的教学方法主要有以下9种(图4)。

教学方法

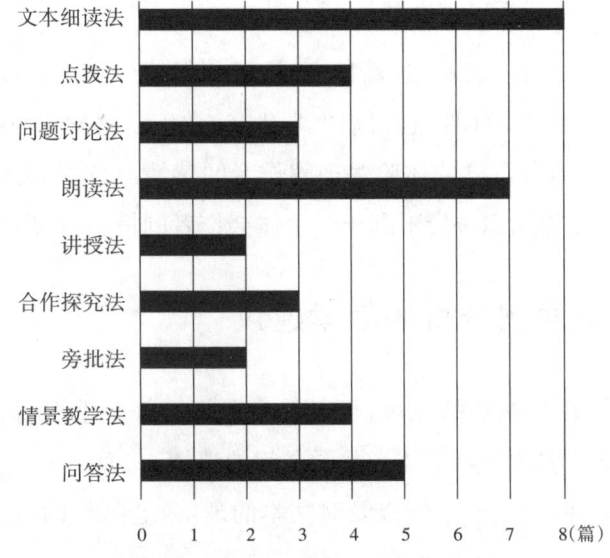

- 文本细读法
- 点拨法
- 问题讨论法
- 朗读法
- 讲授法
- 合作探究法
- 旁批法
- 情景教学法
- 问答法

0　1　2　3　4　5　6　7　8(篇)

图4　8篇课例中的教学方法选择情况图

  由图4可知，8篇课例中所有的老师在教学过程中都采用了文本细读法。老师们不仅注重让学生抓住文本中的重要内容进行细读，还往往围绕一些关键内容设置问题，启发学生进行思考，在此过程中，有些老师还辅以点拨法，引导学生深入探究文义。例如李华平老师在讲解课文时问学生："第一段中有一个十分熟悉的字，理解了它就理解了这两个段落，甚至理解了全文。哪个字？"学生都认为是"最"字，于是老师点拨学生，如果把第一段中"我与父亲不相见已二年余"中的那个"不"字换成"没有"，句子的表达效果有何变化，启发学生理解"不"字中所隐藏的深意。朗读法也是绝大多数老师所采用的教学方法。朗读法有利于学生熟悉文本内容，掌握关键字词，老师要求学生带着感情朗读课文，有利于学生体会文中的感情。另有4篇课例采用了情景教学法，例如田玲老师在课上播放歌曲《背影》，让学生在离别的乐曲中回忆父母令他们感动的细节。情景教学法能够有效地激发学生的联想，调动学生的情绪，升华学生对文章情感的理解。另有3篇课例采用了合作探究法，例如施黎明老师让学生以小组讨论的方式探讨课文第6段最感人的地方是什么，作者是通过怎么样的描写来实现这种感人的。另外有2位老师采用了旁批法，例如田玲老师让学生默读课文中几次写作者流泪的句子，选择感受最深刻的一次做旁批。

旁批法可以加深学生对课文的理解，同时能够有效调动学生的生活实践经验和情感体验。

综上所述，在教授《背影》这篇散文时，老师们较少采用直接讲授的方式，而是比较重视学生的主体性，通过启发学生，让学生自己发现问题，解决问题，并注重引导学生结合自己的体验去理解作者的感情。《背影》是一篇表现父子之情的散文，直接的知识讲授不利于学生体会作者的情感世界。

三、基于课例分析的教学建议

通过对8篇教学课例的梳理，可以看出老师们普遍重视引导学生进行文本细读，从文章的细致描绘中体会父子之间的感情，在教学中也普遍能够调动学生的积极性。但是结合学情以及对文本的理解，老师们的教学设计还可以进一步完善。

从教学目标上看，目前大多数老师的教学目标都集中在通过品味语言体会作者的感情上，较少有老师将文章的结构安排、写作思路作为教学目标。《背影》这篇文章的谋篇布局对作者的情感表达有着十分重要的作用，正是由于作者高超的铺垫艺术，层层推进，才使得文章的情感在第6段父亲买橘子时抵达了高潮，因而，可以考虑将"学习文章的铺垫艺术"作为教学目标。再者，有部分教师将"学习文章抓住细节刻画人物形象的写法"作为教学目标。诚然，《背影》的一大特色就是通过细节描写来刻画父亲的形象。分析文中的父亲形象，既可以让学生领会作者独特的写作手法，又能深化学生对主题的理解。因此，建议将"概括文中的父亲形象"作为教学目标。另外，其实作者对父亲复杂的感情都凝聚在"背影"这一独特的意象中，有些课例重点解读了文中对"背影"的描写，却将教学目标泛泛地定为体会文章中的父子之情，可以考虑将之改为"通过分析'背影'意象，体会作者对父亲的复杂情感"。

从教学内容上看，教师们大多数注重引导学生细读文中对"背影"的描写，分析"背影"的感人之处。学生带着感情朗读课文，在音韵中与作者产生情感共振，对学生体会文章表达的感情有很大帮助。但是，目前的教学中对作者为什么会选择"背影"这一意象作为父爱的凝聚，其心理动因是什么，却探讨得不多。再者，对父亲形象的分析，大多数教师着眼于引导学生体会父亲对"我"的关爱，感受父亲的慈祥。从文本细读来看，父亲的形象其实层次是比较丰富的，可以从父亲的语言、动作以及文中的一些侧面描写等多个方面去看待和理解父亲的形象。要摸清朱自清对父亲"背影"情有独钟的原因，真正理解儿子对父亲的复杂感情，那么背景资料的引入是有必要的。目前有半数课例引入了背景资料，向学生展示了现实中朱自清父子的相处和矛盾，这对学生领会文中一些隐晦的表达是有积极意义的。正是因为父亲与儿子有着很深的隔阂，儿子看待父亲的眼光才会如此复杂，父子之间的和解才显得尤为珍贵。目前对课文的叙事艺术讲解得比较少，从学情来看，这个阶段的学生还没有达到需要从叙事艺术的角度去分析文章的高度。但是鉴于文章高超的铺垫艺术对推动情感有着重要的作用，可以通过适当讲解，引导学生分析文章的独特写法，从而把握文章情感的变化的脉络。在目前的课例中，绝大多数老师都注意引导学生在阅读课文的时候代入自己，调动自身的生活经验，体会亲情的美好。音乐、绘画等的引入，对营造氛围，唤起学生的记忆有着良好的促进作用。

从教学方法的选择来看，目前老师们的教学方法比较多元，大多数老师的教学以文本细读法为主，辅以其他教学方法。由于故事发生的时代与现代生活有一定距离，学生们的年龄尚小，较难体会成年人的生活困境与辛酸，因而直接的讲授较难让学生产生共鸣。朗读法、问题讨论法、情景教学法、旁批法、合作探究法等教学方法给了学生较大的自主发挥的空间，让学生能够调动自己的生活经验和情感去进入文本。大多数学生能够联系自我，体会文中的父子情深，但是对家庭变故以及父子隔阂较难共情，因此需要教师结合背景资料，点拨学生去深入领会文中的一些话语，从而体会作者的隐情。例如"我与父亲不相见已二年余了""但最近两年的不见，他终于忘却我的不好，只是惦记着我，惦记着我的儿子"，这两句话中都暗示了父子之间的矛盾隔阂。再者，《背影》中的"生命意识"也是学生这个阶段难以体会的，可以考虑引导学生先体会"离别"的感情，采用情景教学法，让学生设想与父母分开生活的场景，感受离别的不舍与眷恋，进而理解离别、衰老、死亡是人生的必然，亲情是如此珍贵，升华学生的情感体验。

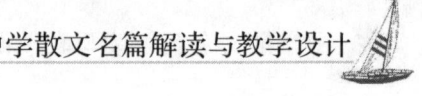

四、教学设计参考

教学目标：
1. 品味文章语言，概括文中的父亲形象。
2. 分析"背影"意象，体会作者对父亲情感的变化。
3. 学习文章的铺垫艺术。

教学重点：
1. 品味文章语言，概括文中的父亲形象。
2. 细读文本，分析作者是如何描写"背影"的，理解作者为什么会选择"背影"意象作为父爱的载体。

教学难点：
1. 结合时代环境以及背景资料，理解"我"对父亲复杂的感情。
2. 引导学生结合自身经历，体会文章中的"生命意识"。

教学方法：
朗读法、问答法、文本细读法、情景教学法、点拨法。

教学过程：

一、教学导入，引发思考

提问学生：父母最让你难忘的是什么？学生回答之后，再提问：同学们有没有关注过父母的背影？为什么大家平时较少关注父母的背影？今天要给大家介绍写人记事的经典散文——《背影》，文章的作者朱自清就对父亲的背影念念不忘。我们今天就来探讨，作者为什么会对父亲的背影印象深刻，这其中寄寓着作者怎样独特的情感，"背影"为什么能成为"父爱"的代名词。（设计意图：通过问题的设置，让学生关注到作者的独特视角，为下面进一步思考为什么作者会选取"背影"意象作为父爱的凝聚做铺垫。）

二、研读文本，问题探讨

让学生细读文本，要求学生重点关注父亲相送（第4、5段）以及父亲买橘子（第6段）的段落，引导学生从外貌、语言、动作、心理描写等方面分析作者对父亲形象的刻画。

1. 提问学生：父亲的外貌是怎么样的？

(提示:文中用简洁的白描手法勾勒出父亲的形象,"他戴着黑布小帽,穿着黑布大马褂,深青布棉袍""肥胖的身子"给读者留下了一个深邃而质朴的剪影。)

2.让学生找出父亲与"我"的5次对话,分析父亲的个性是怎么样的。

(提示:"事已如此,不必难过,好在天无绝人之路!""不要紧,他们去不好!""我买几个橘子去。你就在此地,不要走动。""我走了,到那边来信!""进去吧,里边没人。"从以上语言描写中体会父亲干练的个性,理解父亲对儿子的关心。)

3.提问学生:作者写了父亲的哪些动作,又是如何描写父亲买橘子的背影的?

(提示:引导学生分析"再三嘱咐茶房""颇踌躇了一会""拣定了靠车门的一张椅子""蹒跚地走到铁道边,慢慢探身下去""他用两手攀着上面,两脚再向上缩;他肥胖的身子向左微倾,显出努力的样子""先将橘子散放在地上,自己慢慢爬下,再抱起橘子走""将橘子一股脑儿放在我的皮大衣上。于是扑扑衣上的泥土,心里很轻松似的"等细节描写,分析作者用词的平实准确,体会父亲的谨慎、老练、质朴、衰老与慈爱。)

4.提问学生:大家还可以从哪些方面看出父亲的性格?

(提示:引导学生通过作者的心理描写以及回忆等侧面描写体会父亲的形象。父亲在上车时对"我"多加叮咛嘱咐,而"我心里暗笑他的迂",认为"(茶房)只认得钱,托他们只是白托!而且我这样大年纪的人,难道还不能料理自己么?"。"我"的回忆:"他少年出外谋生,独立支持,做了许多大事。哪知老境却如此颓唐!他触目伤怀,自然情不能自已。情郁于中,自然要发之于外;家庭琐屑便往往触他之怒。"从以上叙述中可以看出父亲是沉稳谨慎、独立干练并且有着强烈自尊心的人。)

5.提问学生:平时在家里谁照顾你们多一点儿?(大多数学生都会回答是母亲,母亲比较细心、唠叨、慈爱。)再提问学生:文章中的父亲是不是有些像母亲?(设计意图:通过让学生理解作者对父亲"母性化"一面的刻画,体会作者对父亲慈爱的珍惜和感动。)文中的父亲又有哪些和母亲不一样?(提示:父亲言简意赅、干练、含蓄。)

6.提问学生:父亲为"我"做的哪件事,让"我"最感动?(提示:穿过月台买橘子。)提问学生:为什么作者不一开始就写自己印象最深、最感动的事情?让学生跳读文章,找出作者在描写"背影"之前都写了哪些内容,与主题有什么关联。(提示:在写父亲买橘子的背影之前,作者描写了家庭的变故、送别一事的反复、火车站送别等等,叙事跌宕起伏,为描写"背影"打下了坚实的情感基础。)(设计意图:引导学生理解文章高超的铺垫艺术。)

7.通过上面的学习,学生对父亲对"我"的深情有了感受,接下来让学生从儿子的角度出发,谈谈儿子对父亲的做法领情了没有,怎样来理解儿子的这种心理。

(提示:父亲要送"我"去火车站,而我觉得"我那年已二十岁,北京已来往过两三次,是没有什么要紧的了"。到了火车站,父亲"又忙着和他们(脚夫)讲价钱",而"我""总觉他说话不大漂亮,非自己插嘴不可"。父亲"又嘱托茶房好好照应我",而"我"却"心里暗笑他的迂"。通过以上语句的分析,体会作者的年轻气盛、涉世未深以及逆反心理。而最后儿子看见父亲的背影流下了泪水,并在父亲离开后再次流下了泪水,由此可以看出儿子最终被父亲所感动。)

三、引入资料,加深思考

引入背景资料,据《朱自清年谱》记载:"因祖母逝世,回扬州奔丧。父亲时任徐州榷运局长。在徐州纳了几房妾。此事被当年从宝应带回的淮阴籍潘姓姨太得知,她赶至徐州大闹一场,终至上司怪罪下来,撤了父亲的差。为打发徐州的姨太太,父亲花了许多钱,以至亏空五百元。让家里变卖首饰,才算补上窟窿。祖母不堪承受此变故而辞世。"不仅如此,朱自清从北大毕业后,前往杭州担任教师,要给家中寄一半薪资补贴家用。随后他又前往扬州工作,父亲竟然截走了他全部薪资。之后朱自清多次更换工作,父子关系逐渐僵化,很长一段时间没有相见。朱自清在北京任职之后,又将母亲与妻儿接到身边,与父亲的关系是较为疏远的。

1.让学生阅读材料后,细读文章最后一段,体会一些语句中的难言之隐。

(提示:让学生弄清父亲"老境却如此颓唐""家庭琐屑便往往触他之怒"的原因,"他待我渐渐不同往日"指的什么,"但最近两年的不见,他终于忘却我的不好"中"我的不好"又是什么,体会"我身体平安,唯膀子疼痛厉害,举箸提笔,诸多不便,大约大去之期不远矣"一句中的示弱、和解之意。)

2.通过以上分析,让学生谈谈,为什么作者会选择"背影"这一意象作为父爱的凝聚。

(提示:"背影"意味着父子矛盾的缓冲和消解;"背影"体现了父爱的含蓄;"背影"是离去的姿态。)

四、联系自身,升华情感

1.提问学生:父子之间为什么能达成和解?同学们在日常生活中,会不会与爸爸妈妈发生一些矛盾、摩擦?你们都是怎么和解的?(设计意图:让学生联系自己的生活实际,回顾与父母的相处,懂得父母的平凡,理解父母的逐渐衰老,深切感知父母对孩子始终不渝的爱,从而正确对待与父母的矛盾隔阂,获得精神成长。)

2.播放歌曲《父亲》,让学生设想今后要离开父母一个人去外地上学,父母来火车站送自己的场景,体会离别的感觉,谈谈内心的感受。让学生进一步理解,随着自己的长大、父母的衰老,与父母的分离是一种必然,引导学生珍惜亲情,孝敬长辈,升华对生命的认识。

五、布置作业,提高技能

让学生课后思考在与父母的相处之中,最难忘的细节是什么,运用课上学到的人物描写的方法,写一篇表现亲情的散文。(设计意图:让学生能够学以致用,掌握运用细节刻画人物形象的方法,提高学生的写作技能。)

(撰稿人:赣南师范大学文学院,江梅玲博士)

第二课 《春》文本解读与教学设计

《春》是朱自清先生脍炙人口的写景抒情散文，它是部编版初中语文七年级上册第一单元的第一篇课文，于1933年7月最初发表在《初中国文读本》第一册上。林非在《现代六十家散文札记》中曾言："朱自清的成功之处是，善于通过精确的观察，细腻地抒写出对自然景色的内心感受"。[1]《春》就是如此，在这篇文章中，朱自清先生通过对春天的细致观察，抓住早春花草复苏、风柔雨甘的主要特征，勾勒出5幅欣欣向荣的春景图，描绘出了南方生机勃勃的春日胜景，表现出了对春天的热情赞颂。《春》是能够代表朱自清先生散文艺术特色的重要篇目。

一、教学文本解读

（一）主题分析

对《春》这篇文章主题的解读，目前一般认为作者是通过对春色的细致描绘表达对春天的赞美和喜爱之情。有学者就指出《春》是朱自清所写的一首春日赞歌，"整篇文章字里行间流露出作者对春天的喜爱之情和对大自然的赞美之意"[2]。在《春》一文中，作者开篇连用2个"盼望着"表达对冬去春来的喜悦和期待，又以"刚睡醒"这一短语概括出早春景物的慵懒状态。紧接着作者满怀热爱，采用"特写"镜头细致地描摹春天的美丽景色。首先，作者用"小草偷偷地从土里钻出来"一句形象地描绘出了春草破土而出的动态景象，令人不禁心生怜惜。"嫩嫩的，绿绿的。园子里，田野里，瞧去，一大片一大片满是的"一句则写出了春草铺满原野的蓬勃景象，给人以强烈的生命气息。在"桃树、杏

---

[1] 林非.现代六十家散文札记[M].天津:百花文艺出版社,1982:50.
[2] 周璞.朱自清《春》之五美[J].中学语文教学参考,2016(27):54.

树、梨树,你不让我,我不让你,都开满了花赶趟儿。红的像火,粉的像霞,白的像雪"一句中,作者巧用排比和拟人的修辞手法为我们呈现了群芳争艳的迷人景象,"花下成千成百的蜜蜂嗡嗡地闹着,大小的蝴蝶飞来飞去",周围的蜜蜂、蝴蝶也和作者一起沉溺在百花的世界里。对于看不见的风,作者也巧妙运用触觉、嗅觉等感官描写,让人仿佛亲身感受到春风那"像母亲的手抚摸着你"的温柔,闻到风里夹杂着的暗暗花香。"像牛毛,像花针,像细丝"3个比喻生动形象地刻画出了春雨细密如丝的特征。朱自清先生对春天的景物进行了细致入微的观察,用细腻的笔触将所见之景一一写在纸上。在文章末尾处,作者接连将春天比作刚落地的娃娃、花枝招展的小姑娘和健壮的青年,表现出了对无边春色的喜爱,对大自然馈赠的感激,对人们无限活力的赞美。

也有学者联系作者当时所处的社会大背景对文章主题进行了进一步的探索,如有学者指出由于"白色恐怖"时期,政局不稳,社会动荡,使得朱自清一度陷入彷徨无措的状态,迫切追寻心灵的自由,《春》亦是"表现了作者骨子里的传统文化积淀和他对自由境界的向往"[①]。《春》创作于1933年,但朱自清早在1927年就历经了"四一二"和"七一五"政变,目睹了社会动荡,欲作为而不得,由此"心里颇不宁静"。他在《一封信》中曾写道:"这几天似乎有些异样。像一叶扁舟在无边的大海上,像一个猎人在无尽的森林里。……心里是一团乱麻,也可说是一团火。似乎在挣扎着,要明白些什么,但似乎什么也没有明白。"[②]可以看出当时他内心的挣扎与痛苦。《春》中的蓬勃春色正是继"月下荷塘"之后,朱自清渴望找到的抚慰灵魂的自然之境,他对自由、安宁的追求也寄寓其中。作者用"盼望着,盼望着,东风来了,春天的脚步近了"这样开朗欢快的句子开篇,其实隐含了作者对光明和自由的追求,好不容易熬过了那段充满挣扎苦闷的日子,作者心中的畅快舒爽就流露在了文章的字句中。再如"坐着,躺着,打两个滚,踢几脚球,赛几趟跑,捉几回迷藏"一句不仅是写孩童的嬉戏玩耍,同样也表现出作者冲出心灵牢笼后对自由、安宁的心灵感受。再看作者一会儿闭眼细听"花下成千成百的蜜蜂嗡嗡地闹着",倾听鸟儿"唱出宛转的曲子"和"成天在嘹亮地响"的"牧童的短笛",一会儿深嗅"带着甜味儿"的花香,

---

① 段崇轩.在大自然的怀抱中——读朱自清散文《春》[J].中学语文教学参考,2003(6):21.
② 朱自清.朱自清作品集[M].北京:现代出版社,2018:53.

感受"新翻的泥土的气息",这些都表现出了作者对自由的珍惜、享受。在文章结尾处,朱自清写"春天像健壮的青年,有铁一般的胳膊和腰脚,他领着我们上前去"。他要凭借大自然的强大力量"上前去"继续追求生命自由。

与此同时,也有学者关注到朱自清当时的生活状态,从另一角度解读《春》的主题思想。有学者认为,彼时的朱自清与陈竹隐新婚,于清华大学任教,可谓家庭幸福,工作稳定,心境也相对平和,由此《春》"字里行间饱含了作家对美好人生美好人格的追求"①。1932年朱自清自欧洲游学归来,便受邀任清华大学中国文学系主任一职,又与第二任妻子陈竹隐女士两情相悦,共结连理。1933年陈竹隐诞下一子,多桩喜事临门,朱自清对生活前景充满了信心与期待,故而面对生机勃勃的春景,他挥笔写下《春》,纵情地赞美春天。比如文中写到春天来临之际,"城里乡下,家家户户,老老小小"都趁着春光出来"舒活舒活筋骨,抖擞抖擞精神,各做各的一份事去",作者所描绘的人们无一不是精神奕奕,有着积极的心态、美好的人格,怀揣着对生活的无限希望。再比如"刚起头儿,有的是工夫,有的是希望"一句不仅仅是写春天的到来寓意着新一年的开始,同时也是暗指作者在饱经风霜之后开始了新的生活。对于朱自清而言,当今生活无忧,娇妻幼子在怀,一切都向着好的方向发展,而这只是"刚起头儿",未来的生活只会更加美满幸福。

(二)艺术特色

1.写景艺术分析

《春》是朱自清著名的写景抒情散文。在写作《春》时,朱自清选取了花、草、风、雨等普通的景物作为观察和描写对象,同时他紧紧围绕这些景物的典型特征进行细致描摹。如在描写春草时,朱自清观察到小草刚发嫩芽的特征,巧妙地运用"钻出来""嫩嫩的""绿绿的""一大片一大片满是的"等词写出了春草的稚嫩和生机;再如描写春雨时,作者捕捉到了春雨细密朦胧的特征,运用"像牛毛,像花针,像细丝"等词句,通过描写雨中房屋、树叶、小草的情状,将春雨的特征描绘得生动形象。

---

① 章林.文中有画 画中有韵 韵中有意——朱自清《春》语言艺术品味[J].新语文学习(教师版),2012(2):63.

《春》这篇文章的修辞历来是教学的重点。整篇文章不过寥寥600余字，所使用的修辞手法却颇为丰富。文中多种修辞的综合运用也彰显出了作者高超的语言表达能力。正如学者侯向阳所言，"多种辞格相互辉映，相互作用，不仅使文章的语言更具表现力和张力，而且使表达的内容丰富多姿，有文采，寓意深远，有一石三鸟的修辞效果"①。如文章第5段中作者写道："鸟儿将窠巢安在繁花嫩叶当中，高兴起来了，呼朋引伴地卖弄清脆的喉咙，唱出宛转的曲子，与轻风流水应和着。"这一句连用了4个拟人修辞，"高兴""呼朋引伴""卖弄""应和"等词赋予了鸟儿人的性格，同时写出了鸟儿和作者徜徉在春天里的喜悦与欢欣。再如文章第2段写道："山朗润起来了，水涨起来了，太阳的脸红起来了。"这句话在运用排比手法时兼用了拟人、反复的修辞手法。首先，这3个分句构成了排比句式，勾勒出了初春的总轮廓，3个分句末尾部分的"起来了"形成了间隔反复，加强了语句的节奏感，同时句中"太阳的脸红起来了"运用了拟人修辞，用人的神情写出了春阳的温暖。再如，作者写春雨："看，像牛毛，像花针，像细丝"，写春花："红的像火，粉的像霞，白的像雪"，都在一个句子当中兼用了比喻和排比两种修辞，将春雨的细密与春天的百花争妍描绘得生动形象。《春》中多种修辞手法的综合运用，将五彩缤纷的春日图景淋漓尽致地展现在读者眼前。

　　作者在描绘春景之时还运用了多感官描写的方法，正如孙绍振老师所言，"这一切综合起来，构成了多种感觉的交响"②。首先，作者充分调动了"视觉"，将春天的姹紫嫣红呈现出来；然后调动了"触觉"，感受春风"像母亲的手抚摸着你"的温柔；再调动"嗅觉"，体验"风里带来些新翻的泥土的气息，混着青草味儿，还有各种花的香"；紧接着调动了"听觉"，细听鸟儿"卖弄清脆的喉咙，唱出宛转的曲子"以及牧童嘹亮的短笛声；最后再次调动"视觉"，欣赏"像牛毛，像花针，像细丝"的绵绵春雨，观察"披着蓑，戴着笠"的在地里辛勤耕种的农民。全文运用感官的变换，将作者对春天的独特感受细致地表达出来，同时也能够让读者更加切身地体会到作者对春天的热烈的情感。

　　除此以外，朱自清先生还善于色彩的搭配，为文章增添了强烈的画面感。

---

① 侯向阳.朱自清先生《春》的修辞艺术赏析[J].语文教学通讯,2012(9):35.
② 孙绍振.名作细读:微观分析个案研究[M].修订版.上海:上海教育出版社,2009:38.

《春》就是一幅生机盎然、富有生活气息的精致画卷,这一幅画卷的色彩搭配是极为出众的。有学者对《春》的色彩描绘进行了研究,指出"朱自清笔下的'春景图',不仅有着春天特有的姹紫嫣红,还闪动着春天亮丽的光泽"[1]。朱自清先生尤其注意色彩的调和,如在文章开头部分,他写道:"小草偷偷地从土里钻出来,嫩嫩的,绿绿的。园子里,田野里,瞧去,一大片一大片满是的。"生机盎然的"绿"便是春色图画的主色调,接下来他又写"太阳的脸红起来了""红的像火,粉的像霞,白的像雪""一点点黄晕的光,烘托出一片安静而和平的夜",在绿色的幕布上点缀上红色、粉色、白色、黄色等色彩,展现出了独属于春天的五彩斑斓的鲜艳景象。再者,朱自清先生还注重色彩的变化,如描写春草的"绿"时,刚冒尖的小草是"嫩嫩的"淡绿色,而在接受春雨滋润后的春草是"青得逼你的眼"的明亮的墨绿色,这样的颜色变化不仅反映出春天的生机勃勃,写出了春雨润泽万物的特点,也给了读者以视觉上的冲击。

1933年的春天,郁气尽散的朱自清抓住了初春时节的典型景物,围绕这些景物的典型特征综合运用多种修辞手法,并变换使用了多种感官描写,描摹出了艳丽夺目的早春图景。在写景的过程中,作者表现出了对春天的热爱与赞美、对自由的热情追求以及对生活的无限期待。

2. 精致讲究的语言

(1)音韵和谐

朱自清先生由诗歌写作转向散文创作之后,仍然追求"气韵生动",使文学作品"既能悦耳,又可赏心,兼耳底、心底音乐而有之"[2]。在《春》一文当中,作者曾多处运用叠词增强文章的韵律感,如在"迎春图"中"家家户户,老老小小"都出来"舒活舒活筋骨,抖擞抖擞精神"就在使用4个叠音词后又使用了2个重叠词组,既可让读者感知到人们昂扬的精神,又可让读者感受到音乐的律动。除此之外,正如钱理群先生所言,"有时候把长句化为短句,长、短句交错起来说,更会形成一种错落有致的自然的节奏,产生抑扬顿挫的音乐美"[3]。朱自清先生就善于运用长短句式的交错变换来构建文章的音乐美,如"桃树、杏树、梨

---

[1] 章林.文中有画　画中有韵　韵中有意——朱自清《春》语言艺术品味[J].新语文学习,2012(2):62.
[2] 朱乔森.朱自清全集　第十一卷　书信补遗编[M].南京:江苏教育出版社,1998:117.
[3] 钱理群,孙绍振,王富仁.解读语文[M].福州:福建人民出版社,2010:185.

树,你不让我,我不让你,都开满了花赶趟儿"一句,前面3个名词不加任何修饰词语,简单明了地指明了描写对象,后面则变换长句,运用拟人手法写出了树木的蓬勃。长短句交换使用,既把春花争相开放的势态描绘得活灵活现,也体现了语言抑扬顿挫的节奏之美。

（2）雅俗相合

雅言俗语结合也是《春》语言中的一大特色。孙绍振老师就留意到了朱自清"把带有成人文化趣味的话语和儿童话语不着痕迹地结合起来了"[①]。首先,《春》一文当中有许多口语化的表达,如朱自清在描绘"春草图"时写道:"园子里,田野里,瞧去,一大片一大片满是的。""满是的"的本义是"到处都是",作者以通俗易懂的语言将春草茂盛繁荣的景象描绘了出来。再如"牛背上牧童的短笛,这时候也成天在嘹亮地响","成天"即是"一整天"的意思,作者选择"成天"这种口语化的表达,增加了文章的生活气息。再如文章中多次出现"桃儿""杏儿""梨儿"等儿化词,给人一种活泼俏皮之感。这些口语化的表达使得文章读来顺畅自然,简洁明快。除此之外,《春》这篇文章中也有不少精致用语,如文中写到"春风"时便引用了古典诗歌"吹面不寒杨柳风",显得诗情画意。再如,作者在描绘"春风图"时写道"在微微润湿的空气里酝酿",这一句中"润湿"是"湿润"的意思,"酝酿"原意是酿酒的发酵过程,作者用"润湿"而不用"湿润",用"酝酿"而不用"发酵",可以窥见作者有意雅化语言,为文章增添古典韵味。

（3）生动形象

除此以外,《春》这篇文章的用语也非常生动形象。如在《春》的开头部分,作者写道"山朗润起来了",这一句中的"朗润"本为形容词,有"明亮滋润"之意,在这里,作者另辟蹊径,将其用作动词,写出了山头逐渐被暖阳包裹,慢慢恢复绿色生机的动态美感。再如,作者描写春草"偷偷地从土里钻出来","钻"字不仅赋予了春草以人的品格,而且带着一种力度感,生动形象地写出了春草破土而出的生命力和韧劲;再如描写春花时,作者写道"花下成千成百的蜜蜂嗡嗡地闹着",这句话中的"闹"字运用了拟人修辞,写出了春天的热闹喧腾。

[①] 孙绍振.名作细读:微观分析个案研究[M].修订版.上海:上海教育出版社,2009:38.

二、典型课例分析

为了解掌握近年来教学一线对《春》这一篇课文的教学情况,本人搜集了8篇较为典型的教学课例,对其教学目标、教学重难点、教学内容、教学方法进行了归纳梳理。8篇课例的教学目标、教学内容见表1。

表1　8篇《春》教学课例中的教学目标、教学内容梳理表

课例	教学目标	教学内容
李莉、赖雯雯:《不要让散文鉴赏成为"孤读"——〈春〉教学设计》,《读写月报》,2020年第21期	1.学会抓住景物特征,运用比喻、拟人的手法来描写景物,抒发情感 2.培养学生亲近自然、热爱生活及生命的情怀	1.让学生自由谈论对春天的感觉,回顾学过的关于"春天"的诗词,介绍作者的生平背景 2.让学生闭眼倾听配乐范读,发挥想象,思考从中感受到了什么,梳理出文章主要描写的景物 3.以第1自然段为例,让学生对比诵读文本,感受"了"字和连用"盼望着"一词增强情感的作用,体会作者对春天的期盼之情 4.学生自读、小组合作朗读表现作者情感的词句,学习文章运用多种感官和比喻等修辞手法来表情达意的方法 5.引导学生从景物特点、修辞手法等角度赏析春天的景物,帮助学生理解比喻、拟人修辞的特点和作用,学习抓住景物特征写景等写景艺术 6.让学生深情朗读文章最后3段,引导学生感悟春天新、美、充满活力的特征,理解作者对春天的赞美之情 7.让学生用写诗、唱歌等形式描绘春天,在此基础上分析作者的写作目的,引导学生热爱生活
何梦源:《涵泳玩绎,探寻个性化描写——〈春〉教学知识的择定与建构》,《中学语文》,2020年第29期	1.有感情地朗读,梳理作者的行文脉络 2.体会作者对春天的赞美之情 3.品味文章优美的语言,体会修辞手法的妙用,学习景物描写的方法	1.教师配乐范读课文,学生听读,解决字音困难,掌握朗读的停顿,初步感知春天 2.让学生自主梳理文章"盼春—绘春—颂春"的内容顺序,概括春草图等5幅春景图画 3.让学生朗读课文,教师指导朗读的语气、语速、语调及重音 4.指导学生分析文章最后3个比喻句,让学生体会并朗读出作者对春天的喜爱与赞美之情 5.让学生分享最喜欢的句子并说明理由。在此基础上引导学生欣赏教师出示的带有叠词、儿化音、修辞手法的句子,帮助学生把握文章优美的语言特点。要求学生背诵最喜欢的片段 6.引导学生发散思维,对文章内容提出疑问,让学生学习文章动静结合、衬托等写景方法 7.让学生畅谈学习课文后得到的人生启示。教师总结

续表

课例	教学目标	教学内容
余映潮：《〈春〉课堂教学实录及点评》，《余映潮中学语文散文名篇教学实录及评点》，长江文艺出版社，2017年版	1.掌握字词，概括段意，掌握文章结构 2.通过朗读课文，体会文中描写的景物之美，读出作者对春景的热爱之情，能背诵课文 3.以点带面，通过领会文中"修辞丰富""色彩描写""用词准确"等特点，提高散文鉴赏能力	1.展示朱自清的基本情况，介绍《春》的简要评语 2.让学生朗读并识记文中"薄烟"等生字词、"朗润"等常用雅词及"欣欣然"等精妙用词 3.以1~2、7~10段为例做概括示范并给出"景物+感情"的概括格式，让学生分组讨论概括其余段落段意，把握文章"总写抒情—过渡写景—议论抒情"的结构 4.以第4段为例，指导学生体味并朗读出文中的感情，引导学生思考，并撰写批注，体会本段的"修辞手法之美"与"色彩描写之美"等美点 5.让学生读背第5段，进行背诵指导的同时讲解文章"由景及人"的段落结构和"五觉写景"的手法
丁卫军：《读出一片春光明媚——〈春〉教学实录》，《初中生世界》，2016年第8期	1.朗读课文，能够通过感受作者描写的春景，体会作者的情感 2.联读比读，能够体悟作者富有诗意的语言特点	1.让学生自由朗读课文，初步体会作者心情，梳理春之图画 2.让学生朗读第1段和第8~10段，教师从语气、情感等方面对学生进行朗读指导并概括文章的主题——对春的喜爱与赞美 3.让学生分别朗读第2~3段，教师指导学生分析语段中"偷偷地""钻"等用词，通过改写段落句式让学生感受本文"长短句交错"的句式特点和诗意的语言特点 4.让学生学习、朗读展示第4段，教师从情感、语速、重音等方面点评学生的朗读，扣住"闹"字让学生感受热闹活泼的气氛；通过改写比读再次让学生感受本文"长短句交错"的句式特点和"由高到低"的层次美 5.指导学生对比林斤澜《春风》和《春》这两篇文章写"春风"的不同，感受朱自清笔下春风"温暖""舒适"的特点，读出人们喜迎春天的兴奋感 6.让学生读第8~10段，体会作者对新、美、充满活力的春天的赞美。以诗的形式呈现第8~10段，让学生再次感受文章诗意的语言

续表

课例	教学目标	教学内容
罗彭月:《〈春〉教学设计》,《课外语文》,2016年第13期	1. 欣赏文章优美的语言,学习文中运用多种手法来描画春景的艺术特色 2. 感受修辞的魅力,并会用修辞等方法来描画景物 3. 欣赏春景,焕发心中的美	1. 让学生自由交流对春天的看法,初步感知春天 2. 引导学生划分文章"盼春—绘春—颂春"的写作层次 3. 指导学生研读"盼春"部分,分析"着""了"两个词的作用,体会作者的急切心情 4. 引导学生研读"绘春"部分,赏析春归图、春草图等6幅春景图,分析拟人、比喻等修辞手法,感受文章优美的语言和形象生动的修辞手法,学习多感官描写的方法 5. 引导学生研读"颂春"部分,学习文中生动形象的比喻手法,体会作者满怀喜悦的心情,引导学生珍惜人生的美好时光
徐爱莲:《聆听春声,且吟春语——〈春〉教学案例研究与解析》,《现代语文(教学研究版)》,2016年第2期	1. 理清课文的写作思路,理解文中描绘的几幅画面,体会作者对春天的热爱和对未来的憧憬之情 2. 能正确、流利、有感情地朗读课文,在读中悟情 3. 通过自主合作讨论的方式,品析画面,品味文中清新、优美的语言	1. 播放音乐,让学生初步感知春天 2. 让学生朗读课文,借助工具书读准字音,以"这一段写的是＿＿＿＿"的句式概括盼春图、春醒图等7幅春景图 3. 让学生朗读开头部分,感受作者的急切盼望之情。教师进行语速、重音等朗读指导 4. 以"春草图"为例,引导学生鉴赏"钻""嫩嫩的"等词句,感受文章优美的语言,指导学生朗读的语速、重音,帮助学生掌握朗读方法 5. 让学生开展小组合作,选择其他春景图进行赏析和朗读,在朗读中感受作者对春天的喜爱与赞美之情 6. 让学生开展小组合作,从内容、写景艺术、语言表达等方面感受春风的韵味

续表

课例	教学目标	教学内容
余耀清:《〈春〉教学设计》,《语文建设》,2009年第4期	1.会读、会写,能理解课文后面"读一读、写一写"部分中的字词,重点理解文本中富有表现力的词语 2.理解比喻、拟人、排比等修辞手法的妙处 3.能够抓住景物特点,多角度地描写景物	1.学生自主或合作查资料,了解作者的基本情况 2.学生默读课文,概括课文"盼春—绘春—赞春"的写景层次,梳理5幅春之图画,厘清文章结构 3.让学生采取默读、朗读、赏读等学习方式,选取自己认为最美的一幅图画,围绕字词、修辞等方面进行赏析,感受文章富有表现力的词语和丰富的修辞手法,学习文章抓住景物特征进行多角度写景的方法 4.让学生以分组读、男女比读等形式朗读出"赞春"部分"希望""喜爱""力量"的内涵,体会作者对春天的赞美 5.让学生抓住生活中某个景物的特点进行当堂写作,在练习中掌握文章"抓住景物特点进行描写"的写作手法
薛世安:《〈春〉教学设计》,《中学教学参考》,2011年第25期	1.感受文章的画面美、语言美、意境美 2.培养学生对大自然的热爱	1.介绍《春》的写作背景,让学生畅谈对春天的不同感受 2.让学生自读、齐读课文,把握朗读的节奏、停顿、重音 3.让学生自主阅读,对照注释品味文本,概括文章的主要内容,总结5幅春景图 4.指导学生自由阅读课文,通过分析自己最喜爱的画面、声音等,感受文章的画面美、语言美,学习文章的写景艺术,体会作者热爱春天奋发向上的情感 5.拓展延伸:让学生拓展回顾相关描绘"春"的词语、诗句,就喜欢的季节写一小段话,深化对春天和大自然的感悟 6.让学生讨论感受春天里的人是怎么样的,再次感受春天里人们昂扬积极的精神

(一)教学目标

教学目标

- 理清文章的写作思路：3
- 培养学生热爱生活和自然的情怀：3
- 体会作者的思想感情和人生态度：4
- 学习文章的写景艺术,提高文章鉴赏与写作能力：5
- 品味文章词句,领会文章语言特点：7

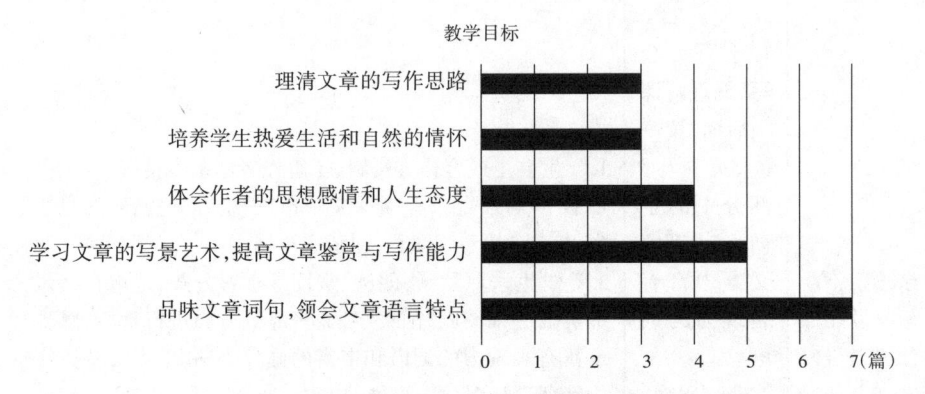

图1　8篇教学课例教学目标选择概况图

结合表1与图1,可以发现8篇课例的教学目标主要有以下3个方面。第一,品味文章词句,领会文章语言特点。上述课例中有7位老师将此作为教学目标,可见大部分教师都注意到了《春》高超的语言艺术,注重通过引导学生品味鉴赏散文的语言,体会文章的语言特点,提高学生的语言审美趣味。第二,学习文章的写景艺术,提高文章鉴赏与写作能力。在8篇课例中,有5篇课例将此作为教学目标,引导学生学习并掌握文章的写景手法,这对提高学生的文章鉴赏和写作能力有很大帮助。第三,体会作者的思想感情和人生态度。有4位老师注重散文的情感教学,引导学生体会作者个性化的情思。

除此以外,有3位老师注意到了写景抒情散文的德育作用,注重在《春》的教学过程中培养学生热爱大自然的情怀。同时也有3篇课例将"理清文章的写作思路"作为教学目标,这3位老师注意引导学生概括课文段意,把握文章段落之间的密切关系,为进一步的文本解读做准备。

(二)教学内容

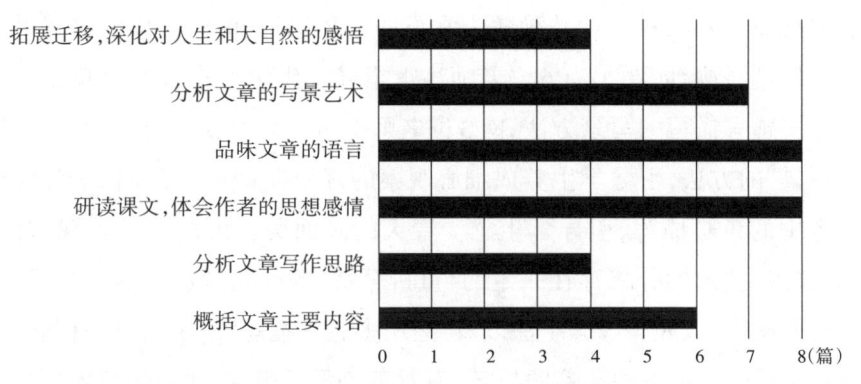

图2 8篇教学课例教学内容选择概况图

从表1与图2中可以看出,《春》这篇散文的教学内容主要集中在以下4个方面。第一,品味文章的语言。课例中8位老师均注重引导学生分析文章的字、词、句,品味文章的语言特色。但是8位老师的具体教学内容各有不同。有6位老师着重引导学生分析文中"钻""闹"等字词,体会文章用词准确的语言特点。同样有6位老师侧重于引导学生体会文章优美生动的语言,各自的切入点也有所不同。其中,有5位老师以叠词作为切入点,如李莉老师引导学生分析"嫩嫩的""绿绿的"等词,让学生感受文章语言的轻快明亮;有3位老师注意到了文中变化的长短句式,如丁卫军老师引导学生在对比阅读中感受长短句式变换带来的节奏美;另有2位老师引导学生分析文章引用诗句"吹面不寒杨柳风"的作用,感受文章优美的语言;另外,何梦源老师引导学生分析文中"赶趟儿""杂样儿"等儿化词,体会文章活泼俏皮的语言。由此看来,目前大多数教师更倾向于引导学生分析文中的叠词以及"钻""闹"等富有表现力的动词,让学生感受文章优美、用词准确的语言特点,但对于《春》"雅俗结合"的语言特点以及文中长短句式变换带来的音韵美则关注不够。第二,研读课文,体会作者的思想感情。8位老师都注意到了语言是作者情感的载体,注重引导学生深入研读文章,让学生从字里行间体会作者的思想感情。但是8位老师都侧重于让学生体会作者对春天的喜爱与赞美之情,对于作者对自由的向往、对未来生活的期待等更深层次的情感则涉及较少。第三,分析文章的写景艺术。

有7篇课例将"分析文章的写景艺术"作为主要教学内容,但是他们具体的教学内容有所不同。7位老师都抓住了文章的修辞手法展开教学,但是他们更注重讲解比喻、拟人、排比这几种较为常见的修辞,对其他修辞以及修辞手法的综合运用则较少涉及;另有6位老师注重指导学生学习作者调动嗅觉、听觉、触觉等多感官描写的写景方法;有3位老师注重引导学生学习作者"抓住景物特点写景"的方法,引导学生养成细心观察的好习惯;另外,有2位老师注意到了文章中的色彩描写,引导学生感受春天的画面美。由此可以发现,目前对《春》的写景艺术的分析存在一定的"重析轻赏"的问题,教师在教学过程中侧重于讲解比喻、拟人等修辞手法以及"运用多感官描写"的手法,这有利于让学生掌握文章的分析方法和答题技巧,但对于色彩运用、抓住景物特点写景等艺术手法则关注较少,学生难以获得多元的阅读体验。第四,概括文章的主要内容。课例中有6位老师注重在讲课初始,带领学生概括文章主要描写的景物。如丁卫军老师在教学伊始,便有意识地引导学生通读课文,归纳春天的5幅图画。

除以上较为集中的教学内容之外,有4位老师安排了拓展迁移的教学环节,让学生在深入学习课文之后进一步获得自我独特的人生感悟。如李莉老师鼓励学生采用写诗、唱歌等不同形式描绘春天,让学生在自由创造的过程中深入感受生活的美好,从而激励学生积极进取,乐观向上。另外,有4篇课例注意引导学生把握文章的写作思路,从整体上厘清文章的行文脉络,为后续的学习铺平道路。

表2　8篇《春》教学课例中的教学重难点、教学方法梳理表

课例	教学重难点	教学方法
李莉、赖雯雯:《不要让散文鉴赏成为"孤读"——〈春〉教学设计》,《读写月报》,2020年第21期	教学重点: 学会揣摩文中准确而生动的词语和句子,体会作者高超的语言表达能力 教学难点: 1.培养学生热爱生活和生命的情怀 2.结合实例理解比喻、拟人这两种修辞手法	朗读法 合作探究法 文本细读法 问答法

续表

课例	教学重难点	教学方法
何梦源:《涵泳玩绎,探寻个性化描写——〈春〉教学知识的择定与建构》,《中学语文》,2020年第29期	教学重点: 品味文章优美的语言	朗读法 问答法 问题讨论法 合作探究法 文本细读法
余映潮:《〈春〉课堂教学实录及点评》,《余映潮中学语文散文名篇教学实录及评点》,长江文艺出版社,2017年版	教学重点: 学习文章的写景艺术,提高学生的散文鉴赏与写作能力	旁批法 问答法 朗读法 文本细读法 合作探究法
丁卫军:《读出一片春光明媚——〈春〉教学实录》,《初中生世界》,2016年第8期	教学重点: 品词嚼句,体会文章优美的语言	朗读法 问答法 文本细读法 对比阅读法 合作探究法 问题讨论法
罗彭月:《〈春〉教学设计》,《课外语文》,2016年第13期	教学重难点: 品味文章优美的语言,把握情感脉络,领悟作品的深层意蕴	问答法 文本细读法 问题讨论法
徐爱莲:《聆听春声,且吟春语——〈春〉教学案例研究与解析》,《现代语文(教学研究版)》,2016年第2期	教学重点: 富有感情地朗读课文,体会作者的思想感情	问答法 合作探究法 朗读法 情景教学法 文本细读法
余耀清:《〈春〉教学设计》,《语文建设》,2009年第4期	教学重点: 理解富有表现力的词语,学习文中的修辞手法 教学难点: 学习作者如何抓住景物特点,多角度地描写景物	问答法 朗读法 合作探究法 文本细读法 练习法 情景教学法

续表

课例	教学重难点	教学方法
薛世安:《〈春〉教学设计》,《中学教学参考》,2011年第25期	教学重点:学习文章的写景艺术,感受文章的画面美	问答法 朗读法 合作探究法 文本细读法 情景教学法 练习法

(三)教学重点

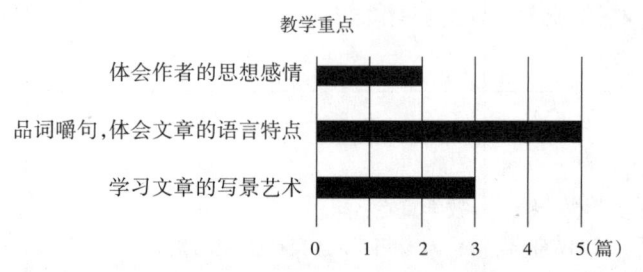

图3　8篇教学课例教学重点选择概况图

如图3所示,《春》的教学重点主要有3个方面。第一,品词嚼句,体会文章的语言特点。8篇课例中,有5位教师抓住了散文"美文"的文体特征,将教学重点放在品味文章词句,分析文章的语言特点上。其中有3位老师侧重于从叠词、长短句式入手,引导学生品味文章语言的优美生动,如丁卫军老师在课堂上注重引导学生感受叠词、长短句式变换带来的节奏美,并且两次以诗的形式呈现课文内容,让学生在对比阅读中感受文章优美的语言。另有2位老师侧重于分析文章语言的准确生动,如余耀清老师在教学中着重引导学生分析"钻""闹"等字词,体会文章精准、富有表现力的语言。第二,学习文章的写景艺术。有3位老师注重知识的实用性,重点引导学生学习文章中比喻、拟人的修辞手法以及运用多感官描写的手法,培养学生的文章鉴赏与写作能力。除此之外,有2位老师将教学重点放在"体会作者的思想感情"上,重点引导学生领会作者对春天的赞美和热爱之情。

(四)教学难点

从上述8篇课例来看,教学难点主要有以下2个方面。第一,如何让学生体会文章优美准确的语言特色。这主要是因为目前的教学注重文字讲解,学生难免会觉得枯燥无味,从而难以体会语言的魅力。第二,如何让学生领会比喻手法的妙用,从而体悟作者的情感。即使学生自小学开始接触学习并尝试运用比喻的修辞手法,但大多数学生在运用过程中仅仅抓住了比喻修辞手法的本体和喻体之间形体相似的特点,相对忽视了二者在情感上的密切联系。所以,学生很难领会到比喻修辞的妙用,也就难以体会到作者通过比喻修辞传达出来的情感。

(五)教学方法

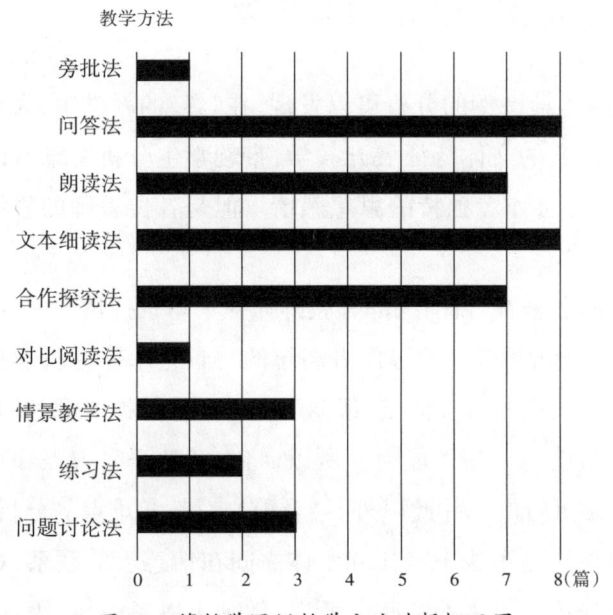

图4 8篇教学课例教学方法选择概况图

结合表2与图4可见,所有教师在授课时都采用了问答法和文本细读法。各位老师不仅注重通过提问的形式集中学生的注意力,活跃学生思维,同时还注意引导学生对文章的重点字、词、句展开深入分析,让学生探究文章的艺术特色和思想感情。朗读法也为大多数教师所喜爱。有7位教师选择让学生通过朗读感受文章准确优美的语言特点,体会作者对春天的喜爱与赞美之情。

同时,有7位老师采用了合作探究法。如何梦源老师让学生展开小组讨论,分析作者运用了哪些优美的语言来描写景物。除此以外,有3位老师采取了情景教学法。如薛世安老师在教学过程中展示春景图片,不仅激发了学生的阅读兴趣,同时将学生带入春天的情景中,帮助学生更直观地欣赏春景的生机勃勃。另有2篇课例运用了练习法,如余耀清老师在学生学习完"抓住景物特点写景"的写景手法后,让学生抓住生活中某个景物的特点开展即时写作训练,让学生充分学以致用。另外,余映潮老师在教学中注意引导学生做批注,鼓励学生自主思考,帮助学生养成良好的学习习惯。与此同时,丁卫军老师对对比阅读法青睐有加,在具体分析文章语句时将原文与改文进行对比,如丁老师将文章最后3个自然段改写成诗歌,让学生深切领会文章的优美语言。

三、基于课例分析的教学建议

通过上述对8篇课例的分析可以发现,在《春》的教学中,大部分教师能够紧抓写景抒情散文的文体特征展开教学,带领学生分析文章的语言特色和写景艺术,也注重体会作者独特的思想感情。但是各位教师的教学还可以进一步完善。

从教学目标上来看,目前大部分教师抓住了写景抒情散文的文体特点,将品味文章优美准确的语言、学习作者高超的写景艺术作为教学目标。这确实有利于学生把握文章的语言特点,帮助学生学习并掌握文章的写景方法,提高学生的文章鉴赏能力与写作能力。所以,将文章的语言特点和写景艺术作为教学目标之一是可行的。除此以外,结合前文对教学难点的分析可以发现,目前学生容易忽视比喻手法中喻体和本体之间在情感上的联系,难以体会到作者通过比喻修辞传达出来的情感。所以,教师可以考虑将"悟读课文,体会作者对春天的热爱和赞美之情"列入教学目标,从修辞入手引导学生去体悟作者的感情。

从教学内容的选择上来看,大部分教师注重引导学生分析文章"运用多感官描写"等写景手法以及文章优美、准确的语言特点。这有利于教师帮助学生体会文章的语言魅力,同时对提高学生的语言表达能力和写作能力有很大作用。但是目前大多数教师是以文中的叠词作为切入点,分析文章优美生动的语言特点,对文章中"雅俗结合""音韵和谐"的语言特色关注不足。因此,教师可以考虑将其同样作为分析语言的切入点,引领学生从不同的角度分析文章优美生动的语言,更全面地把握文章的语言特点。另外,目前大多数教师主要引导学生学习文中的修辞手法以及运用多感官描写的写景手法,对色彩运用等手法的关注较少。基于此,教师可以考虑将其作为教学内容之一,引导学生全面地学习和把握文章的写景艺术。

从教学方法的选择上来看,绝大部分教师为了实现教学目标能够灵活运用多种教学方法。但是,纵观8篇课例可以发现,运用情景教学法的教师相对较少。由于七年级的学生注意力集中时间有限,如果一直逐句逐段地分析文本,学生难免觉得枯燥乏味。因此,教师可以考虑运用情景教学法,通过合理运用音乐、图片增添教学趣味,同时帮助学生更加直观地感受春景之美。再者,正如俗语所说:"没有对比,没有差距。"教师也可以考虑采用对比阅读法来激发学生的阅读兴趣,让学生在互相比较、互相参照的过程中,更深入地把握教学内容,学会比较阅读的阅读方法,从而提高文本鉴赏能力。

四、教学设计参考

教学目标:

1.朗读课文,从修辞等方面入手,把握景物特点,领略春景之美。

2.品读词句,从叠词等角度入手,品味文章优美生动的语言。

3.悟读课文,体会作者对春天的热爱和赞美之情。

教学重点:

从修辞、叠词等方面入手,领略春景之美,品味文章优美生动的语言。

教学难点:

悟读课文,体会作者对春天的热爱和赞美之情。

教学方法:

朗读法、问答法、情景教学法、对比阅读法、文本细读法、合作探究法。

课时安排:

第一课时。

课前预习：

要求学生反复诵读课文，解决生字词；尝试概括5幅图画，圈画出文中景物的不同特点。

教学过程：

一、回顾旧知，兴趣导入

在正式上课之前，请同学们回忆一下我们学过哪些关于"春"的诗句。（学生回顾）不同文人笔下的春天各有特点，今天让我们一起走进朱自清先生笔下的春天，看看作者是怎样用他的生花妙笔描绘这江南春景的。

（设计意图：简单回顾之前学过的诗句，唤醒学生对春天的印象。）

二、初读文本，整体感知

1.教师配乐范读课文，学生闭眼倾听，梳理春天的图景。

提问学生：你听到作者描绘了哪些景物？可以试着为它们取个名字吗？

（提示：春草图、春花图、春风图、春雨图、春勤图。）

2.带领学生梳理文章结构。

提问学生：作者在文章2~7自然段主要描绘了5幅春景图，那么第1自然段和8~10自然段又分别围绕春天写了什么呢？文章的写作顺序是什么？

（明确：第1段和第8~10自然段分别写出了作者对春天的盼望和赞美；写作顺序：盼春—绘春—赞春。）

（设计意图：学生快速把握文章的主要内容和结构。）

三、赏读课文，品味语言

1.教师出示与文章第4自然段相对应的动态图片，提问学生：这张图片对应文章哪幅春景图？学生回答之后，再次提问学生：你们觉得这幅图画美不美？（大部分学生会回答：美）那么现在让我们一起来看看，作者是怎样描绘出春花的美的，其语言又有什么特点呢？我们应该怎样来朗读？

（提示学生：可从修辞手法、感官运用、色彩运用的角度赏析画面；可从叠词、长短句式、儿化词入手分析文章的语言特点。）

预设：

①"红的像火，粉的像霞，白的像雪。"兼用比喻和排比的修辞手法。连用3个比喻描绘出了桃花、杏花、梨花的千姿百态，娇嫩妍丽。

讲解比喻的修辞手法时,顺势提问学生:将"红的像火,粉的像霞,白的像雪"改写成"红的像血,粉的像棉花糖,白的像面粉"好不好?为什么?

(提示:不好。比喻句中的本体和喻体除了形似外,在情感上也要保持一致,达到形神合一。这句话将桃花、杏花、梨花比作火、霞、雪,不仅形象生动地写出了春花艳丽的颜色,而且其中隐含了作者对春花浓烈的喜爱之情。)

因此,读这句话时应带着喜悦和新奇,语速要稍快,"白的像雪"中间稍微停顿。

②作者在描写春花时,接连运用了视觉、嗅觉、听觉3种感官描写,生动形象地写出了春天百花争妍、生机盎然的景象。

③"红的像火,粉的像霞,白的像雪。"一句中,作者在绿色的大幕布上接连点缀上红色、粉色、白色的色彩,展现出了独属于春天的五彩斑斓的鲜艳景象。

④"桃树、杏树、梨树,你不让我,我不让你,都开满了花赶趟儿"一句,前面3个简短的名词指明了描写对象,后面则变换长句,运用拟人手法写出了树木的蓬勃。长短句交换使用,既把春花争相开放的势态描绘得活灵活现,也体现了语言抑扬顿挫的节奏之美,更表现出了作者对俏丽春花的喜爱。因此,读这句话时应连读,且语速要稍快,"桃树、杏树、梨树"应连读,"都""赶趟儿"应重读,读出作者的喜悦。

提问学生:这一句中的"赶趟儿"是什么意思?它有什么作用?

(提示:"赶趟儿"是东北地区的方言之一,意为"赶时间"。这里运用这一方言,生动地写出了百花争奇斗艳的盛况,同时增添了文章的生活气息。)

2.让学生配乐齐读文章第4自然段,注意朗读的重音、语速、语调等。

3.让学生开展小组讨论,赏析"春风图"的美,品味文章语言特点。

任务安排: 请同学们结合刚才所学,讨论作者怎样表现出了春风的美?这一段的语言又有何特点?又应该怎样来朗读?

小组成果示例:"'吹面不寒杨柳风',不错的,像母亲的手抚摸着你。"一句将春风比作"母亲的手",形象生动地写出了春风的温柔和煦。引用古诗为文章增添古典韵味。"母亲的手""抚摸"要读得语重而情深,让人觉得温暖。

(注:在学生汇报期间,教师相机指导,并出示相应的图片,让学生更直观地感受春天的美。)

4.让学生配乐齐读文章第5自然段,注意朗读的重音、语速、语调等。

(设计意图:引导学生把握文章的诸多写景手法和文章的语言特点,提高对文章的鉴赏能力和写作能力。)

四、悟读课文,体会感情

过渡:经过刚刚的学习,我们知道作者运用了丰富多彩的修辞手法来描绘春天,同样学习了好的比喻句应该做到形神合一。

1.提问学生:文末3句比喻句是如何做到"形神合一"的?表达了作者怎样的思想感情?

(提示:这3个比喻句既写出了春天在孟春、仲春、暮春不同时节的状态和特点,也生动地表现出了春天从"娃娃"到"青年"的成长历程。同时,也传达了作者对新的生活充满希望、对大好时光充满热爱、对未来充满信心等丰富情感。)

2.让学生有感情地齐读这3句话。

3.作业布置:

(1)全班同学分成3组,分别赏析另外3幅春景图的"美"是如何体现的,在此基础上,录制一份朗读音频。

(2)运用今天所学的任意1~2种写景手法,描绘夏日校园。

(设计意图:让学生进一步体会作者感情;由阅读向写作进行知识迁移,巩固学生知识。)

(撰稿人:赣南师范大学学科语文2021级硕士研究生,黄维萍)

第三课 《济南的冬天》文本解读与教学设计

《济南的冬天》是老舍先生的一篇写景抒情散文,是部编版初中语文七年级上册第一单元的第二篇课文,于1931年发表在《齐大月刊》第一卷第六期上。老舍,原名舒庆春,是我国著名的小说家、散文家、剧作家,是新中国第一位获得"人民艺术家"称号的作家。其散文具有情感真挚热烈,结构布局缜密,语言朴实幽默的特点。《济南的冬天》是一篇描写济南地方风情的代表性作品,长期以来被选入中学语文教材,成为学生散文学习的经典名篇。

一、教学文本解读

(一)主旨思想

在《济南的冬天》里,老舍先生用细腻的笔触给读者描绘了一幅济南冬天的温晴画。在画中,济南城被阳光照耀着,它四周被小山围着,小山被小雪点染着,城中的水温暖又澄澈。一般认为《济南的冬天》抒发了老舍先生对济南的赞美之情,表达了老舍先生对祖国大好河山的喜爱之情。有学者指出:"老舍把对母亲的爱融进《济南的冬天》里……他是把小山、摇篮、母亲、祖国、儿女对祖国母亲的感激之情融为一体,写得自然,情真意切。"[①]

老舍先生来济南之前在伦敦生活,他因得到燕京大学英国籍教授艾温士的推荐,于1924年夏前往伦敦大学东方学院任华语讲师。海外老舍研究专家李振杰对老舍先生在伦敦的生活有比较全面的了解,他在《老舍在伦敦》中概括了老舍先生在伦敦生活的基本情况,主要是两方面:年薪很低,要寄一部分薪金回国赡养母亲;常常吃不饱饭,因此患上了胃病。他还在文章中提到了老

---

① 张堃.《济南的冬天》抒发了对祖国的挚爱[J].中学语文教学,1994(4):31.

舍先生对国外的一些看法:老舍先生看到了英国商业社会的繁荣,但也深感人与人之间的关系是冷漠无情的。由此可见老舍先生在伦敦的生活并不如意。[1]

这种状况直到1929年才有了改变,这一年老舍先生从伦敦回到北平,在好友的劝说下,他于1930年前往济南齐鲁大学任教。在济南的4年里,他工作稳定,生活条件大为改善。他有了自己的家庭,并给自己的第一个孩子起名为"济"。他的很多优秀小说、散文都是在这个时期创作的,如《大明湖》《猫城记》《离婚》《牛天赐传》等等。他在散文《吊济南》中写道:"在那里,我努力地创作,快活地休息……四年虽短,但是一气住下来,于是事与事的联系,人与人的交往,快乐与悲苦的代换,便显明地在这一生里自成一段落,深深地印划在心中;时短情长,济南就成了我的第二故乡。"[2]虽然老舍先生在济南待的时间不长,但那段日子里他家庭美满,有好友相伴,生活得很闲适。在他的笔下,济南的冬天是充满诗情画意的,"树尖儿上顶着一髻儿白花""山尖全白了,给蓝天镶上一道银边""那点儿薄雪好像忽然害了羞,微微露出点儿粉色""看吧,由澄清的河水慢慢往上看吧……像地毯上的小团花的小灰色树影",他以一种欢快的笔调描绘出了济南冬天山水的秀气与可爱。

(二)艺术特点

1.精心构思的行文结构

《济南的冬天》结构设计精巧,独具匠心。有学者指出:"《济南的冬天》在行文布局上井然有序,形神皆不散。"[3]整篇文章为总分结构,文章开篇将济南的冬天与北平、伦敦进行了对比,再指出济南的冬天是"没有风声的",是"温晴的",概括出了济南冬天"温晴"的特点。一般认为"温晴"是指天气晴朗,阳光明媚,而老舍先生则认为济南冬天的"温晴"还体现在山水上,因此他在第2段中说"设若单单是有阳光,那也算不了出奇",点明济南"温晴"的出奇之处在于山水,从而引出下文。

第3~5段围绕济南冬天"温晴"的特点,分别描绘了济南冬天不同状态下

---

[1] 李振杰.老舍在伦敦[J].新文学史料,1990(1):136.
[2] 老舍.老舍经典散文全集[M].哈尔滨:北方文艺出版社,2017:16.
[3] 徐艳竹.《济南的冬天》创作艺术魅力解码[J].语文教学通讯·D刊(学术刊),2020(5):82.

的山景。第6段则描写的是济南冬天的水天之景。在第3段中,老舍先生运用了比拟的修辞手法,以全景视角描写了济南的山景,如"这一圈小山在冬天特别可爱,好像是把济南放在一个小摇篮里",将小山与济南拟人化,既描绘出了济南的地理位置,又写出了济南冬天的温暖安适。在第4段中,老舍采用了由上至下的观察视角,分别描写了山顶、山坡、山腰的雪景,先描写了山上到山尖,再到山坡,最后落在山腰上,细说薄雪覆盖的小山的各色情态;在第5段中,老舍先生向读者展现了一幅人与自然和谐共处的景象:"山坡上卧着些小村庄,小村庄的房顶上卧着点儿雪。"

在第6段中,老舍先生描写了济南的水景:"那水呢,不但不结冰,反倒在绿屏上冒着点儿热气""水藻真绿""水也不忍得冻上",写出了水的温暖、生动、绿意盎然,体现出水"温晴"的特点。除此之外,在"看吧,由澄清的河水慢慢往上看吧,空中,半空中,天上,自上而下全是那么清亮,那么蓝汪汪的,整个的是块空灵的蓝水晶。这块水晶里,包着红屋顶、黄草山,像地毯上的小团花的小灰色树影"中,济南的水色与天光融为了一体,照映出济南冬天多彩的姿态。

2. 高超的写景艺术

(1)修辞丰富

《济南的冬天》出色的景物描写,离不开修辞手法的运用。有学者指出:"老舍先生毫不吝啬地运用多种修辞手法,在描绘景象的同时,真切地传达情感,实现情与景的交织。"[①]如"这一圈小山在冬天特别可爱,好像是把济南放在一个小摇篮里,他们全安静不动地低声地说:'你们放心吧,这儿准保暖和。'"中,小山被比作小摇篮,并且将它们拟人化为慈祥的母亲,在精心照顾着摇篮里的济南;再如"看吧,山上的矮松越发的青黑,树尖儿上顶着一髻儿白花,好像日本看护妇"一句中,矮松顶着雪的样子被比作日本看护妇,形象地写出了雪后矮松可爱秀气的形态;又如"山坡上有的地方雪厚点儿,有的地方草色还露着;这样,一道儿白,一道儿暗黄,给山们穿上一件带水纹的花衣"这一句中将山坡上雪草相间的景色比作带水纹的花衣,同时"穿"字将小山拟人化了,写出了山的娟秀美;又如"微黄的阳光斜射在山腰上,那点儿薄雪好像忽然害了羞,微微露出点儿粉色"中,老舍先生写薄雪"害了羞",生动地描绘出了夕阳斜

---

① 赵伟.天然去雕饰——论《济南的冬天》语言艺术[J].语文建设,2018(27):51.

照下薄雪娇美的情态。

(2)色彩和谐

在《济南的冬天》中,老舍先生用五颜六色的画笔给读者描绘了一幅色彩缤纷、生机活泼的济南冬景图。正如有学者指出:"作者以精湛的艺术画笔,创造性地驾驭语言,独具匠心地妙用色彩词,以色绘景,借色传情,赋予色彩以生命,给人以情感的陶冶和美感的享受。"[1]文章第4段老舍先生写的是济南的山景,描写了山上的青黑的矮松与薄薄的白雪,"黑""白"两种颜色反差大,视觉效果鲜明。除此之外,老舍先生还描写了山尖上的白雪以及蓝天:"山尖全白了,给蓝天镶上一道银边",蓝白颜色纯净,搭配在一起具有和谐的美感;然后老舍先生描写了山坡上的景色:"一道儿白,一道儿暗黄,给山们穿上一件带水纹的花衣",老舍先生将山坡上草雪相间的景象比作山的花衣,赋予了山一种情态美。最后是山腰上的景色:"等到快日落的时候,微黄的阳光斜射在山腰上,那点儿薄雪好像忽然害了羞,微微露出点儿粉色",微黄的阳光与粉色的薄雪,微黄与粉色都属于浅色系,这两种颜色的使用能凸显出小山的秀气、可爱与明丽。由此可见,老舍先生笔下的山景是丰富多彩的,充满着层次感。

在第6段中,老舍先生以"绿"与"蓝"为主色调,来描绘济南冬天的水天景色。文中写道:"那水呢,不但不结冰,反倒在绿萍上冒着点儿热气。""天儿越晴,水藻越绿,就凭这些绿的精神,水也不忍得冻上;况且那长枝的垂柳还要在水里照个影儿呢。看吧,由澄清的河水慢慢往上看吧,空中,半空中,天上,自上而下全是那么清亮,那么蓝汪汪的,整个的是块空灵的蓝水晶。"绿色与蓝色是生动、鲜亮的色彩,这样的描绘既凸显了水的生命力,又展现了天的明媚清亮。除此之外,在描写蓝天时老舍先生还写道:"这块水晶里,包着红屋顶、黄草山,像地毯上的小团花的小灰色树影",他将"红屋顶""黄草山""小灰色树影"等多种色彩点缀于天空,避免了色彩的单调,构成了一幅多姿多彩的画面。在这一段中,多种色彩的使用展现出了济南冬天的生机活力。

(3)虚实相生

《济南的冬天》还运用了虚实相生的写作手法。有学者指出:"虚笔能为读者提供一个联想和想象的广阔空间,读者可以利用联想和想象去组接生活的

---

[1] 欧阳炎中.《济南的冬天》的着色艺术[J].中学语文教学,2005(10):38.

画面,对文学艺术作品的形象、意境进行独到的补充扩展和再创造,在其自由构筑的天地里'思接千载、视通万里',得到审美发现的满足和艺术欣赏的美感。"①如"请闭上眼想:一个老城,有山有水,全在蓝天下很暖和安适地睡着,只等春风来把他们唤醒,这是不是个理想的境界?"中,老舍先生让读者闭上眼,在脑海中将被小山包围的济南城想象成一个躺在摇篮里的婴儿,以创设情境的方式让读者体会济南的温暖与可爱。除此之外,老舍先生在描写山上雪景时写道:"这样,一道儿白,一道儿暗黄,给山们穿上一件带水纹的花衣;看着看着,这件花衣好像被风儿吹动,叫你希望看见一点儿更美的山的肌肤。"在这里,老舍先生将山坡上的景物比作带水纹的花衣,虚绘了其动态美,给人一种灵动美。这种虚实结合的画面,让读者浮想联翩,在想象中构建出了老舍先生笔下的济南冬景。

3.出色的语言运用

老舍先生是现代语言大师,有学者指出:"老舍远离二三十年代的'新文艺腔',他的作品的'北京味儿'、幽默风,以及以北京话为基础的俗白、凝练、纯净的语言,在现代作家中独具一格。"②他的语言是其作品的一大艺术特点,《济南的冬天》也体现了老舍过硬的语言功力。

(1)口语化显著

口语化是老舍先生作品的一大特色,这在《济南的冬天》中得到了充分体现。一般的写景抒情性散文语言比较细腻,用词较为优雅,书面性强,而《济南的冬天》中老舍先生以北京口语为语言底色,其间夹杂着典致的用词,形成了幽默风趣的语调。文中口语化用词较多,如"他们一看那些小山,心中便觉得有了着落,有了依靠""就是这点儿幻想不能一时实现,他们也并不着急,因为有这样慈善的冬天,干啥还希望别的呢""天儿越晴,水藻越绿,就凭这些绿的精神,水也不忍得冻上",上述句子中的"着落""干啥""不忍得"等词的使用使文章具有生活气息。还有儿化词的使用,如"小山整把济南围了个圈儿,只有北边缺着点儿口儿""最妙的是下点儿小雪呀""树尖儿上顶着一髻儿白花"中

---

① 董辉,饶倩.虚笔不虚 美在自然——《济南的冬天》中的虚笔之美[J].中学语文,2011(13):56.
② 钱理群,温儒敏,吴福辉.中国现代文学三十年[M].修订本.北京:北京大学出版社,1998:243.

的儿化词很可爱、俏皮,使文章语言更为生动自然。除此之外,文章语言的口语化还表现在语气词上,如"明天也许就是春天了吧""干啥还希望别的呢""最妙的是下点儿小雪呀"中的"吧""呢""呀"语气词的使用,让读者身临其境,真切感受到老舍先生在书写文章时喜悦、快乐的情绪。

(2)善于炼字

《济南的冬天》中用词巧妙精当,一字一词皆精心放置。文中,老舍先生往往用"小"字形容景物,如"小山""小村庄""小团花""小雪",将景物描绘得更加活泼可爱。正如有学者指出的那样:"看似简单的一个'小',恰恰包含了作者对济南浓浓的呵护之意,深深的喜爱之情。"①除了"小"字的巧妙使用之外,文中动词的使用也很精当,如"好像是把济南放在一个小摇篮里"一句中,一个"放"字,写出了小山对济南的呵护,展现了小山的母性形象。再如"山坡上卧着些小村庄"中的"卧"字写出了小村庄慵懒的情态,向读者展示了小村庄的安静祥和。

《济南的冬天》中的句式也独具特色。老舍先生往往将冗长的句式,变为长短相间、参差错落的句子,以表达其丰富的感情。如"对于一个在北平住惯的人,像我,冬天要是不刮大风,便觉得是奇迹;济南的冬天是没有风声的。对于一个刚由伦敦回来的人,像我,冬天要能看得见日光,便觉得是怪事;济南的冬天是响晴的",两个"像我"独立成句,强调了自我独特的情感体验,突出了济南冬天的与众不同。

二、典型课例分析

为了了解一线教师在教学《济南的冬天》时的情况,本文共收集了8篇公开发表的教学设计和教学实录,通过对这些教学设计和教学实录进行梳理,对《济南的冬天》的教学目标、教学重难点、教学内容、教学方法进行归纳分析,进而总结目前教学中的优点和存在的不足。

---

① 贺剑英.细品方能出"真味"——《济南的冬天》还可这样读[J].中学语文,2017(31):57.

表1 8篇《济南的冬天》教学课例中的教学目标及教学重难点梳理表

课例	教学目标	教学重难点
丁之境:《〈济南的冬天〉文本解读与教学设计》,《语文教学与研究》,2014年第10期	1.能正确、流利、有感情地朗读课文 2.能把握主要景物的主要特征,理解课文内容 3.会运用咬文嚼字、修辞分析等方法揣摩语言,体会拟人、比喻等修辞方法在写景中的作用,体会作者对景物独特的感受及其寄予的深情	教学重点: 品析语言,体会作者表达的情感
张译文:《〈济南的冬天〉案例简析》,《语文学刊》,2013年第4期	1.在反复的朗读中感受济南冬天的特点,发现它独特的美 2.欣赏并学习本文描写景物的方法和语言形式 3.感悟作者对济南的喜爱和赞美之情	教学重点: 从修辞手法和语言形式两个角度来品味语言、体会情感
赵俊秀、刘春:《"大语文"理念下〈济南的冬天〉教学设计》,《中学课程资源》,2021年第7期	1.正确、流利、有感情地朗读课文,说出济南冬天"温晴"的特点,能够感知济南冬天的"温晴"美 2.通过默读和反复朗读,赏析能够体现济南冬天"温晴"特点的词句,阐释比喻、拟人等修辞手法的表达作用 3.欣赏老舍笔下济南冬天的"温晴"美,生成热爱生活、热爱自然的美好感情	教学重点: 通过反复朗读,赏析能够体现济南冬天"温晴"特点的词句 教学难点: 由"温晴"感知作者对济南冬天的"温情",体会老舍对济南以及济南冬天的浓厚的热爱
胡鸿琳:《〈济南的冬天〉教学实录》,《中学语文教学》,2013年第12期	1.能把握主要景物的主要特征,理解课文内容 2.品味鉴赏文中精妙的字词和语句,体会比喻等修辞手法的妙用 3.体会作者所表达的思想感情	教学重点: 1.感受济南冬天的"温晴" 2.通过品味语言,欣赏作者所描绘的济南冬景,体会作者对济南冬天的喜爱之情 教学难点: 结合背景资料,深入体会作者的情感

续表

课例	教学目标	教学重难点
唐庆华:《开启美文赏读之旅——〈济南的冬天〉教学设计》,《广西教育》,2019年第29期	1.让学生学会赏读美文的方法 2.培养学生从字词、拟人、比喻、感悟、想象、联想等角度赏读美文的能力和小组合作探究的能力 3.体会作者对济南的冬天的独特情感,感受散文独特而丰富的美	教学重点: 1.让学生学会赏读美文的方法 2.通过自主合作探究学习,体会作者的感情,感受散文独特而丰富的美
张婷婷:《〈济南的冬天〉教学实录》,《语文教学通讯·初中》,2016年第Z2期	1.把握课文的主要内容,概括济南冬天的总体特征,体会作者借助景物抒发出来的情感 2.厘清文章的行文脉络,学习文章的结构布局 3.赏析文中的优美语句及段落,体会文章高超的写景艺术,培养鉴赏文章的能力	教学重点: 从比喻、拟人的修辞手法,烘托等写作方法入手,赏析文章中的语句
乔兰斌:《品读文本 感悟神韵——〈济南的冬天〉教学设计》,《语文天地》,2017年第26期	1.理解课文内容,把握文中景物的特征 2.探究文章高超的写景艺术,掌握文中的写作方法,提升写作水平	教学重点: 1.比喻、拟人等修辞手法的分析 2.把握文中景物的特征
王星懿、朱则光:《在比较中理解老舍的选择——〈济南的冬天〉教学设计》,《中学语文教学》,2014年第7期	1.赏析情景交融的语言,体会"温晴"中的"温情" 2.理解情景交融的特点,学习融情于景的写作方法	教学重点: 通过比较,探究文章中景与情的关系,总结融情于景的写作方法,即分析文中的用词,比喻、拟人等修辞手法以及色彩词汇的使用 教学难点: 探究文章中景与情的关系

（一）教学目标

通过对8篇教学课例中的教学目标进行梳理，制成图1。

教学目标

教学目标项	篇数
厘清文章的行文脉络，学习文章的结构布局	1
品味语言，感受济南冬天的美	4
体会文章中蕴含着的思想感情	6
理解文章内容，把握济南冬天的特点	6
学习文章的写景艺术，培养鉴赏文章的能力	8

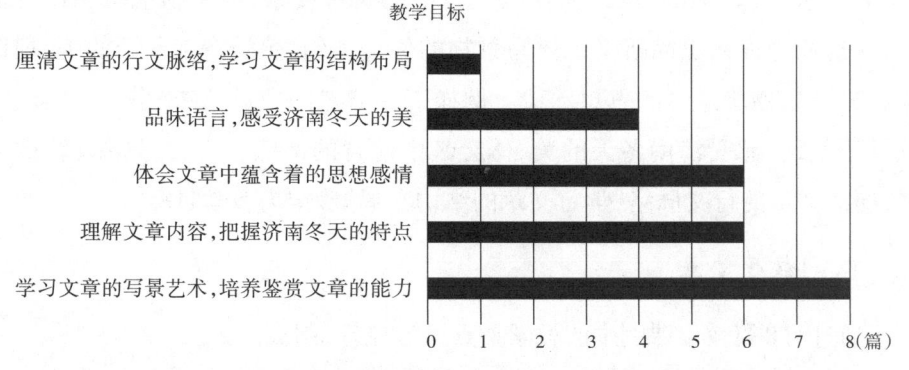

图1　8篇课例教学目标选择情况图

结合表1、图1，可以看出所选8篇课例的教学目标的设定主要集中在"厘清文章的行文脉络，学习文章的结构布局""品味语言，感受济南冬天的美""体会文章中蕴含着的思想感情""理解文章内容，把握济南冬天的特点""学习文章的写景艺术，培养鉴赏文章的能力"5个方面。

8篇课例中，有8篇将"学习文章的写景艺术，培养鉴赏文章的能力"作为教学目标。这8篇课例中，有部分教师引导学生通过赏析比喻、拟人等句子，体会比喻、拟人等修辞手法在写景中的作用；还有部分教师引导学生把握文章情景交融的特点，学习情景交融的写作方法。例如丁之境老师要求学生进行修辞赏析，品味比喻、拟人中的丰富意蕴；王星懿、朱则光两位老师以对比阅读的方法引导学生探究文章情景交融的写作方法。从这个目标设定来看，大部分教师都认识到《济南的冬天》中高超的写景艺术，但他们大多把关注的焦点放在修辞手法的讲解以及体会文章情景交融的艺术特点上，对文章中色彩词汇的运用等艺术特色不够关注。有6篇将"体会文章中蕴含着的思想感情"作为教学目标，可以看出教师们普遍重视文章的思想感情。还有6篇课例将"理解文章内容，把握济南冬天的特点"作为教学目标。可见大部分教师围绕济南冬天"温晴"的特点，引导学生理解文章的主要内容，体会作者的情感。例如张译文老师先要求学生用文中的一个词概括济南冬天的特点，然后再探究：围绕"温晴"这一特点，文中写了哪些景物？这些景物有何特色？从而一步一步深

入理解文章内容。除此之外,8篇课例中,还有4篇课例将"品味语言,感受济南冬天的美"确定为教学目标,可以看出部分教师在教学目标的确定上,还是依据传统散文教学的方法,抓住散文教学的关键要素,即景物描写和作者情感,从这两方面入手品析文中描写景物的优美语句,感受济南冬天的美,把握作者通过景物所蕴含的思想感情。例如丁之境老师通过品味"小"字、"真"字以及语气词,感受济南冬天的美,体会其中蕴含的情感。再者,只有1篇课例将"厘清文章的行文脉络,学习文章的结构布局"确定为教学目标。

(二)教学重点

通过对8篇教学课例中的教学重点进行梳理,制成图2。

教学重点

体会济南冬天"温晴"的特点
比喻、拟人等修辞手法的讲解
品读文章的语言,体会文章的思想感情

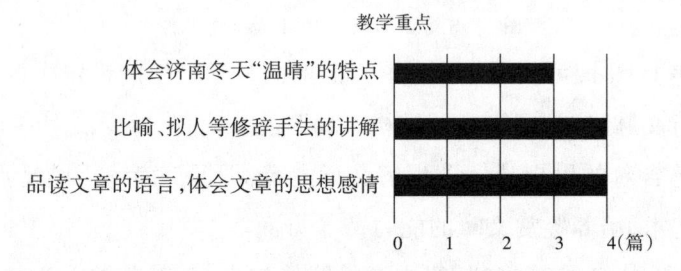

0　1　2　3　4(篇)

图2　8篇课例教学重点选择情况图

结合表1与图2,可见教师们的教学重点主要是以下3个方面:一是品读文章的语言,体会文章的思想感情;二是比喻、拟人等修辞手法的讲解;三是体会济南冬天"温晴"的特点。8篇课例中,有4位教师的教学重点是"品读文章的语言,体会文章的思想感情",可见大部分教师认识到散文是作家个性化的表达,蕴含着作家的独特思想感情。例如丁之境老师主要是带领学生赏析"小"字、"真"字及语气词,体会作者对济南冬天的喜爱和赞美之情。此外,还有4篇课例关注到了《济南的冬天》比喻、拟人等修辞手法的妙用,因而他们引导学生通过赏析文中的美景,体会比喻、拟人等修辞手法的表达效果。例如王星懿、朱则光两位老师,引导学生通过比较《济南的冬天》与《沁园春·雪》2篇课文中对比喻的运用,体会比喻修辞手法所传达的情感。还有3位教师将"体会济南冬天'温晴'的特点"这一方面作为教学重点,例如赵俊秀、刘春两位老师引导学生反复朗读,对体现济南冬天"温晴"特点的词句进行批注、写感悟,从而体会济南冬天"温晴"的特点。

(三)教学难点

从8篇课例来看,教学难点主要有2个方面:一是结合背景资料,深入体会作者的情感;二是探究文章中景与情的关系,即引导学生欣赏济南冬天的美,把握济南冬天"温晴"的特点,体会其中所传达的情感。造成以上难点的原因是学生知识面狭窄,对老舍先生的生平经历不够了解,也很难深入体会文中所蕴含的思想感情。作为初一的学生,把握情景关系的能力还不够。他们虽然在小学阶段学习过情景交融的写作方法,但缺乏独自赏析与探究的能力,需要在教师的点拨与指导下才能实现教学目标。

笔者将上述8篇课例中呈现的主要教学内容、教学方法进行了梳理,制成表2。

表2　8篇《济南的冬天》教学课例中的教学内容及教学方法梳理表

课例	教学内容	教学方法
丁之境:《〈济南的冬天〉文本解读与教学设计》,《语文教学与研究》,2014年第10期	1.让学生带着问题听读课文,进行圈点勾画,初步感知课文内容,概括济南的冬天的特点 2.组织学生细读课文,品读重点字词,体会作者投射在景物中的独特的个人情感 3.引导学生赏析文中的修辞句,品味比喻拟人中的丰厚意蕴 4.根据济南冬天的气候和老舍生平经历的资料,探寻作者心境,体会作者对济南冬天独特的情感	旁批法 朗读法 文本细读法 问题讨论法 点拨法 问答法
张译文:《〈济南的冬天〉案例简析》,《语文学刊》,2013年第4期	1.让学生谈谈一提到冬天会想到哪些词,导入新课 2.让学生朗读课文之后,将济南冬天的特点用词概括出来 3.让学生再读课文,谈谈作者围绕"温晴"的特点写了哪几种景物,以及这些景物有何特点 4.引导学生根据"济南出奇的究竟是什么?"这一问题,由"温晴"引出"温情"一词 5.引导学生通过品味语言,赏析修辞手法,体会济南"温情"这一特点 6.出示写作背景资料,让学生体会和感悟作者的个人情感	朗读法 问答法 文本细读法 点拨法 讲授法

续表

课例	教学内容	教学方法
赵俊秀、刘春：《"大语文"理念下〈济南的冬天〉教学设计》，《中学课程资源》，2021年第7期	1.以访谈形式导入新课，并带领学生一起欣赏济南冬天的图片 2.让学生默读课文，尝试使用一个词来形容作者笔下的济南的冬天与自己印象中的冬天有何不同，并说明理由 3.让学生有感情地朗读课文，找出自己喜欢的词句，并对词句进行批注，写下自己的感悟 4.让学生再一次有感情地朗读课文，为文中的"每一幅画"题一个名字 5.设置了一些"写一写""想一想"的练习 6.让学生根据"主要特点""语言风格""表现手法""思想感情"等项目对比阅读《济南的冬天》《济南的秋天》《江南的冬景》3篇课文 7.随堂练笔，让学生根据"确定时节和地点""观察景物的顺序""灵活运用比喻和拟人修辞手法""恰如其分地抒情，表达自己的真情实感"4点内容，以"我眼中的_____（季节或地方）"为话题进行课堂仿写练笔	朗读法 文本细读法 点拨法 对比阅读法 旁批法 情景教学法 问答法
胡鸿琳：《〈济南的冬天〉教学实录》，《中学语文教学》，2013年第12期	1.让学生快速浏览课文，用文中的一个词语概括济南冬天的特点，并说明理由 2.让学生找出作者在文章里描写的景物以及它们的共同特点，指导学生探究景物"小"的特点，感受作者传递的浓浓喜爱之情 3.介绍作者的生平经历及写作背景，点拨学生深刻体会"小"字所传达的情感 4.让学生朗读文章，并圈画出文章里富有感情的词语和句子，同时品味这些词语和句子，赏析其中的修辞手法，学习情景交融的写作方法，体悟情感 5.迁移知识，妙笔传情。出示德阳市东湖山公园图片及百度百科相应的介绍文字，让学生用前面所学的知识对介绍文字进行评价	问答法 讲授法 文本细读法 点拨法 朗读法

续表

课例	教学内容	教学方法
唐庆华：《开启美文赏读之旅——〈济南的冬天〉教学设计》，《广西教育》，2019年第29期	1. 直接明确本节课的学习目标"用赏文美读的方式学习《济南的冬天》，感受济南冬天的美"，以此导入新课 2. 让学生思考文中哪个词最能概括济南冬天的特点，并探究其原因 3. 让学生自由发言，教师从旁点拨，引导学生从结构和内容2个维度思考问题 4. 让学生结合《济南的冬天》独立自主探究记录表，从"起一个诗意的名字""品一个精妙的字词""悟一份独特的情感""有一番别样的感悟"等4个角度赏读小组选取的一幅山水画的美 5. 让学生静心赏读、独自思考之后，结合背景材料，在小组合作中赏读课文 6. 小组展示讨论结果，教师进行小结与启发，同时完成板书 7. 布置"自己选择《济南的冬天》中的2段进行美段诵读，写美段赏析""用美文赏读的方法阅读老舍先生的美文《济南的秋天》"2个课后作业	问答法 文本细读法 合作探究法 点拨法
张婷婷：《〈济南的冬天〉教学实录》，《语文教学通讯·初中》，2016年第Z2期	1. 以描写冬天的诗歌导入新课 2. 听读课文，让学生思考"济南的冬天的总体特征是什么？请用文中的一个词语概括。""济南的冬天给了你怎样的感受？用'我感到，济南的冬天像＿＿般＿＿'的句式表达自己的感受。""作者对冬天的济南表达了怎样的情感？"3个问题，整体感知课文内容 3. 让学生根据示例"古城全景图"思考并概括出文中描绘的图画，学习文章的结构布局 4. 让学生从全景、微景等不同角度对文章的语句进行品析，探究文章的写作方法 5. 引导学生总结本节课学习的内容和成果 6. 仿读课文，迁移拓展。让学生运用所学到的写景方法，完成片段作文的修改 7. 让学生开展组内作文推选活动，将最佳作品分享给全班人	朗读法 问答法 文本细读法 点拨法 讲授法 合作探究法

续表

课例	教学内容	教学方法
乔兰斌:《品读文本感悟神韵——〈济南的冬天〉教学设计》,《语文天地》,2017年第26期	1.要求学生结合自身理解,谈谈文中修辞手法的运用及巧妙之处 2.让学生交流展示文中所描绘的图景,把握文中景物的特征,加深对课文内容的理解 3.引导学生探究文中高超的写景艺术,总结写作方法,体会其中表达的情感 4.要求学生拓展学过的运用了虚实结合写作手法的课文	文本细读法 问答法 合作探究法 点拨法
王星懿、朱则光:《在比较中理解老舍的选择——〈济南的冬天〉教学设计》,《中学语文教学》,2014年第7期	1.让学生完成"用文中的一个词概括济南冬天的特点""概括围绕这个特点作者选择的景物"这2个任务,抓住济南冬天的总体特点,感知"温晴"的特点 2.引导学生比较阅读课文中的字词、句、段与课外相关材料,探究文中情景交融的写作方法,体会课文中字、句、段中所包含的独特情感 3.提供"济南的气候"和老舍的生平经历的资料,引导学生比较现实中的济南冬天与老舍笔下的济南冬天,体会老舍对济南的深厚情感 4.迁移运用,写作实践。让学生运用"情景交融"的写作方法,选择校园的某处景物进行描写,不少于200字	问答法 对比阅读法 文本细读法 点拨法

(四)教学内容

通过对表2中8篇课例的教学内容进行梳理,制成图3。

教学内容

| 厘清文章的行文脉络,学习文章的结构布局 |
| 品读文章的语言,体会其中蕴含的感情 |
| 迁移知识,写作实践 |
| 通过阅读背景资料,深刻体会文中蕴含的感情 |
| 探究文章高超的写景艺术,总结写作方法 |
| 把握文章的主要内容,概括济南冬天的特点 |

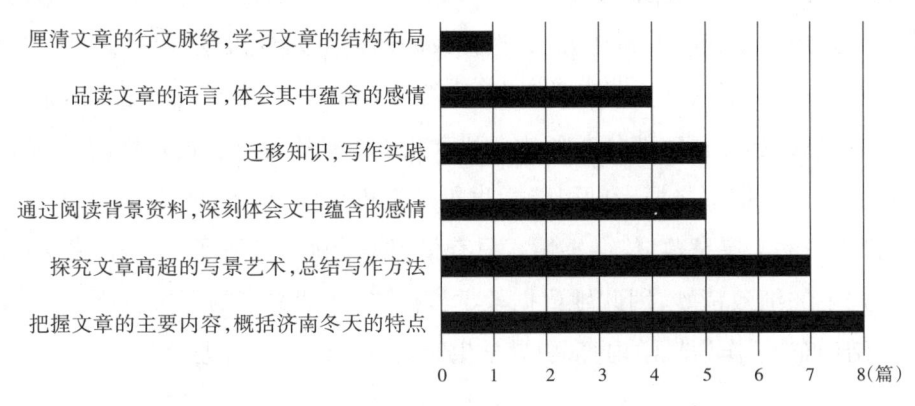

0 1 2 3 4 5 6 7 8(篇)

图3 8篇课例教学内容选择情况图

由图3可知,老师们选择的教学内容主要有以下6个方面:一是把握文章的主要内容,概括济南冬天的特点;二是探究文章高超的写景艺术,总结写作方法;三是通过阅读背景资料,深刻体会文中蕴含的感情;四是迁移知识,写作实践;五是品读文章的语言,体会其中蕴含的感情;六是厘清文章的行文脉络,学习文章的结构布局。

8篇课例中有8篇将"把握文章的主要内容,概括济南冬天的特点"作为主要的教学内容,大部分教师都关注到《济南的冬天》是围绕着济南冬天"温晴"的特点进行描写的,于是在开课之初就要求学生概括济南冬天的特点,从而把握文章的主要内容。例如丁之境老师在导入课文之后,就引导学生梳理文章的主要内容,概括出济南冬天"温晴"的特点。有7篇将"探究文章高超的写景艺术,总结写作方法"作为教学内容的重要组成部分。例如王星懿、朱则光两位老师引导学生通过对比阅读课内课外的句子探究文章的写景艺术,最后总结了情景交融的写作特点。多数老师能关注到文章修辞表达上的艺术,以及情景结合的巧妙,但忽视了文章色彩词汇的妙用。有5篇课例将"通过阅读背景资料,深刻体会文章蕴含的感情"作为文章的主要教学内容,例如丁之境老师在教学最后一个环节给学生呈现了作者生平经历的资料,并提供了济南的冬天真实的气候数据,让学生阅读背景资料,结合他所提供的数据,质疑文章中济南冬天气候的真实性,探寻作者的心境,深刻体会老舍先生对济南的热爱与赞颂之情。还有5篇课例引导学生运用课堂上所学的知识,进行自己的写作,实现知识的迁移运用,做到了读写结合。例如王星懿、朱则光两位老师要求学生运用情景交融的写作方法,选择校园内的某处景物,进行不少于200字的景物描写。此外,还有4篇课例将"品读文章的语言,体会其中蕴含的感情"作为重要的教学内容,部分老师认识到散文是作家的言语表达,蕴含着作家的独特情感。例如丁之境老师引导学生重点赏析副词、形容词、语气词,品味比喻、拟人中的丰厚意蕴,体会感情。只有张婷婷老师关注到了《济南的冬天》结构布局上的细致精妙,因此她根据教学目标将"厘清文章的行文脉络,学习文章的结构布局"作为教学内容,引导学生对文章的行文脉络进行了梳理。

(五)教学方法

通过对8篇课例的梳理,可以发现大部分教师所使用的教学方法主要有10种,如图4所示。

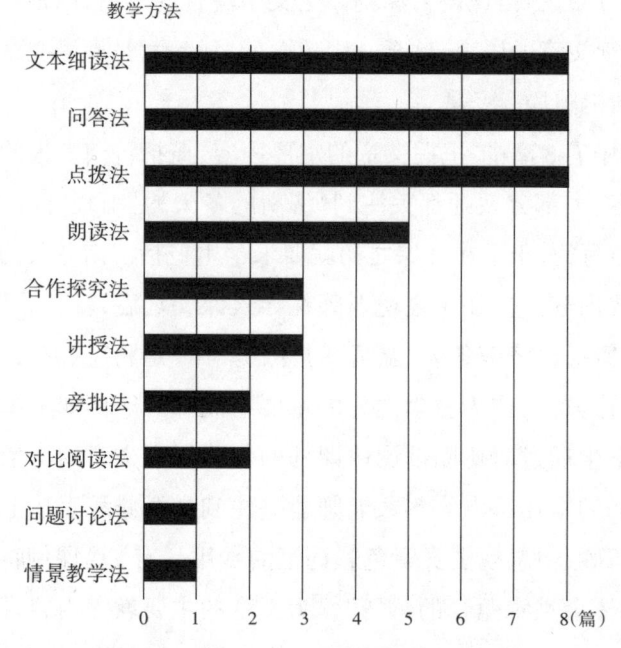

图4 8篇课例采用的教学方法梳理情况图

通过对以上8篇课例的教学方法的梳理,可以得知8篇课例都运用了文本细读法、问答法和点拨法,不仅引导学生细读课文,把握课文的主要内容,还结合主要内容设置了一系列问题,启发学生思考。在这个过程中,教师们还对学生进行了点拨启发,并对不易理解的内容进行了讲解。5篇课例运用了朗读法。因为《济南的冬天》语言质朴清新,还带有京味特色,儿化音和语气词丰富,文章还使用了大量的拟人、比喻等修辞手法。学生可以通过朗读更好地感受《济南的冬天》的语言美。但一部分教师采取的朗读方式过于单一,如张译文老师只让学生自由朗读课文,没有范读、小组读、男女生分读等朗读形式。

除此之外,教师在教学时要为学生创设有利于自主合作探究的环境,因此有3篇课例运用了合作探究的方法,让学生成为语文学习的主体,发挥学生的自主性,调动学生的积极性,提高课堂教学效率。例如唐庆华老师让学生在独立探究的基础上,再以小组合作交流的形式完成精妙语段的赏读表格。还有2篇课例运用了旁批法,让学生在阅读课文的过程中进行圈点勾画,对一些重要内容进行批注,深化对课文内容的理解。例如丁之境老师要求学生在朗读课文时,圈点批注一些关键字词,然后进行品读,领会字词中蕴含的感情。再有2篇课例引导学生对比阅读《济南的冬天》与其他课文。例如赵俊秀、刘春两位老师要求学生阅读《济南的冬天》《济南的秋天》《江南的冬景》3篇课文,比较3篇课文在表现手法、语言风格、思想感情等方面的异同,深化学生对文章思想感情的理解,加强学生鉴赏评价的语文阅读素养。另有丁之境老师针对较难的问题,让学生进行讨论与交流。还有赵俊秀、刘春两位老师在教学时向学生展示了济南冬天的相关图片,以此帮助学生更好地感知老舍先生笔下美丽的济南冬景。

三、基于课例分析的教学建议

通过对8篇课例的梳理分析,可以发现大部分教师注意引导学生细读课文,赏析文中的精妙语句,体会作者对济南冬天的喜爱和赞美之情,感受自然之美。同时这些设计都重视引导学生自主学习,能调动学生的积极性。但结合对新课标的探究、文本的细读及学情的了解,教师们还可以进一步完善教学。

从教学目标上来看,目前大多数教师设定的教学目标聚焦在品读语言,体

会文章蕴含的思想感情上,很少有教师关注到了文章的结构布局。《济南的冬天》一文中,老舍先生围绕着"温晴"这一总特点,分别描写了济南冬天的山景与水色,最后以"这就是冬天的济南"结尾,起到了首尾呼应的作用。文章的结构非常明了清晰,如果教师们注重分析文章的布局安排,将会让学生更易梳理出文章的写作思路,更快把握住文章的内容。因此可以将"分析文章的布局思路,把握文章主要内容"作为教学目标。除此之外,感受济南冬天的美,提高学生的审美能力也可以成为教师们关注的重点。新课标要求教育要培养德智体美劳全面发展的学生。所以在语文教育中,不仅要让学生获取知识,还要发展他们的各项能力,提高他们的思想境界。《济南的冬天》中老舍先生用其高超的写景手法为读者描绘了一个理想又美丽的济南的冬天,学习这篇课文可以培养学生的审美情趣。因此教师们可以考虑将"感受济南冬天的美,培养学生的审美情趣"作为教学目标。

从教学内容上来看,大部分教师都注重引导学生通过品读语言、阅读背景资料等方式体会作者的情感,以及探究文章高超的写景艺术,学习情景交融的写作方法,进行写作训练,达到以读促写的目的。目前很多教师在引导学生品读文章语言的时候,聚焦于文章口语化的特点,让学生通过朗读感受作者写作时的心境。但他们在一定程度上忽视了文章句式的独特性。《济南的冬天》中老舍先生将生活中一些冗长复杂的句子变得简单且富有深意,所以教师们还可以关注句式的独特,理解其中蕴含的深意。除此之外,不少教师将探究文中高超的写景艺术作为主要的学习内容。这些教师注重引导学生赏析文中的修辞语句,体会修辞手法的表达作用,但对文中色彩词汇的运用讲解得并不多。文中第4段和第6段运用了很多色彩词,这些色彩词的使用为济南的冬天增添了生机。所以适当讲解色彩词,赋予学生想象的空间,才能让学生更好地感知济南冬天的美。

在教学方法的选择上,可以发现大部分教师根据教学内容,选择了文本细读法、问答法、点拨法和朗读法。这4种方法既符合课标和单元要求,又适合学情,有利于实现教学目标。但是上述老师较少运用情景教学法,《济南的冬天》中有很多描绘景色的片段,教师们可以运用情景教学法,给学生提供一些图片、播放一段音乐,将学生带入其中,从而更好地想象老舍先生笔下的济南冬景,领会老舍先生对济南冬景的独特体验。除此之外,教师们也可以积极运用合作探究法。新课标要求教师要"充分利用网络平台和信息技术工具,支持学生开展自主、合作、探究性学习,为学生的个性化、创造性学习提供条件"[①]。因此,在教学《济南的冬天》时,可以让学生以小组的形式赏析文章的语句、探究写景方法,这样既能够充分发挥学生的主体地位,还能让学生懂得合作的意义。

四、教学设计参考

教学目标:

1.品味文章语言,学习文章高超的写景艺术,感知济南冬天的美。

2.阅读相关背景资料,深刻体会作者对济南冬天的喜爱与赞美之情。

教学重点:

品味文章语言,学习文章高超的写景艺术,感知济南冬天的美。

教学难点:

通过具象的方式,感受济南冬天的美。

教学方法:

朗读法、问答法、文本细读法、情景教学法、点拨法、合作探究法。

教学说明:

上节课通过朗读,在教师的点拨下,学生基本能够理解文章的内容,厘清文章的行文脉络,体会作者的思想感情。

教学过程:

一、回顾旧知,导入新课

1.提问学生:上节课我们学习了老舍先生的《济南的冬天》一文,大家都觉得老舍先生描绘的济南冬景很美,那课文中济南冬天总的特点是怎样的?课文写了济南冬天的哪些景色?表达了作者怎样的思想感情?请一位同学来回顾一下上节课所学的知识。

---

① 中华人民共和国教育部.义务教育语文课程标准(2022年版)[S].北京:北京师范大学出版社,2022:46.

（提示：通过上节课的学习，学生能够理解课文内容，把握济南的冬天"温晴"的特点，厘清了文章先描绘了济南冬天的整体气候，后又分写了济南冬天的山水之景的行文脉络，也体会到了作者对济南的冬天的赞美与喜爱之情。）

（设计意图：以回顾旧知的形式导入新课。）

二、品析语言，探究手法

1.给学生展示与文章第4段相对应的一幅图，提问：这幅图美不美？学生回答之后，再提问：知道这幅图对应文章的哪一段落吗？然后要求学生重点关注济南冬天的雪后山景（第4段），找出第4段的中心句。

（提示：最妙的是下点儿小雪呀。）

2.请一位学生朗读第4段，提问：第4段围绕"最妙的是下点儿小雪呀"写了哪些景物？

（提示：山、树、阳光、草。）

3.再次提问学生：作者为什么会说"最妙的是下点儿小雪呀"？"妙"在哪里？

（提示：主要赏析第4段的用字及修辞语句，探究色彩的运用及虚实结合的手法。）

示例：①"树尖儿上顶着一髻儿白花，好像日本看护妇"中，"顶"字生动形象地将树尖上覆盖着少许白雪的状态描绘出来了。同时，"好像日本看护妇"这个比喻准确地写出了矮松秀雅的特点。

②第4段中运用了大量的色彩词汇，如"青黑"的矮松、"白"的雪、"微黄"的阳光，这些色彩缤纷的景物共同构成了济南的冬景，为济南的冬天增添了无限的生机。

（设计意图：这一环节，是想让学生通过探讨"最妙的是下点儿小雪呀"这句话品读第4段，从语言及写景艺术上去领会作者所表达的深意。）

4.提问学生：这里还有一幅图，你们找找这幅图又是对应文章的哪一段落呢？（展示与文章第6段相对应的图片。）

5.再次提问学生：这一段落又是怎样写出济南冬天的美的呢？以小组为单位，根据第4段的赏析方法鉴赏第6段。

（设计意图：这两个问题主要是让学生根据第4段的分析方法，自主赏析第6段,从而掌握一定的赏析方法。)

6.各小组展示分享小组赏析成果。

三、知人论世,深入解读

1.提问学生:看来老舍先生对济南颇为了解,那现实生活中的济南的冬天是否如老舍先生笔下的一样的呢?(PPT呈现相关资料:济南冬天的温度,济南冬天山景与水景的实拍图。)

2.再次提问学生:既然不太一样,而且也不是很美,那老舍先生为何会觉得如此美呢? 请结合背景资料,思考以上问题。

(提示:济南的冬天实际上未必如老舍描写的这般美,但平常之景进入文学家的眼里,便会成为美好的诗意风景。这是因为文学家有发现美的眼睛,内心有美的情感,并且在老舍的作品《吊济南》中,老舍提到济南已经成为他的第二故乡,他常常怀念这里的山山水水,济南在他心里有着深厚的情感。)

(设计意图:提供质疑资料以及相关的背景资料,让学生知人论世,更易明白济南对于作者的意义,体会文中作者通过景物所表达的情感。)

四、课堂小结,知识迁移

1.小结本堂课所学习到的知识。

(提示:一是学习课文的遣词造句;二是学习课文抒情写意的方法;三是学习课文谋篇布局的方法。)

2.要求学生结合自身体验,运用本节课所学的写景知识,描写一处校园、家乡或者旅途中所见到的景物。

(设计意图:让学生运用本节课所学的写景知识,描写一处校园、家乡或者旅途中所见到的景物,这是从学生已有的生活经验出发,同时又一定程度上实现了知识的迁移。)

(撰稿人:赣南师范大学学科语文2021级硕士研究生,刘玮)

第四课 《藤野先生》文本解读与教学设计

新课标指出,语文课程的理念为"立足学生核心素养发展,充分发挥语文课程育人功能"[1]"语文课程围绕核心素养,体现课程性质,反映课程理念,确立课程目标"[2]。语文课程的开展及育人功能离不开学生核心素养的发展,语文核心素养的内涵可以概括为4个方面,分别是文化自信、语言运用、思维能力、审美创造,[3]这4个方面是一个整体,缺一不可。散文教学在初中语文课程中占有重要的地位,散文作为四大文学体裁之一,具有题材广泛、结构自由、注重表现作者内心感受、语言简洁流畅等特点。据新课标对中学生学段阅读鉴赏能力所提的要求,散文教学是达到新课标要求的一个有力途径,培养学生散文的阅读鉴赏能力能够提高学生的核心素养水平。

本文以部编版初中语文八年级上册第二单元的课文《藤野先生》为基础进行文本解读与教学设计。

一、教学文本解读

(一)文本解读视角的多样性

初中阅读教学的开展,要建立在文本解读的基础之上,文本解读的结果不同,教学实践的内容也不相同。《藤野先生》是鲁迅的一篇经典散文,对其文本解读,应该建立在围绕课程标准所提出的育人理念和要求上,对文章主题进行多元解读,这样才能够充分发挥语文课程的育人功能。

---

[1] 中华人民共和国教育部.义务教育语文课程标准(2022年版)[S].北京:北京师范大学出版社,2022:2.

[2] 中华人民共和国教育部.义务教育语文课程标准(2022年版)[S].北京:北京师范大学出版社,2022:4.

[3] 中华人民共和国教育部.义务教育语文课程标准(2022年版)[S].北京:北京师范大学出版社,2022:4.

《藤野先生》发表于1926年,后被收入鲁迅的回忆性散文集《朝花夕拾》中。鲁迅在这篇文章中回忆了1902年至1906年在日本东京和仙台学医时的所见所闻。《藤野先生》是鲁迅散文中的经典名篇,教学时对文章进行文本解读是确定教学内容的前提。该文篇幅较长,经典隽永,艺术形式独特巧妙,人物形象生动饱满,事件选取典型恰当,语言简练而有内涵,思想主题复杂,情感浓郁。一直以来,名家对《藤野先生》的解读是见仁见智,钱理群先生认为"《藤野先生》是一篇中学语文的传统课文,再要讲出新意,恐怕并不容易"①,在当前教育形势下,虽然解读难出新意,但是也不能简单挖掘。张若朴将《藤野先生》一文的主题阐释分为3个阶段,即"单一视角:强调爱国之志(1949—1973);双重视角:突出中日交往(1974—1979);多元视角:关注师生情谊(1980—2016)"②。由此可见,文本解读要从多元视角出发,并体现出育人价值。笔者在搜集资料时发现,名家对《藤野先生》文本解读的结果有所差异,缘于其解读视角的不同。因此,只有选择恰当的视角,才能对文本做出有效的解读。

"从写人叙事的角度解读文本,从纪念回忆的角度解读文本,从语言典范的角度解读文本,从句法结构的角度解读文本。"③陈汝虹认为,可以从文本的特点入手进行多元解读,这也契合了新课标对中学生核心素养的要求,只有抓住了语文学习的多元要素,才能对文本展开多元解读。

教师要创造一个以学生为主体的课堂。教师在进行文本解读时,要站在学生的角度,选择学生的疑问点和兴趣点,调动学生的生活经验和体悟,这也是文本解读的一个新思路。"站在学生的角度,寻找《藤野先生》这篇课文的切入口,笔者以为最重要的一点,就是寻找藤野先生对鲁迅的'影响',这其实也是全文的关键线索。"④学生在阅读文章的时候,首先被题目吸引,藤野先生作为文章的主要叙述人物,和作者有什么交集?对作者产生了什么样的影响?作者为何要纪念他?带着这些问题,学生的求知欲就很容易被激发起来。在

---

① 钱理群.《藤野先生》:鲁迅如何写老师[J].语文建设,2009(9):14.
② 张若朴.1949年以来中学语文教科书中《藤野先生》主题阐释的嬗变[J].名作欣赏,2017(35):90-91.
③ 陈汝虹.《藤野先生》文本的多元解读和开发[J].中学语文教学参考,2020(21):73-74.
④ 李茹.初中语文文本解析的切入口选择——以统编版《藤野先生》一文为例[J].语文教学与研究,2020(24):100.

课堂教学中,学生把文本的叙述事件和自身经验结合起来,就不难理解鲁迅为何会感激和怀念藤野先生了,再加上课堂教学灵活性的特点和以学生为主体的教学理念,站在学生的角度来进行文本解读,文本意蕴自然会丰富起来。

教师在教学中往往会把藤野先生作为文章的中心人物,显然文章还有另一个重要的人物——回忆的主人公"我"。明确文章的中心人物,有利于学生更好地把握叙事线索和文本内容。吴正涛认为"分析《藤野先生》一文时,应该把它放到《朝花夕拾》整个文集中来考虑"①,这样才能明确文章的中心人物。鲁迅的回忆性散文集《朝花夕拾》原名《旧事重提》,共收录10篇散文,这些文章回忆了鲁迅人生不同时期的事件,可以从中窥见鲁迅的性格、爱好、人生志向的形成经过。纵观《朝花夕拾》,鲁迅在其中提到了诸多人物,如藤野先生、寿镜吾先生、阿长等人,这些人参与了鲁迅的成长体验,带给他一些影响,丰富了他的内心感受。从散文集《朝花夕拾》来看,鲁迅才是中心人物。鲁迅在《藤野先生》一文中回忆了和藤野先生的交往事件,追述了自己的内心感受和思想变化的经历,抓住这一叙事线索,文本分析迎刃而解。

综上,基于语文阅读教学自身的基本特点,在教学中,教师不仅要关注文学体裁、创作背景、中心人物、叙事线索、文章结构、语言特点、思想感情等相关要素,还要关注作品的现实意义,注重对学生价值观的培养及其形成,体现出作品的育人价值。不同的解读视角对应不同的教学实践,课堂要以教师为主导、学生为主体,教师要灵活把握课堂教学内容,这样文本解读说不定还有意外收获。

(二)文本解读

纵观资料,对《藤野先生》的文本解读大致可以总结为:展现藤野先生的品质;表达对藤野先生的感激怀念之情;表达作者强烈的爱国主义情感。现进行简要阐述。

1.展现藤野先生的品质

藤野先生是文章的标题和主要人物,鲁迅在文中叙述了和他的交往事件,通过事件突出了藤野先生的高尚品质。"本文是通过自己和藤野先生的交往,

---

① 吴正涛.对《藤野先生》一文解读的思考[J].课外语文,2016(16):153.

来写老师的。"①文中提到和藤野先生在仙台交往的事件有4个,即藤野先生添改订正"我"课上的讲义、藤野先生纠正"我"解剖图中血管的位置、藤野先生关心"我"的解剖实习、藤野先生向"我"了解中国女人裹脚。藤野先生作为老师,为学生添改订正课上的讲义、纠正解剖图中血管的位置,这些都是分内的工作,藤野先生在《谨忆周树人君》中说:"我虽然被周君尊为唯一的恩师,但我所做的只不过是给他添改了一些笔记。因此被周君尊为唯一的恩师,我自己也觉得有些不可思议。"由此可见,藤野先生认为他做了自己的本职工作,这是分内之事,可是在鲁迅看来,这位老师工作态度认真严谨,在治学上也是孜孜不倦,给人留下了深刻的印象。

师生二人在同一件事情上的感受为何会如此不同呢？这就要了解鲁迅留学那个年代的社会背景。明治维新运动以后,日本的国力越来越强盛,野心也随之膨胀起来。1902年,鲁迅到日本留学,想要通过学医来救治国内的民众,改善国民的体质。鲁迅留学的年代正值国家落后腐败,许多日本民众对中国人都有很大的民族偏见。鲁迅在那样一个普遍看不起中国人的环境中遇到了藤野先生,藤野先生丝毫不因为国别而对学生有所区别,他没有狭隘的民族偏见,不歧视学生,和学生交往十分真诚、热忱,如在关心"我"的解剖实习事件中,"我因为听说中国人是很敬重鬼的",藤野先生的询问十分讲究措辞,他并没有直接说中国人迷信,这在鲁迅看来,"藤野先生是寒夜里的温暖,即当时的作者由压抑、孤独的心境向温暖的心路历程转变"②。藤野先生是鲁迅笔下为数不多的恩师之一,鲁迅对他做出了高度的评价,"他的性格,在我的眼里和心里是伟大的",这更加凸显了他高贵的品格。

2. 表达对藤野先生的感激怀念之情

鲁迅在文中写道:"在我所认为我师之中,他是最使我感激,给我鼓励的一个。"这句话表达了他对藤野先生的感激之情。《藤野先生》这篇散文的深层主旨应该是通过写作者青年时代留学日本的一段心路历程,表达了作者强烈

---

① 钱理群.《藤野先生》:鲁迅如何写老师[J].语文建设,2009(9):14.
② 刘丹.聚焦文眼,体悟情感——以《藤野先生》解读为例[J].散文百家(理论),2020(5):15.

的家国情怀,同时也抒发了对藤野先生的感激和敬仰之情。"①正如上文分析,在那个特殊的年代和环境中,藤野先生真诚热忱地对待"我"。当藤野先生得知"我"放弃学医时,他感到悲哀和惋惜;"我"即将离开日本,临走时他送"我"相片,并叮嘱"我"寄相片,保持通信。这些都表现了藤野先生与"我"的交往是真诚的,不带有民族偏见的。另外,鲁迅在文中还抒发了自己对藤野先生的怀念之情。鲁迅回国后收藏藤野先生添改过的讲义、在北京的寓居东墙悬挂藤野先生的照片,这些举动都能体现出他对藤野先生发自肺腑的怀念之情。藤野先生不仅帮助了作者,还给予了作者精神鼓舞:"每当夜间疲倦,正想偷懒时,仰面在灯光中瞥见他黑瘦的面貌……便使我忽又良心发现,而且增加勇气了……再继续写些为'正人君子'之流所深恶痛疾的文字。"其中"夜间"是作者暗指当时社会环境的一片漆黑,看不到光明。1926年,当时正值中国第一次国内革命战争,鲁迅由于受到反动军阀及其御用文人的迫害,不得已从北京来到厦门,因而暗指社会环境黑暗。"良心发现"指作者在斗争疲惫之时,看到藤野先生的照片,想到他的高尚品质以及他内心"为中国""为学术"的热切期望,作者内心的爱国思想和斗争精神又振奋起来,便又增加了继续斗争的勇气和力量,从而继续拿笔写文章,以战斗的姿态去抨击、去呐喊。

综上,文章不仅展现了藤野先生的高贵品质,还表达了作者对藤野先生的感激怀念之情,另外,文章还点明了藤野先生的精神给鲁迅带来的影响和鼓励。

3.表达作者强烈的爱国主义情感

文章开篇不直接写藤野先生,而是记叙了一些表面上和藤野先生没有直接关系的事件,文中的匿名信举报泄题事件、看电影枪毙中国人事件、作者深夜灯下写文等均是如此,这些看似是"闲笔",其实是"闲笔不闲",颇有意味,这些"闲笔"都流露着作者的爱国主义情感。

文章的明线是通过在东京、在仙台、回国地点的转移来组织材料的;文章还有一条暗线,流露着作者的爱国情怀,这条暗线才是文章的主线和灵魂。文章开篇第一句"东京也无非是这样",其中"无非"一词流露着作者对东京的失

---

① 唐红松.基于回忆性散文特质的文本解读——也谈《藤野先生》深层主旨探微[J].读写月报(语文教育版),2020(12):33.

望。下文交代了对东京失望的原因:"清国留学生"赏樱花时,"油光可鉴"的头发,"扭几扭"和"标致极了"的身姿,极尽写出了留学生形象上的丑态;"精通时事"的留学生留意的是在烟尘斗乱的房间咚咚"学跳舞"的人,他们并不关心真正的时事,国家危亡被抛诸脑后。这些见闻将清国留学生们贪图享受、不思进取的空虚灵魂展现了出来。对这些行为,作者感到悲哀气愤,他来到日本学医,为的是寻求救国救民的道路,但是在东京看到"清国留学生"的种种行为,他感到十分失望,国家正处于水深火热之中,留学生们却沉溺于享乐,麻木不仁,作者流露出强烈的爱国主义情感。

离开东京,途经"日暮里"和"水户",鲁迅之所以记得这两个地名,是因为"日暮乡关何处是,烟波江上使人愁"勾起了他乡游子的思乡情绪,"水户"是坚定不移地反抗清朝的爱国人士朱舜水客死的地方,爱国人士自然惺惺相惜。地名是作者远在异国他乡惦念国家的情感的寄托处。在匿名信举报泄题事件中,作者气愤道:"中国是弱国,所以中国人当然是低能儿,分数在六十分以上,便不是自己的能力了……"由"中国是弱国"而得出中国人是"低能儿"的结论,这种荒唐的逻辑是对日本"爱国青年"强烈的讽刺和回击,这是一个来自衰弱国家的留学生内心的辛酸,个人与祖国的尊严受到侵犯,在这里表达了作者沉痛、愤懑的心情。作者是这样描述看电影枪毙中国人事件的:"这种欢呼,是每看一片都有的,但在我,这一声却特别听得刺耳。此后回到中国来,我看见那些闲看枪毙犯人的人们,他们也何尝不酒醉似的喝采,——呜呼,无法可想!但在那时那地,我的意见却变化了。""欢呼""酒醉似的喝采"这些叙述写出了国民愚昧无知的灵魂世界。作者感受到了当时国民的愚昧和麻木,内心受到极大的震动,文中"我的意见却变化了"是指作者的思想态度发生了转变,决定"弃医从文"。鲁迅曾经在《〈呐喊〉自序》中提道:"从那一回以后,我便觉得医学并非一件紧要事,凡是愚弱的国民,即使体格如何健全,如何茁壮,也只能做毫无意义的示众的材料和看客。"[①]这是决定"弃医"。"我们的第一要著,是在改变他们的精神,而善于改变精神的是,我那时以为当然要推文艺,于是想提倡文艺运动了。"[②]鲁迅弃医从文,决心以笔为矛进行战斗,从而唤起国民的民族

---

① 鲁迅.呐喊[M].北京:生活·读书·新知三联书店,2014:3.
② 鲁迅.呐喊[M].北京:生活·读书·新知三联书店,2014:3.

意识。由此可见,作者从国内到日本,想要通过学医来救国救民,决定"弃医从文",想要用文艺的方式改变国民精神,寻求救国救民的出路。学医弃医皆因强烈的爱国主义情感。

纵观文章,藤野先生工作认真负责,治学严谨,公平公正对待来自中国的留学生,与人交往真诚热忱。在当时的社会环境中,这些品质难能可贵,让人感激和敬佩,文章表达了对藤野先生的感激和怀念之情。同时,文章末尾点明了藤野先生的品质带来的鼓舞和影响,作者受到藤野先生的影响,增强了斗争的勇气和力量,拿笔写文章,以笔为矛做斗争,为中国的光明继续奋斗。另外,文章还有许多"闲笔",这是作者"弃医从文"思想之路的回顾,从中也流露出强烈的爱国主义情感。

(三)艺术特色

1.选取典型事件刻画人物形象

从艺术特色的角度来分析《藤野先生》,可以深入解决文章教什么,学生学什么的问题。该文是一篇记叙鲁迅日本留学期间所见所闻的回忆性散文,文章选取了典型的4个事例来展现藤野先生的形象。

藤野先生是一位优秀的仙台医学专门学校的教师,文中用了这些语言来描述:"黑瘦的先生,八字须,戴着眼镜,挟着一叠大大小小的书""忘记带领结""冬天是一件旧外套,寒颤颤的"……这些外貌描写对人物进行了传神勾勒,体现其生活俭朴,不拘小节的学者形象。关于藤野先生的典型事件有4个,文章在藤野先生添改订正"我"课上的讲义事件中提道:"原来我的讲义已经从头到末,都用红笔添改过了,……这样一直继续到教完了他所担任的功课:骨学,血管学,神经学。"这里运用了细节描写刻画藤野先生形象,其中"不但……连……也……""一直"等词语的使用,可见藤野先生添改讲义严谨认真,对待留学生没有民族偏见的态度,也流露出"我"对藤野先生的敬佩和感激之情。在纠正解剖图血管位置事件中,"你看,你将这条血管移了一点位置了……我们没法改换它。"运用语言描写,可以看出藤野先生认真负责的性格特点。文章在关心"我"的解剖实习事件中写道:"我因为听说中国人是很敬重鬼的,所以很担心,怕你不肯解剖尸体。现在总算放心了,没有这回事。"由此可见,藤野先生非常关心学生,积极鼓励学生大胆参加解剖实习。藤野先生在和学生的交往中也体现出了治学精神,文章在他向"我"了解中国女人裹脚事件中写道:"总要看一看才知道。究竟是怎么一回事呢?""总要""究竟"二词,写出了藤野先生严谨认真的科学态度。文中的细节描写,简单几笔地刻画出藤野先生的人物形象。典型事例的选取,突出了藤野先生的高贵品质,同时也使得文章结构合理、详略得当、中心突出。

2. 双线并行的结构

该文在事件的叙述上非常有特点。首先通过地点的转移来展开叙述,如在东京、在仙台、回国后的所见所闻,其中在仙台的所见所闻是文章的重点,通过记叙和藤野先生的交往来展现人物性格,这是文章的明线。文章还有许多"闲笔",如在东京的所见所闻、匿名信举报泄题事件、看电影枪毙中国人事件、"我"决定"弃医从文"以及回国后表达对藤野先生的怀念和感激、深夜灯下写文等,这些都是文章的暗线,流露着作者的爱国主义情感。如文章写在东京"清国留学生"的乌烟瘴气,表现对他们的厌恶、不满之情,这正是作者急于寻求救国救民的道路,却看到同胞不思进取,内心的爱国情感流露了出来。在仙台受到优待,作者内心不但没有感到温暖,反而是强烈的自尊心被刺痛。文中提到"弃医从文"心态的转变,是作者想要用文艺运动改变国民的精神,唤醒国民的国家民族意识,这也是作者爱国情感的体现。另外,作者在文章中表达了对藤野先生的怀念和敬仰之情,并把这些深情化为了挽救国家和民族的实际行动,用文艺运动来救国救民,这也是作者爱国主义的体现。

3. 语言富于感情色彩

鲁迅的作品语言简洁、幽默、富于感情色彩,读来耐人寻味。文章对人物、环境的描写大多使用白描手法,寥寥几笔便刻画出人物形象和环境特征。如刻画藤野先生,在"黑瘦的先生,八字须,戴着眼镜,挟着一叠大大小小的书"一句中,作者运用白描手法,寥寥数笔就描绘出藤野先生朴素的学者形象;"见他坐在人骨和许多单独的头骨中间"一句用简洁、传神的文字勾勒了藤野先生的工作环境,表现了他的研究精神。

同时,文章的语言感情色彩非常鲜明并且耐人寻味。开篇首句"东京也无非是这样","无非"是"只,不外乎"的意思,该词表明了作者的失望和不满,表明东京与预想中的不一样,富于感情色彩,耐人寻味。"清国留学生"赏樱花,尽显丑态,"实在是标致极了","标致"原本是"漂亮"的意思,在这里是反语,对留学生的丑态进行了讽刺,表达了作者强烈的愤懑之情,语言辛辣而耐人寻味。"问问精通时事的人,答道,'那是在学跳舞'"一句中,"精通时事"的人关注的是留学生学跳舞这类无聊的事情,作者用"精通时事"反讽他们不关心国事,不学无术,只关心无聊之事,似褒实贬,表达了作者对"清国留学生"的失望和厌恶。

"大概是物以希为贵吧",作者把自己和那些从北京运往浙江的白菜、从福建运往北京的芦荟进行类比,自我轻视,语言幽默却饱含着无限的辛酸,因为自己来自国力衰弱的中国,"我"受到优待,是学校职员出于同情,而并不是真正的"优待",这反映出作者强烈的民族自尊心。"在这呼吸不息的地方,蚊子竟无从插嘴,居然睡安稳了"一句中的"居然"有出乎意料的意思,虽然条件艰苦,但仍保持苦中作乐的心态,体现了鲁迅语言诙谐幽默的特点。

"但偏有中国人夹在里边:给俄国人做侦探,被日军捕获,要枪毙了,围着看的也是一群中国人;在讲堂里的还有一个我",其中副词"偏""也"表现了作者对文中给俄国做侦探的中国人和围着看枪毙的中国人的行为感到十分遗憾、失望和愤怒;"还"字写出了作者作为中国人在此情景下内心的屈辱和悲愤,这都为下文的"弃医从文"做了铺垫。

"此后回到中国来,我看见那些闲看枪毙犯人的人们,他们也何尝不酒醉似的喝采"一句中,"酒醉似的喝采"写出了观看枪毙犯人的国人的麻木、愚昧和无知;反问用语"何尝"和否定词"不"搭配使用,加强了肯定的语气,表明当时国人已经麻木到了无可救药的地步,他们就像喝醉了似的浑浑噩噩,表达了作者对当时社会环境下国民的劣根性的批判。

"……便使我忽又良心发现,而且增加勇气了,于是点上一枝烟,再继续写些为'正人君子'之流所深恶痛疾的文字"一句中,"增加勇气"指鲁迅在文艺运动中时常遭受反动军阀及其御用文人的迫害,但是回想起藤野先生的伟大品质以及他对中国和医学学术的期望,他的爱国思想受到触动,斗争精神被激发;"正人君子"一词是反语,讽刺的是反动军阀的御用文人们。

综上所述,分析文章的艺术特色有助于挖掘文本意蕴。《藤野先生》一文选取典型事件刻画人物形象,使得人物形象丰满生动;文章双线并行的结构,使得文章脉络分明、层次清晰;文中还大量使用了简洁、幽默、富于感情色彩的语言,增强了文章的表现力和艺术效果。

二、典型课例分析

《藤野先生》一文篇幅较长,事件较多,思想主题较深,加之鲁迅特有的反语语言特点,使得一线教师在做教学设计时,往往注重高效、有重点地完成授课。本文选取了8篇公开发表的具有一定代表性的教学课例,并对其进行了整理归纳,期望能为该文的教学设计提供一些启发。8篇课例的教学目标和教学重难点见表1。

表1　8篇《藤野先生》教学课例中的教学目标及教学重难点梳理表

课例	教学目标	教学重难点
高俊文:《〈藤野先生〉教学设计》,《中学语文》,2020年第26期	1.指导学生学习文章选取典型事例,抓住人物主要特征刻画人物,突出人物思想品质的写法 2.抓住文章两条线索,采用由主到次、由整体到局部的教学思路,首先弄清文章的主要形象藤野先生,然后再领会语言的感情色彩,体会作者强烈的爱国主义情感 3.了解藤野先生正直热诚,治学严谨,没有民族偏见的高贵品质;学习鲁迅先生强烈的爱国主义精神	教学重点: 掌握本文通过典型事例突出人物品质的写作方法 教学难点: 领会语言的感情色彩,体会作者强烈的爱国主义情感和民族自尊心
向梦园:《〈藤野先生〉教学设计》,《语文教学与研究》,2020年第24期	1.积累本课的生字词;复习关于作者鲁迅的相关信息、回忆性散文的文体特色 2.学习本文的标题、立意、选材、布局,练习续写、改写、缩写等写作方法,学习文章选取典型事例、抓住人物主要特征刻画人物、突出人物思想品质的写法 3.能明确分析藤野先生的形象品质,能明白藤野先生"榜样和光源"的意义,能体会藤野先生和鲁迅各自的民族大义 4.能体会作者对藤野先生的怀念之情,明白在自己的生命中追寻一束"光"或努力使自己成为一束"光"的重要性	教学重点: 学习本文的标题、立意、选材、布局,练习多种写作方法,学习刻画人物、突出人物思想品质的精妙写法 教学难点: 能体会作者对藤野先生的怀念之情、对过往经历的回忆以及对过去的自己的审视,明白在自己的生命中追寻一束"光",或努力使自己成为一束"光"的重要性

续表

课例	教学目标	教学重难点
高玉波:《〈藤野先生〉教学设计》,《云南教育(中学教师)》,2009年第3期	1.学习用简洁的语言概括事件,体会不同类别的事件在文中的作用,并将此种处理事件的方法用于写作实践 2.通过集体讨论的方式,明确事件的内在联系,从而明确主题,进而培养爱国主义情感	教学重点: 学习本文运用典型事例塑造人物的方法 教学难点: 明暗两条线索的结合使用
于盼:《〈藤野先生〉教学设计》,《中学语文教学》,2018年第11期	1.运用"倒推法"进行阅读教学,理解藤野先生治学严谨、认真负责、毫无民族偏见的高贵品质 2.探究作者"弃医从文"的思想变化的原因	教学重点: 通过倒推法阅读教学,读懂文章,读懂人物,从而理解作者的情感
朱则光:《〈藤野先生〉教学设计》,《中学语文教学》,2011年第1期	1.理解用典型事例写人的方法 2.品味含义丰富的语句 3.体会作者情感,感受师生真情	教学重点: 理解用典型事例写人的方法 教学难点: 体会作者情感,感受师生真情
盛洪:《让每一堂语文课都"学有所获"——〈藤野先生〉教学设计》,《语文世界(教师之窗)》,2021年第Z1期	1.理清文章思路。通过"找变化"的方法,理清长文的行文思路,完成"长文如何裁"的任务,掌握梳理文章结构的方法 2.聚焦人物形象。令鲁迅终生难忘的"伟大的"藤野先生是怎样出场的?带领同学们学习文章的人物塑造方法,完成"人物如何塑"的任务,生成能够指导自己写作的人物描写技巧 3.把握阅读策略。了解散文的"形散神不散",感受散文语言的"闲而有味",完成"散文如何聚"的任务,把握回忆性(叙事)散文的阅读策略	教学重点: 学习文章的人物塑造方法,完成"人物如何塑"的任务,生成能够指导自己写作的人物描写技巧

续表

课例	教学目标	教学重难点
邱德璎:《〈藤野先生〉教学设计》,《科普童话》,2019年第24期	1.分析人物形象 2.学习刻画人物的方法 3.通过品味语言,探究文章思想内涵	教学重点: 1.分析人物形象,学习刻画人物的方法 2.通过品味语言,探究文章思想内涵 教学难点: 通过品味语言,探究文章思想内涵
翟燕雯:《〈藤野先生〉教学设计》,《中学教学参考》,2019年第30期	1.了解作品的时代背景,感受藤野先生的伟大形象和品格 2.学会抓住特征与"以事写人""以事陈情"的写作方法	教学重点: 抓住特征与"以事写人""以事陈情"的写作方法

(一)教学目标

通过对8篇教学课例中的教学目标进行梳理,制成图1。

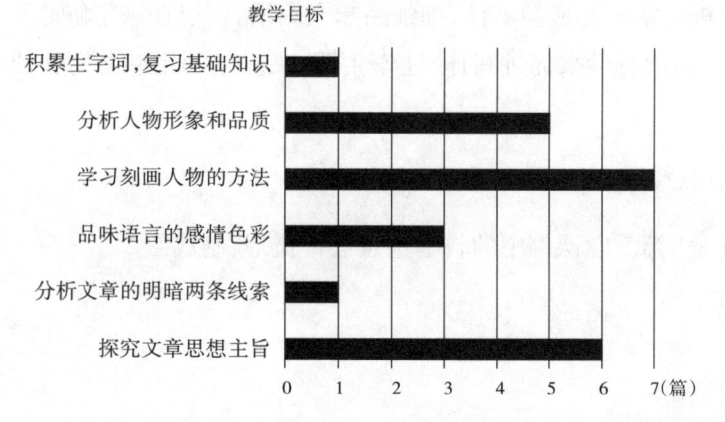

图1 8篇课例教学目标情况图

通过图1中教学目标的对比,可以看出不同的教师对每节课的教学目标的设计是不同的。藤野先生的教学目标设计基本可总结为以下几个方面:首先是基础知识,包括字词积累、作者介绍、文体知识、背景介绍等,这部分内容相对简单,在教学设计中,可将此部分作为学生课堂自主学习或课前预习内

容。其次，教师会将品味语言的感情色彩、分析文章的明暗两条线索作为教学目标，这是从文章的语言和结构的角度入手的，较有难度。再次，大部分教师将分析人物形象和品质、学习刻画人物的方法、探究文章思想主旨这3个方面作为教学目标，这是散文学习的重要内容。值得注意的是，向梦园在《〈藤野先生〉教学设计》一文中将"学习本文的标题、立意、选材、布局，练习续写、改写、缩写等写作方法，学习选取典型事例、抓住人物主要特征刻画人物、突出人物思想品质的写法"①作为教学目标和教学重点，并且将学习、练习写作方法融入教学中，现学现用，以读促写，重视阅读和写作的联系。高玉波在《〈藤野先生〉教学设计》中增加了"学习简洁的语言概括事件，体会不同类别的事件在文中的作用，并可将此种处理事件的方法用于写作实践"②这一教学目标，将阅读教学和写作指导联系在一起，学以致用。盛洪的教学设计将"把握阅读策略"作为教学目标，考虑到学生的鉴赏能力和审美能力还有待提升，因此结合具体学情，在课堂"要带领学生学会梳理课文内容，厘清文章结构，更要让学生从藤野先生的出场入手，聚焦人物形象，掌握阅读的策略"③，在阅读教学的基础上，引导学生归纳总结作文锦囊，从而提高学生的阅读鉴赏能力和写作水平。翟燕雯将"学会抓住特征与'以事写人''以事陈情'的写作方法"④作为教学目标，引导学生分析文章中的典型事件，细细品味文章语言，以此来了解藤野先生的崇高品格，用阅读教学来促进写作，让学生明确，真挚的情感是写作成功的重要条件。

(二)教学重点

通过对8篇教学课例中的教学重点进行梳理，制成图2。

---

① 向梦园.《藤野先生》教学设计[J].语文教学与研究，2020(24):158.
② 高玉波.《藤野先生》教学设计[J].云南教育(中学教师)，2009(3):10.
③ 盛洪.让每一堂语文课都"学有所获"——《藤野先生》教学设计[J].语文世界(教师之窗)，2021(Z1):50.
④ 翟燕雯.《藤野先生》教学设计[J].中学教学参考，2019(30):12.

教学重点

探究文章思想主旨

学习本文的标题、立意、选材、布局，练习多种写作方法

掌握本文通过典型事例突出人物品质的写作方法

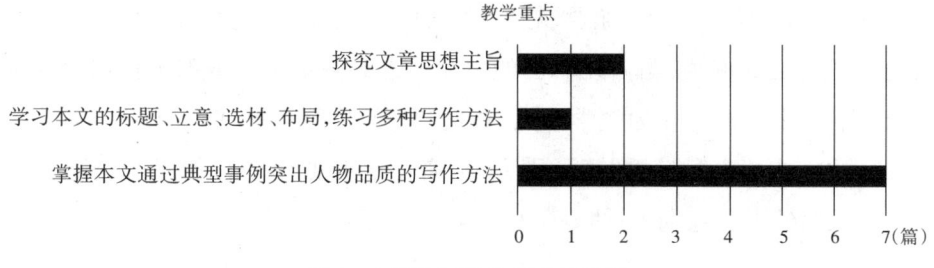

0　1　2　3　4　5　6　7(篇)

图2　8篇课例教学重点情况图

通过以上分析可以看出，大部分课例都将教学重点设置为"掌握本文通过典型事例突出人物品质的写作方法"。基于对文章事件和人物的分析，个别教师将练习写法作为教学重点，用阅读教学来促进写作，达到学以致用的目的。另外，还有部分教师将探究文章思想主旨作为教学重点，通过梳理文章内容、分析人物形象品质、品味语言的感情色彩，从而理解作者的情感，明确文章的主旨。

（三）教学难点

通过对8篇教学课例中的教学难点进行梳理，制成图3。

教学难点

探究明暗两条线索的结合使用

品味语言，探究文章思想内涵

体会作者情感，感受师生真情

领会文章语言的感情色彩，体会作者强烈的爱国主义情感和民族自尊心

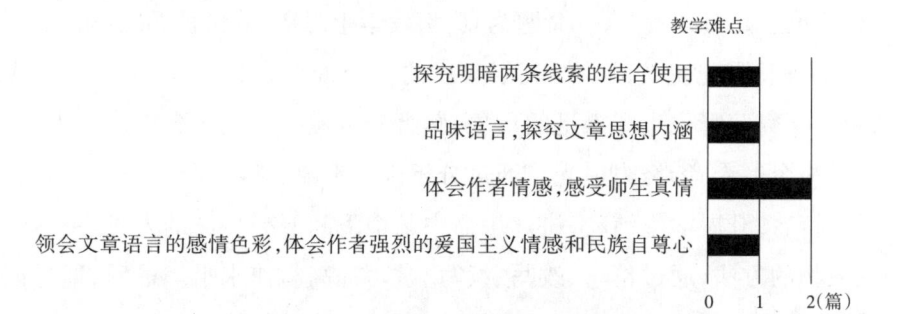

0　1　2(篇)

图3　8篇课例教学难点情况图

以上8篇教学课例的教学难点也是各有侧重，主要的教学难点有领会文章语言的感情色彩，体会作者强烈的爱国主义情感和民族自尊心；体会作者情感，感受师生真情；品味语言，探究文章思想内涵。这3个教学难点可以总结为1个，即"探究文章的思想主旨"。《藤野先生》篇幅较长，需要通过分析文章典型事件、探究人物形象品质或者品味语言来把握文章主旨。高玉波将"明暗两条线索的结合使用"作为教学难点，教学中通过研读课文，抓住典型事例，厘清全文脉络，梳理出明暗两条线索，从而化难为易，深入浅出地总结出文章主

旨。向梦园将"体会作者对藤野先生的深切怀念之情、对过往经历的回忆以及对过去的自己的审视,明白在自己的生命中追寻一束'光'或努力使自己成为一束'光'的重要性"①作为教学难点,对文章主旨进行拓展和升华,将藤野先生的品质比喻成一束"光",照亮了别人;也启发学生要形成正确的价值观,努力成为一束"光"去照亮别人,体现了核心素养的导向。

(四)教学内容

高俊文在《〈藤野先生〉教学设计》中设计了两大板块,第一板块是抓住文章的明暗两条线索。明线是与藤野先生的交往,教学内容主要为:通过"我"与藤野先生相识的过程,概括"我"与藤野先生交往的典型事件,通过对典型事件的分析概括人物的形象品质;暗线是作者的爱国主义情感。第二板块是概括与藤野先生无关的情节,通过对比衬托藤野先生的人物形象,凸显作者强烈的爱国主义情感和民族自尊心。教学内容虽多但井然有序、脉络分明。

向梦园在《〈藤野先生〉教学设计》中,首先以"某一刻你的光亮照亮了我"为主题,设置情境导入,学生根据老师的导入语,进入教学情境,教师让学生证明"鲁迅也曾是追光者"这一命题为真,引发学生思考,分析标题"藤野先生"的用意,明确藤野先生的品质照亮了鲁迅的整个人生。其次,小组合作完成表格,重点探究藤野先生和鲁迅的形象,藤野先生像一束光照亮鲁迅的人生,鲁迅也像一个追光者,努力追光。通过分析人物形象,学习写作手法,提高鉴赏水平。接着,开展学生活动,讲述生命中某个瞬间照亮自己的人,运用学到的刻画人物的方法,通过仿写、改写、续写、赏写提高写作水平。最后,通过说一说"你是谁的追光者"这一话题,引导学生形成正确的价值观。

高玉波在《〈藤野先生〉教学设计》中,首先创设问题情境导入新课,通过回忆《从百草园到三味书屋》中的老师寿镜吾先生,引出藤野先生;其次,引导学生归纳总结课文讲述的事件,并将事件分为3类;接着,分析3类事件的作用,在此基础上解开文章的明暗线索,凸显文章主题。

于盼在《〈藤野先生〉教学设计》中,设计的是第二课时的教学内容。首先,采用从原文第37段作者对藤野先生总评价的句子开始,从后往前倒推的方法

---

① 向梦园.《藤野先生》教学设计[J].语文教学与研究,2020(24):159.

进行教学，概括了与藤野先生交往的事件，通过事件分析藤野先生的人物形象品质；接下来分析了"爱国青年"相关事件，凸显了藤野先生的优秀品质；接着分析了仙台医专对"我"照顾的事件，正面衬托藤野先生的形象，反映出了作者强烈的民族自尊心；最后，预设学生提出的有价值的问题，通过讨论，升华了文章内容，阐明了文章主旨。

朱则光在《〈藤野先生〉教学设计》中，抓住原文中的"伟大"一词展开教学，首先聚焦"伟大"的老师藤野先生；其次，通过与藤野先生的交往事件，在对文本的细读和解读中品味藤野先生"伟大"的人物形象和品质；接着通过写作背景介绍，细读鲁迅从东京到仙台的所见所闻部分，让学生感受藤野先生的"伟大"，其中"匿名信事件"和"看电影"事件是鲁迅"弃医从文"的直接原因，这两件事从反面衬托了藤野先生的"伟大"；最后，升华"伟大"，点明了主旨。

盛洪在《让每一堂语文课都"学有所获"——〈藤野先生〉教学设计》中，首先出示2个问题，一是文章的思路和结构是什么，二是"伟大的"藤野先生是如何出场的；其次，通过时间、地点、人物的变化来划分文章段落结构，解决第一个问题；再次，明确藤野先生出场之前，那些看似与藤野先生无关的情节的作用，体会散文"闲而有味"的写法，引导学生要在这些看似无关的事件中，发现文章的意蕴；最后，重点分析藤野先生的出场，通过白描手法、正侧面描写相结合以及欲扬先抑的手法展现藤野先生的形象品质。

邱德璎在《〈藤野先生〉教学设计》中，首先通过回忆鲁迅笔下的老师引出藤野先生；其次，从明线入手，讲授了与藤野先生相关的事件，通过事件分析人物的形象品质；再次，从暗线入手，分析了没有直接写藤野先生的事件：清国留学生、在仙台受到优待、匿名信事件、看电影事件，这些事件点明了"我""弃医从文"思想态度的转变；最后，明确文章双线结构，明暗线交织、融于文章结尾，文章结尾通过叙述作者装订收藏藤野先生的讲义等多番行为，将对先生的怀念化作战斗的勇气与动力。

翟燕雯在《〈藤野先生〉教学设计》中，首先用预习文本内容的方式导入，展现藤野先生的外貌形象和人物品质，引出"伟大"这一对藤野先生评价的词语，整体感知人物形象；其次，概括文章围绕藤野先生所写事件，从事件中总结出藤野先生的形象品质，聚焦人物"伟大"的形象品质，明确中心；接着，创设情

境,教师示范朗读和学生自由朗读相结合,通过文本最后两段的事件陈述和语言描写,了解藤野先生的崇高品质,表达对恩师的怀念和感激,升华情感;最后,写作拓展,练习写作一位给人以精神力量的人物,在描写人物时投入感情,书写出人物的"伟大"。

通过对8篇教学课例教学内容的梳理,制成图4。

教学内容

教学内容	篇数
划分文章段落结构	1
分析文章的明暗线索	3
明确作者对藤野先生的感激和怀念之情	1
探究作者的爱国主义情感	2
分析藤野先生的人物形象和品质	6
学习文章的写作手法	5
概括与藤野先生交往的典型事件	6

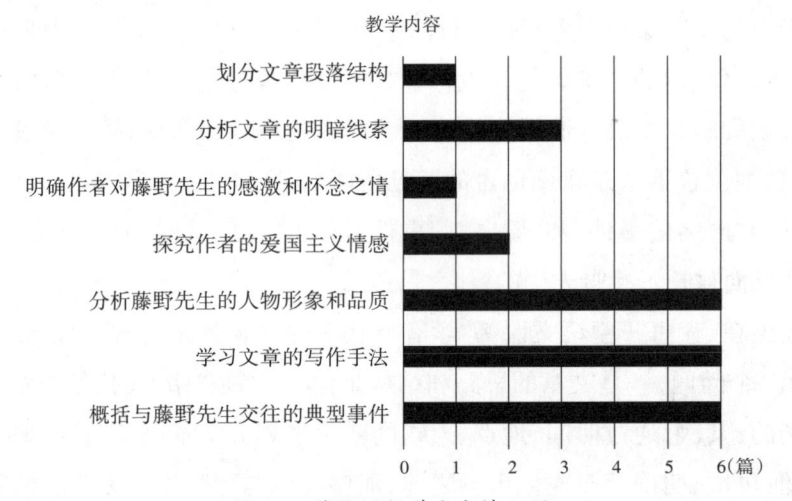

图4 8篇课例教学内容情况图

综上分析,《藤野先生》一文的教学内容主要集中在5个方面:一是概括与藤野先生交往的典型事件;二是分析藤野先生的人物形象和品质;三是通过与藤野先生无直接关系的事件探究作者的爱国主义情感;四是学习文章的写作手法;五是分析文章的明暗线索。其中,"概括与藤野先生交往的典型事件""分析藤野先生的人物形象和品质""探究作者的爱国主义情感"是教学重点,大部分教师会选择这些教学内容;大部分教师还会选择"学习文章的写作手法"这一教学内容,以阅读教学来促进写作教学;也有教师将"明确作者对藤野先生的感激和怀念之情"这一教学内容作为教学主题。《藤野先生》一文篇幅较长,对其教学内容的解读也是"一千个读者眼中有一千个哈姆雷特"。

(五)教学方法

所谓教无定式,对于同一篇课文,由于教学设计、教学重难点以及学生情况的不同,教师们采用教学方法也各不相同。

本文所选取的8篇教学案例中,高俊文采用的是课文分析式,紧紧围绕文本内容进行概括分析,从整体感知到人物形象分析再到文章主旨探究,结构严谨,内容丰富,层次分明,但是这样的课文分析式授课方式凸显的是教师的主导性,忽略了学生的主体地位。

向梦园的教学设计将《藤野先生》一文"作为读写共生的典范来教,作为师生双向情感互动的模板来教"①,布置课前任务,学生自主疏通字词句段、查阅作者信息和背景资料。在教学过程中,指导学生使用精读、跳读的阅读方法感知课文内容,把"鲁迅也曾是追光者"作为教学主题,用优美的语言激发学生对美的体悟。严谨的问题设置、优美的情景创设、沉浸式的情感互动,让学生不断迸发出体悟和灵感,挖掘学生独特的阅读体会,进而让学生掌握藤野先生的形象品质,理解藤野先生对鲁迅的鼓励和影响。另外,通过改写、仿写、续写、赏写环节的设置,学习写法。这种授课方式,能够提高学生的审美能力,激发学生的情感体验。教学过程以点带面,逐步引导学生深入理解整个文本,体现了教师的教学匠心。值得注意的是,这种教学方式的使用,要基于学情,学生要有一定的自主学习能力和小组合作探究能力。学生通过自学基础知识、文体知识、背景知识,通过课前预习整体感知课文内容,结合背景资料和文本,能够表达心得,提出看法。

高玉波的教学设计以创设问题情境的方式来导入新课,激发学生的阅读兴趣;用集体讨论的方法概括全文事件,学生多次阅读文本,达到了自主阅读的目的,提高了概括能力;对刻画藤野先生形象、正面记叙关于藤野先生4个典型事件的教学内容,则采用阅读教学和写作教学相结合的方式,以读促写,提高学生的写作水平;最后,通过学生的讨论和教师的引导,明确文章的一明一暗两条线索。教师的问题巧设使得教学内容由浅入深,化难为易;学生通过课堂讨论,在交流与碰撞中逐渐掌握文章的精髓。

于盼的教学设计采用"倒推法"进行阅读教学,围绕原文结尾处作者对藤野先生的总评价"他的性格,在我的眼里和心里是伟大的"引导学生倒着向前进行解读,从而达成教学目标。这是一种"逆向思维"的教学方法,以结尾处的总评价作为突破口,独辟蹊径。该教学设计还设置了倒推法拓展延伸,以《阿长与〈山海经〉》为例进行了练习教学,延伸拓展,强化所学。

---

① 向梦园.《藤野先生》教学设计[J].语文教学与研究,2020(24):158.

朱则光的教学设计紧扣评价藤野先生的"伟大"一词展开教学，贯穿课堂：从对藤野先生的评价"伟大"一词说开，通过事件概括藤野先生伟大的形象和品质，通过写作背景、文本细读感受藤野先生的伟大，从藤野先生的品质对鲁迅的鼓励和影响来升华"伟大"。教学过程中使用了引读法，即在教师的引导下反复诵读重点段落，学生感受文字的内在意蕴，理解逐渐深入。此教学设计紧抓散文"形散神不散"的特点，从"伟大"这一词语切入，辐射开来，由浅入深，使得课堂结构紧凑，反复诵读的同时让学生感受到文字的意蕴美。

盛洪的教学设计采用了多种教学方法。跳读、朗读相结合的方法适合整体感知课文和分析重点文本；根据老师的提示，生生互动，利用关键信息，划分文章结构；头脑风暴，调动学生积极性，活跃思维；师生互动，品读文本，追问探讨，既体现出教师的主导地位，又体现出学生的主体性；以课文为范本，归纳总结写法，让学生记录下来，灵活运用到写作上，做到了学以致用。

邱德璎的教学设计使用了"文本线索设计"法，利用文本的线索（明暗线），串联教学各个环节，化散为整，优化了课堂结构，有利于高效课堂的建构。

翟燕雯的教学设计首先采用预习检查导入的方式，引出藤野先生，并让学生评价藤野先生；其次，采用问题讨论法，从事件中概括藤野先生的形象品质，总结出藤野先生"伟大"的人物形象；最后，在优美的背景音乐中示范朗读文章的最后2段，创设意境，感受语言的真挚，体会作者的怀念之情。

综上所述，由于教学内容、学生学情、教师教学风格的不同，加上课堂教学灵活性、创新性、互动性等特点，教师在课堂中所使用的教学方法也各有千秋。不管使用哪一种教学方法，都要考虑到教学过程中的具体情况，体现教师的主导性和学生的主体地位。

三、基于课例分析的教学建议

《藤野先生》是一篇经典散文，关于这篇散文的优秀教学设计、名家赏析点评也是数不胜数。长期以来，在实际教学中，不同的教师对这篇文章的教学目标、教学重难点、教学内容、教学方法、作业设计的把握也不尽相同。基于这样的现象，笔者提出一些教学建议，希望能给一线教师一些帮助。

《义务教育语文课程标准(2022年版)》(以下简称"新课标")明确了"立足学生核心素养发展"的课程理念,《藤野先生》的课堂教学,要提升学生的文化自信、语言运用、思维能力、审美创造能力。因此,一线教师要对文本进行充分的解读,充分利用好教材,对文章进行多元解读,以此发挥语文课程的育人功能。

《藤野先生》一文经典隽永,意蕴深刻,教师要想清晰地明确"教什么",要从教学目标、教学重难点入手。部编版初中语文八年级上册第二单元的单元导读中提道:"本单元的课文,或深情回忆,叙述难忘的人和事;或怀景仰之情,展现人物的品格与精神",这恰如其分地概括了《藤野先生》一文的主要内容,即通过回忆典型事件,展现人物的品格与精神,表达作者怀念、感激的情感。单元导读中还提到了学生要掌握的知识要点:"了解回忆性散文、传记的特点,比如内容真实、事件典型、注重细节描写等……学习刻画人物的方法,品味风格多样的语言,提高文学鉴赏能力。"单元导读是教师实践教材编写理念、把握教学内容、明确教学重难点的重要依据,在制订教学目标时可参考单元导读,但是每篇文章要根据文本的特点选择关键的教学内容,因此教学目标要有所侧重,并且融为一体,各教学目标之间要密切相关。

教学中,教师对文本的多元解读和开发决定着教学内容。"从写人叙事的角度解读文本、从纪念回忆的角度解读文本、从语言规范的角度解读文本、从句法结构的角度解读文本"[①],这是可参考的文本解读的思路和视角,文本解读和教学内容的设置还要考虑到学生核心素养的培养和形成。

教学环节不同,使用的教学方法也不相同,多种教学方法的结合使用能够更好地培养学生自主学习的能力、激发学生的积极性、提高学生的阅读能力和鉴赏水平。目前,任务单设置、自主学习、小组合作探究、融合信息技术、情景式教学等都是有效地达成教学目标、提高课堂效率的教学方式,教师们在教学方法上也要进行不断的探索和创新。

新课标要求教师"精心设计作业",在教育活动中做到"提质减负"。为了达到新课标对课程标准和质量的要求,对作业进行优化设计既可以控制学生的作业总量,达到减负的要求,又可以培养学生合作、探究、创新的能力,从而

---

① 陈汝虹.《藤野先生》文本的多元解读和开发[J].中学语文教学参考,2020(21):73-74.

提高教学质量和学生核心素养水平。比如《藤野先生》属于写人记事散文，可以布置"选取几个典型事例来刻画身边熟悉的人，展现人物的性格、品质"的写作练习，让学生既会读散文，又会写散文。

综上所述，《藤野先生》作为语文教材中的经典篇目，在教学目标、教学重难点、教学内容、教学方法的选取上，不同的教师存在差异，这恰恰启发我们要注意收集、借鉴优秀案例，在观摩和反思中增加自己的实践智慧，以此来提高教学能力；教师还要基于具体学情，结合课堂的真实情况灵活展开教学，优化作业设计，精心设计分层作业、任务驱动作业，这也是同课异构的价值所在。笔者认为，教学者应该不断提升专业素养，依据课改理念，围绕核心素养，多角度探索文本写法和意蕴，多种教学方法结合运用，努力构建一个灵动、清晰、有深度的课堂，让学生爱学语文、会学语文。

四、教学设计参考

教学目标：
1. 整体感知文章内容，梳理文章结构，概括文章事件。
2. 分析藤野先生的形象品质，体会作者对藤野先生的情感。
3. 探究作者"弃医从文"的原因，体会作者对国家和民族的深切情感。

教学重点：
通过典型事件，分析藤野先生的人物形象与品质，体会作者对藤野先生的情感。

教学难点：
探究作者"弃医从文"的原因，体会作者对国家和民族的深切情感。

教学过程：
一、自主预习，整体感知
1. 快速阅读全文，整体感知文章内容，根据人物活动地点的变化，梳理文章结构。

（1）明确活动地点：

在_____→在_____→离开_____。

(2)梳理文章结构:

第一部分:在_____(   ),写_____。

第二部分:在_____(   ),写_____。

第三部分:离开_____(   ),写_____。

二、师生互动,明确人物

情境导入:每个人的一生都会遇到许许多多的"引路人",老师就是这样的一类人。我们知道,鲁迅曾在他的文章《从百草园到三味书屋》中提到过他的老师寿镜吾先生,那是一位严厉而和蔼、知识渊博的老师。今天我们来学习《藤野先生》,一起来看看这位异国的老师是一位怎样的"引路人"。

1.这是一篇回忆性散文,作者回忆了自己在日本留学时的部分经历,那么文章主要记叙了哪些事件呢?快速阅读文章,小组交流讨论,教师引导总结。(学生讨论、概括事件,提高语言概括能力和表达能力。)

(1)东京"清国留学生"赏樱花、学跳舞。

(2)去往仙台记住的2个地名。

(3)"我"在仙台受到学校职员的优待。

(4)藤野先生为"我"添改、订正课上的讲义。

(5)藤野先生纠正"我"解剖图中血管的位置。

(6)藤野先生关心"我"的解剖实习。

(7)藤野先生向"我"了解中国女人裹脚。

(8)匿名信举报泄题事件。

(9)看电影枪毙中国人事件。

(10)回国后"我"怀念、纪念藤野先生。

(11)夜间灯下写文章。

2.根据以上事件的地点变化,梳理文章结构。

(1)明确活动地点:

在东京→在仙台→离开仙台。

(2)梳理文章结构:

第一部分:在东京(1~3段),写作者在东京的所见所感以及离开东京去仙台的原因。

第二部分：在仙台(4~35段)，写作者与藤野先生的相识、相处和离别，通过一些与藤野先生交往的典型事例，突出了藤野先生对"我"的影响，表现了藤野先生的优秀品质。

第三部分：离开仙台(36~38段)，写"我"在离开了仙台之后对藤野先生的怀念。

3. 重点品读第二部分中"我"与藤野先生交往的部分(6~23段)，概括典型事件，小组讨论：这些事件体现出了藤野先生怎样的品质？

(1)典型事件及人物形象、品质(师生互动)。

典型事件	人物品质
为"我"添改、订正课上的讲义	细致认真、为人热心、没有民族偏见
纠正"我"解剖图中血管的位置	严格、仔细
关心"我"的解剖实习	待人真诚、体贴入微
向"我"了解中国女人裹脚	治学严谨、客观求实

教师明确：通过与藤野先生交往的4个典型事件所展现的藤野先生的性格、品质，在写作实践上给我们什么启发？

(启发学生：选择典型事例突出人物品质。)

(2)根据以上作者和藤野先生交往的事件，体会作者对藤野先生的情感。(提示：找出原文中评价藤野先生的句子。如："他是最使我感激，给我鼓励的一个。""他的性格，在我的眼里和心里是伟大的。")

联系背景：1902年，鲁迅到日本留学，想要通过学医来救治国内的民众，改善国民的体质。鲁迅留学的年代正值国家落后腐败，许多日本民众对中国人都抱有狭隘的民族偏见。鲁迅在那样一个普遍看不起中国人的环境中，遇到了藤野先生，藤野先生丝毫不因为国别而对学生有所区别，他没有狭隘的民族偏见，不歧视学生，和学生交往十分真诚、热忱，这更加凸显了藤野先生的品质。

教师明确：文中表达了对藤野先生的敬佩、感激怀念之情。

三、合作探究，明确主题

1. 文章有许多"闲笔"，有的事件和藤野先生没有直接关系，找出这些事件并分析其作用。

（1）东京"清国留学生"赏樱花、学跳舞。

"油光可鉴""扭几扭""标致极了""精通时事"——写出留学生形象上的丑态，体现留学生的贪图享受、不思进取。

作用：表明了失望和不满，交代了"我"离开东京的原因，流露出爱国情感。

（2）去往仙台记住的2个地名。

去往仙台途经"日暮里"——"日暮乡关何处是"，游子思乡；"水户"——"明遗民朱舜水先生客死的地方"，同为爱国之人，惺惺相惜。

作用：表达了作者思念国家、忧心国家的情感。

（3）在仙台受到优待。

"大概是物以希为贵罢。"

作用：作者把自己和那些从北京运往浙江的白菜、从福建运往北京的芦荟进行类比，自我轻视，饱含着无限的辛酸，因为自己来自国力衰弱的中国，"我"受到优待，是学校职员出于同情，并不是真正的"优待"，这反映出作者强烈的民族自尊心。

（4）匿名信举报泄题事件。

"中国是弱国，所以中国人当然是低能儿，分数在六十分以上，便不是自己的能力了。"

作用：从"中国是弱国"得出中国人是"低能儿"的结论，这是荒谬的逻辑，这是一个来自衰弱国家的留学生内心的辛酸，个人与祖国的尊严受到侵犯，在这里表达了作者沉痛、愤慨的心情。

（5）看电影枪毙中国人事件。

"这种欢呼，是每看一片都有的，……他们也何尝不酒醉似的喝采，……但在那时那地，我的意见却变化了。"

"欢呼""酒醉似的喝彩"体现了国民的麻木不仁与愚昧无知。

"我的意见却变化了"是指决定"弃医从文"。

背景补充："从那一回以后，我便觉得医学并非一件紧要事，凡是愚弱的国民，即使体格如何健全，如何茁壮，也只能做毫无意义的示众的材料和看客。"（《〈呐喊〉自序》）

作用：作者受到极大触动，"弃医从文"也是爱国的体现。

(6)深夜灯下写文。

"每当夜间疲倦,正想偷懒时……再继续写些为'正人君子'之流所深恶痛疾的文字。"

"夜间"暗指社会黑暗。1926年,当时正值中国第一次国内革命战争,鲁迅由于受到反动军阀及其御用文人的迫害,不得已从北京来到厦门,因而"暗"指社会环境黑暗。"良心发现"指作者在斗争疲惫之时,看到藤野先生的照片,想到他的高尚品质以及他内心"为中国""为学术"的热切期望,作者内心的爱国思想和斗争精神又振奋起来,从而继续拿笔写文章,以战斗的姿态去抨击、去呐喊。

作用:作者将对藤野先生的敬佩与怀念之情化为继续斗争的力量。

总结:作者与藤野先生的交往是文章的明线,文章的"闲笔"是文章的暗线,流露着作者的爱国情感。

2.主题归纳

文章通过记叙与藤野先生的交往,赞扬了藤野先生的高贵品质,抒发了对藤野先生的感激和怀念之情,同时表达了作者强烈的爱国主义情感。

四、点拨归纳,总结延伸

1.学习写作手法。

(1)学习本文通过典型事件塑造人物形象的写法。

(2)体会文章语言的感情色彩。

(3)了解明暗线双线并行的结构。

2.课堂总结。

通过这篇散文,我们学习了通过典型事例表现人物品质的写作手法,另外,鲁迅先生"弃医从文"的选择启发我们中学生,要从国家、民族的利益出发来选择自己的人生道路。

3.布置家庭作业。

选取几个典型事例来刻画身边熟悉的人,展现他的性格、品质。

(撰稿人:廊坊经济技术开发区新世纪中学,彭俊楠)

第五课 《从百草园到三味书屋》文本解读与教学设计

鲁迅的文学作品一直都是中学语文教学的重点,目前的初中语文教材几乎每一册都至少会选取一篇鲁迅的文章作为现代文阅读和教学的典范。《从百草园到三味书屋》是部编版语文教材七年级上册收录的第一篇鲁迅的散文,它是初中阶段研习鲁迅作品的开端,有着极为深刻的意义,对这篇文章的学习理解将极大地影响学生日后对鲁迅作品的阅读兴趣和学习效果。《从百草园到三味书屋》选自鲁迅的散文集《朝花夕拾》,它是一篇回忆性叙事散文,作者以儿童的视角和口吻描述了他在百草园中的游戏玩乐和在三味书屋中的读书学习,充满了童真童趣。整篇文章在谋篇布局和细节描写上都十分精到,大量修辞手法和表达技巧的运用也让文章更加灵动飘逸,可耐咀味。学习这篇文章,不仅能够拉近学生与鲁迅之间的距离,唤起学生对童年美好生活的回忆,触发情感上的共鸣,起到熏陶情思的作用,还能从中体悟到景物描写、人物刻画、叙事方法、情感表达、文字锤炼等艺术技巧,为学生提高写作水平提供借鉴,从而实现阅读能力与表达能力的双向突破。

一、教学文本解读

(一)主旨概述

《从百草园到三味书屋》写于1926年9月18日,这一年的鲁迅身处动荡之中,被北洋军阀列入通缉名单,被迫离京前往厦门大学任教。当时正值暑假,尚未开学,鲁迅遭受着空洞芜杂心情的折磨,苦闷的内心让他"常想在纷扰中寻出一点闲静来"(《朝花夕拾·小引》),少年的种种往事便慢慢浮上心头,在旧

事重提中感受留存的旧时意味。由于是回忆性的文字，加之文章写了百草园和三味书屋两个截然不同的环境和生活，这些因素让文章的主题变得丰富起来，不易确指，导致大家对该文的主旨认识充满了分歧，众说纷纭。综合而言，主流看法可以归纳为以下6类。

1. 批判说

21世纪以前的多数意见认为，该文批判了封建教育对儿童的束缚和损害。至今也依然有不少人坚持此说，如张廷修："无论从文章的实际内容来分析，还是从文章的写作背景来分析，《从百草园到三味书屋》批判封建教育制度的主题都不容置疑。"[1]这种认识主要是基于鲁迅文章的战斗性特点，以为鲁迅笔下三味书屋的读书生活是枯燥乏味的，并借此来攻击封建教育制度的腐朽以及对人之天性的摧残。相应地，写百草园中的快乐时光则是为了反衬三味书屋的沉闷无趣，从而表现鲁迅对封建社会及其教育制度的否定。此观点十分注重结合鲁迅的创作风格，强调其文章的批判色彩，因而对文章前后两种生活的差异格外重视，并将文章前后两部分的关系解读为鲜明的对比关系，在解读过程中会特别强调百草园的乐趣和三味书屋的缺少生气，尤其是着重阐述"书没有读成，画的成绩却不少了"之类的文字。从这些细节来否定三味书屋的内容，进而突出儿童的天真活泼和封建教育对人的戕害，对文章主题的认识也由此上升到了历史批判和教育反思的层面。

批判说近来不断受到学者的质疑、驳斥，如张硕城《〈从百草园到三味书屋〉的主题思想不在批判封建教育制度》认为，《从百草园到三味书屋》"是一曲少年时代生活的恋歌，而不是投向敌人的投枪和匕首"[2]，否认该文存在"批判封建教育制度的意志"。这些认识摆脱了人们以往对鲁迅战斗特征的单一化印象，会注意区别鲁迅散文与杂文的文体差异。其杂文诚如投枪匕首，而散文《从百草园到三味书屋》在他们看来则完全是脉脉温情的流露，更多地发掘了三味书屋背后的温情和乐趣，甚至认为三味书屋的陈设是高雅的，先生是开明

---

[1] 张廷修.《从百草园到三味书屋》批判封建教育制度的主题不容否定[J].中学语文教学参考,2016(9):24.

[2] 人民教育出版社中学语文室.语文第1册　教师教学用书[M].北京:人民教育出版社,2001:43.

的,教学内容是丰富的,学习氛围是轻松的,①看到了寿先生除古板严肃之外还有"极方正、质朴、博学"的一面,而不再片面地将三味书屋视作禁锢天性的牢笼,改变了以往死气沉沉的负面评价。对三味书屋的新解读直接消解了批判说的立论根基,也冲淡了文章前后两部分的对立性。

2. 成长说

持此说者调整了对百草园和三味书屋两个空间的定义,如钱理群指出:"《从百草园到三味书屋》讲的是童年时的两个空间:既是生活空间,更是精神空间。'从……到……'的结构,自然是表现了童年生活的一个过程,而且形成一个对照,还隐含了一个心理过程。"②百草园是一个自然空间,而三味书屋则是学校教育空间,二者共同构成了鲁迅童年时期的成长空间。那么文章传达的就是成长的必然经历与过程,因为文章所描写的空间转化正好象征了每一个人的童年成长经历,必然要由天真自由向人为规束转变,体现的是成长历程中的美好、烦恼和逝水流年。成长说将学校教育视为生命之必然,在对文章前后两部分关系的认定上自然也变得更加和缓,不再是尖锐的对比关系,而代之以平行的对照关系。基于此,钱理群对文章的主题做了进一步的升华,他指出:"鲁迅并没有完全否定学校教育,但显然对大自然空间、民间文化空间情有独钟,因为那是一个充满生命活力,人与自然、成年人与孩子和谐相处,能够焕发想象力,培育艺术感受力,让思想自由飞翔,尽享健康、明朗、快乐的生活的成长空间,而学校教育却根本忽略了人的生命的自由成长、健全发展,变成一个'只要读书'的封闭空间。"③那么,鲁迅是在借助对自我童年历程的回顾,实际提出了"儿童的成长究竟应该有一个什么样的空间?我们需要怎样的教育"这样一个教育学的根本问题,最终用"成长"来统摄了全文的主旨与线索,引人深思。

3. 表现童真乐趣说

不同于批判说主要是从否定的立场来分析文章主题,持童真乐趣说的研究者则是从积极正面的角度来审视,他们认为《从百草园到三味书屋》全文都

---

① 苏中兰.多彩的童年 人生的序幕——《从百草园到三味书屋》主题、手法的再审视[J].语文天地,2018(14):10-11.

② 钱理群.如何读与教《从百草园到三味书屋》[J].语文学习,2008(11):57.

③ 钱理群.如何读与教《从百草园到三味书屋》[J].语文学习,2008(11):62.

没有明显的批判色彩,无论是百草园还是三味书屋中的生活,都是充满了乐趣的。文章旨在赞扬儿童的天真快乐,表达童心的不可扼杀以及对这段独特经历的怀念之情。在解读过程中,人们通常会紧扣百草园"但那时却是我的乐园"一句,重点强调百草园生活中的景物、传说、捕鸟的乐趣。同样地,在分析三味书屋生活时,也格外重视阐发后园偷玩、读书、课堂"游戏"等情节背后的乐趣。如赵叙强从4个方面验证了三味书屋也是一个乐园而非禁锢,他指出,鲁迅对三味书屋的第一印象很好,先生拒绝回答鲁迅问题也是有良苦用心,三味书屋中依然可以偷跑到后园玩耍,以及先生读书时的投入树立了榜样。① 这就重新定义了三味书屋生活的性质,从而也调整了对前后两种生活关系的认识。无论是题材还是表现手法都不存在对比的关系,而是顺序的时间关系,前后相辅相成、自然过渡,统一在童真乐趣的主题之下。

这种观点的关键在于对三味书屋的生活做了全新的阐释,在细读文本时,会有意地淡化三味书屋生活枯燥沉闷的那一面,而着重突出"乐"的内容。或者将其视作无关紧要的背景,以此来说明"无论身处何时何地,孩子们活泼好动的天性是不会改变的,也是不可被改变的。他们总会用自己的方式找到属于自己的快乐",而"昔日再严厉的私塾也阻挡不了孩子追求快乐、寻找自由的脚步"。②

4. 追忆说

王瑶先生曾说:"研究《朝花夕拾》,不能只把它看作是片断的回忆录,也不能满足于只就各篇作细致的分析,还要注意把全书作为一个统一的机体来考察,了解作者写这一组文章的总的意图和心境。"③《朝花夕拾》前有《小引》,明确地介绍了写作的缘由,而《从百草园到三味书屋》作为这部散文集的重要篇章,于是便有研究者从《朝花夕拾·小引》出发,并结合当时的创作环境和历史背景,提出该文是鲁迅人到中年,"目前是这么离奇,心里是这么芜杂",由于对现实不满乃至厌恶,从而躲到曾经的过往之中,希冀"在纷扰中寻出一点闲静来",借助回忆旧时美好事物以求得一些心理安慰,通过"夕拾朝花"来排解内

---

① 赵叙强.是乐园,亦是圣地——我看鲁迅的三味书屋[J].山东教育(中学刊),2006(29):50-51.
② 巩佩丽.谈《从百草园到三味书屋》的主题[J].现代语文(教学研究版),2013(4):57-58.
③ 王瑶.王瑶全集(第六卷)[M].石家庄:河北教育出版社,1999:316.

心之苦闷,在追忆中也表现了对无知无畏的童年乐趣的怀念之情。追忆说也是认为全文的主要基调是充满乐趣的,只不过额外联系了文章的创作背景,从而进一步深化了对主旨的认识,对文章的理解具备了更直接的现实性意义。鲁迅追怀童年的生命经验和人事见闻,对应的正是现实人生的困境。因为童年的自己能为了追求快乐自由而敢于冲破私塾的约束,而中年的鲁迅却缺乏这种对抗压抑、寻找快乐的勇气,当苦闷袭来之时便无从解脱了,只能借助回忆的力量来对抗现实。

这种观点从整个现代文学史的发展来看,也是有一定的依据的。谈凤霞指出:"现代乡土童年书写肇始于上(二十)世纪二十年代,鲁迅、许钦文、王鲁彦等'五四'乡土小说家以及三四十年代的萧红、端木蕻良、骆宾基等东北作家多在寂寞中追怀失去的童年乐园。他们在童年追忆中投注的回味与叹息,源于其现实人生正经历着的困顿与悲哀。"①但需要注意的是,以《朝花夕拾·小引》作为写作背景来解读《从百草园到三味书屋》的主旨,固然有一定的合理性和参考价值,然而《朝花夕拾》中的10篇散文并非同时同地创作的,前后历经了数月之久,创作环境也不是一成不变的。鲁迅总结的《朝花夕拾》的写作背景是否可以完全等同于《从百草园到三味书屋》的创作背景,也是值得商榷的。

5.遗憾失乐说

有些研究者在"童真乐趣"的认知基础上,进一步细读文本,发现《从百草园到三味书屋》"乐"的背后还隐藏了"失乐"的遗憾之情,重新定义了文章的主旨思想。首先,从细节上看,他们指出"几乎每一处描写儿童欢乐的地方,都必然会写儿童的失落"②。例如从未见过像人样的何首乌、没有遇到赤练蛇和美女蛇、未能熟练掌握闰土父亲传授的捕鸟技巧以及在三味书屋后园自寻乐趣却被先生叫回去读书③,充斥着各种各样的遗憾。在表现儿童好奇、好玩的同时,又不断用失落来衬托,这既让快乐显得更加珍贵深刻,又使这份欢乐带上

---

① 谈凤霞.从"百草园"到"后花园":论现代乡土童年书写的精神底蕴[J].南京师范大学文学院学报,2014(1):120.

② 罗天涛.从"乐园"到"失乐园"——《从百草园到三味书屋》主题的重新定位[J].教育研究与评论(课堂观察),2014(8):68.

③ 王君.甜蜜的遗憾 微笑的叹息——《从百草园到三味书屋》别解[J].初中生辅导,2015(13):20-24.

了淡淡的哀愁，使其变得更加醇厚凝重，也让文章的叙事变得更加跌宕起伏，情感更加细腻感人。其次，从整体框架看，百草园和三味书屋的最后结局都是失去，前者是儿童失乐，后者是成人失乐。其理论依据主要是以下3句表述：文章开头的"现在是早已并屋子一起卖给朱文公的子孙了"，第9段的"总而言之：我将不能常到百草园了"，以及结尾的"这东西早已没有了罢"。由此，他们认为鲁迅是用成人的失乐来写孩童的天真，我们从中不仅读到的是儿童鲁迅的"乐园"，还有成年鲁迅眼中的"失乐园"；不仅可以读到"朝花"的美好，也能感受到"夕拾"的怅惘。鲁迅是在用儿童的身份来歌唱童真，同时又用成人的身份来怀想。这种解读没有停留在儿童之乐的层面，也没有将其简单视为一般的儿童文学作品，特别注意到了儿童视角之外的成人视角，对文章的理解增添了时间的沧桑、凝重之感，显得更为深刻，也让读者认识到了一位柔软可亲的鲁迅。

6.多重主题说

人们对《从百草园到三味书屋》的主题认识存在多种解读，甚至不乏截然对立的观点，加之各类理解都能从文本中找到一定的依据佐证，同样的细节可能都会得出完全相左的观点，不同的评价角度便会导致结论大相径庭。面对众说纷纭的状况，有部分研究者不再简单地采用一种主题贯穿全文，而是折中诸说，兼顾各家。如李桂林认为："本文写作采用了儿童视角和成人视角双重视角。从儿童视角来看，从百草园到三味书屋是从单纯的无拘无束、自由自在变成了无趣、无奈、无聊。与百草园相比，三味书屋的生命状态是压抑、不自由的；但从成人视角来看，从百草园到三味书屋展示了作者成长的过程，长大读书是人生必要的经历，三味书屋的生活虽然有诸多限制，但是将三味书屋生活放在人生长河来看，会发现质朴、方正的先生，天真烂漫的伙伴或许都已经成为亲切的怀念。"[1]这一观点融合了赞扬天真童趣、批判私塾教育、追怀过往等多重主题。虽然一定程度上避免了批判说的极端化问题，让文章主旨尽可能地多元，兼顾了多种学说，但这反而让文章的主旨变得更加扑朔迷离，失去了确定性。

---

[1] 李桂林.巧设教学活动支架,促进学生思维发展——以《从百草园到三味书屋》为例[J].学周刊,2021(24):188.

总之,《从百草园到三味书屋》的主题分析目前还存在较大的争议,拥有多元解读的空间。但正如孙绍振所言:"所谓多元解读,不是绝对自由的,应该是以文本主体的和读者主体的历史性结合为基础的。而这种解读的多元性,是应该以一元为基础的。多元阅读,不能以歪曲特定历史内涵为代价。"①在认识该文主旨时,一定要牢牢把握文本主体和读者主体,才能得出既符合历史又满足现代读者情感体验的认识,从而最大程度地发挥这篇文章对学生的情感教育意义。

(二)艺术特色

1.结构鲜明富有层次

《从百草园到三味书屋》一文正如其标题所言,分为百草园生活和三味书屋生活前后两大部分。其中,百草园的生活主要包括百草园的景物和长妈妈的传说故事,三味书屋的生活主要是记人记事,都折射出了童年鲁迅的童真意趣,共同构成了丰富多彩的童年回忆。虽然学界对二者关系的认识还存在分歧,主要有鲜明的对比关系、暗含的对照关系和和谐统一的关系3种看法,但都是基于文章存在明显的层次性而言的。尤为关键的是,鲁迅在衔接两大部分时巧妙地运用了过渡段(第9自然段)串联前后文。在淋漓尽致地叙述完了百草园的乐趣后,先说"不知道为什么家里的人要将我送进书塾里去了",紧接着连用3个"也许是因为",既写出了"我"对即将前往三味书屋的"情急、惶恐、悔恨",又"将留恋不舍的感情推向高潮"②。在收束上文的同时,也自然地过渡到了三味书屋的内容,从而把前后两部分内容巧妙地衔接起来了,形成了独具特色的叙事结构。

2.叙事技巧丰富多样

作为一篇回忆性文章,鲁迅在描述童年旧事时采用了多种叙述方式和角度,有效地增加了文本的可读性和趣味性。首先,就整个回忆的全局而言,鲁迅采用了儿童和成人的双重视角来呈现百草园和三味书屋的故事。鲁迅在写作时已年过40,但文本所叙述的对象却是童年,因而在回顾时,鲁迅大量运用

---

① 孙绍振.名作细读:微观分析个案研究[M].修订版.上海:上海教育出版社,2009:3.
② 钱理群.如何读与教《从百草园到三味书屋》[J].语文学习,2008(11):60.

儿童视点来描写百草园和三味书屋里的景物、动物和人事,所有的景物对应的都是儿童的心理特点,从而呈现出浓厚的童趣。与此同时,鲁迅在叙述过程中也还时常夹杂成人的视角。比如文本的开头和结尾在交代叙事的时间、背景时,都是明显的成人立场。即使是以童年视角叙述的行文中间,也时常错杂融入成人的口吻,例如:"这故事很使我觉得做人之险,夏夜乘凉,往往有些担心,不敢去看墙上,而且极想得到一盒老和尚那样的飞蜈蚣。走到百草园的草丛旁边时,也常常这样想。但直到现在,总还是没有得到,但也没有遇见过赤练蛇和美女蛇。叫我名字的陌生声音自然是常有的,然而都不是美女蛇。"体会到做人之险、夏夜乘凉、想得到飞蜈蚣、路过草丛等显然都是站在儿童的角度叙述的,但随即说到"直到现在",又突然切换到了成人的视角。这种叙述角度的灵活调整,很好地融合了儿童的纯真和成年人的阅历,"当儿童话语经过成年人价值视点的滤色镜后,儿童单纯、活泼、透明的话语自可渗入丰富复杂的人生况味"①,愈发显出醇厚的滋味,产生隽永的情感意韵。其次,旁逸斜出。鲁迅在行文中多有游离主题而插入一些幽默风趣的注释或补充,虽然看似画蛇添足,却直接增强了文章的情趣,提升了阅读体验。例如书生拿了老和尚的小盒子放在枕头边后,"却总是睡不着,——当然睡不着的"。破折号后面的话语从叙述故事的角度来看无疑是多余的,但从叙述的效果来说,这又是涉笔成趣,体现了作者对书生自讨苦吃的嘲讽,拉近了读者与故事的距离,具有让读者会心一笑的作用,使文章节奏变得更和缓,饶富谐趣韵味。

3. 语言表达细腻灵活

《从百草园到三味书屋》处处都彰显了鲁迅深厚的文字功底和造诣。从大处看,鲁迅笔下的百草园部分犹如在读一首优美活泼的田园诗,让人沉醉其中;长妈妈讲述的美女蛇传说则恰似曲折离奇的小说,充满了奇异想象,引人入胜;而三味书屋中寿先生的行为举止则容易让人产生玄思冥想,思考师生关系和教育内容等理性问题。②多变的语言风格,既有诗歌的蕴藉悠长,又有小说的生动跌宕,还有严肃的理性思考,足见鲁迅在驾驭语言文字上的能力。同

---

① 曹禧修.论《从百草园到三味书屋》复合型视角叙事[J].鲁迅研究月刊,2015(7):29.
② 王飞.理想教育方式的诗意探索——解读《从百草园到三味书屋》[J].名作欣赏,2009(29):69-70.

时,在细微的文字表达上,鲁迅也表现得十分严苛。如长妈妈讲故事一段,文中写道:"后来呢? 后来,老和尚说,这是飞蜈蚣……"在一般的叙述中,"后来呢"是可以不出现的,但鲁迅不嫌冗赘地加上这一疑问后,就细致生动地表现了儿童在听故事时的好奇、急切状态。为了追求表达的精确性,文章中也出现了矛盾性的表述,如:"连那最末次的相见也已经隔了七八年,其中似乎确凿只有一些野草。"很显然,"似乎"与"确凿"是一对矛盾体。对此钱理群认为"确凿"是写实,与荒园相对应;"似乎"是写实,更是写意,野草丛中除了野草还有引发他想象的别样趣味,从而也自然地引出了下文的"乐园"。①无论作何解释,这一矛盾话语最终都完美地传达了相见七八年之后鲁迅心中对百草园的独特印象和情绪。鲁迅笔下的一字一词都具有无比丰富的阐发空间,需要细细品读。如"我就只读书",其中"就"与"只"两个字就写尽了"我"内心的厌烦、反感和无奈等多重心态,看似简单普通的文字背后,往往蕴含了丰富的意蕴。

4.景物描写具体传神

这一点集中表现在第2自然段对百草园中景物的描绘上,其突出特点主要有:一是合理选景。百草园中景物众多,鲁迅精心选取了菜畦、石井栏、皂荚树、桑葚、鸣蝉、黄蜂、叫天子等,这些都是大人视若无睹之物,却又恰恰是孩童眼中的"好友",具有神奇的魅力,它们共同组成了一个其乐无穷的百草园,充分表现出了"百草园是我的乐园"的主题。二是有序的串联安排。面对这些洋溢着童趣的景物,鲁迅并不是随意陈列,而是根据各自特性有序安排,层次井然。例如第一个"不必说"是由低到高写静态植物,第二个"不必说"则是由高到低写动态动物,二者共同构成百草园的整体。然后再写到局部的"泥墙根一带",整个描写动静结合且富有条理。不仅如此,这段景物描写中还暗含了季节性因素,其中桑葚、菜花是春末之物,蝉鸣在盛夏,蟋蟀则是秋声。这些又与后文的冬天景象相呼应,构成了一幅完整的百草园四季图,足见构思之精巧。三是抓住景物的核心特征。鲁迅十分擅长把握景物的色、形、味等特点,并借助恰切的形容词来精心描绘百草园的景色。例如"碧绿的菜畦,光滑的石井栏,高大的皂荚树,紫红的桑葚",都抓住了这些景物的形态要点,给人身临其境之感。又如"伏"字形象地刻画出了黄蜂之肥胖,"直窜"表现的则是鸟儿的

---

① 钱理群.如何读与教《从百草园到三味书屋》[J].语文学习,2008(11):58.

机敏迅捷和儿童的歆羡之情,这些都表现了鲁迅精准的观察力和表现力。四是运用各种修辞手法。为了突出景物的特点,鲁迅灵活调用多种修辞手法,使景物更加生动、富有趣味。文中使用了大量的排比句式,既很好地串联了纷繁的景物,又增强了句势力量。同时,拟人、比喻等也不胜枚举。如"低唱"的油蛉、"弹琴"的蟋蟀,拟人化后给泥墙根增添了无限的活力;像小珊瑚珠攒成小球的覆盆子,比喻之后即使是没有见过的人也能想象出其模样。繁多的修辞是作者想象力丰富的体现,它们极大地提升了文章的艺术性和趣味性,描绘出了一个充满生机的乐园。

5.人物刻画形象生动

文章中书塾寿先生的刻画也同样极为经典。作者在正面刻画寿先生之前就做了诸多渲染和铺垫,云:"我不知道为什么家里的人要将我送进书塾里去了,而且还是全城中称为最严厉的书塾。"作者表面是在推想为何要离开百草园去书塾,但实际上在不动声色中已经营造了寿先生的初步印象,读者也能从中体会到寿先生的为人和治学态度,具有未见其人而已识其声的绝妙效果。鲁迅对寿先生的正面描写也十分精彩,大体包括:一,简洁的外貌勾画。如"他是一个高而瘦的老人,须发都花白了,还戴着大眼镜",短短一句话便将先生的年龄、身材、形貌、装束等勾画出来了,人物形象跃然纸上。二,生动的神情描绘。当"我"向先生提问时,他说"'不知道!'他似乎很不高兴,脸上还有怒色了。""怒色"细致地表现了先生对学生"只要读书"的要求和标准,也侧面呈现了先生刻板甚至迂腐的一面。而先生沉醉在读书中时,却"总是微笑起来,而且将头仰起,摇着,向后面拗过去,拗过去"。"微笑"淋漓尽致地描绘出了先生沉浸于读书时的情态,从中也间接传达了他的人生态度和追求。连用"仰""摇""拗"3个个性化的动作,也形象地写出了先生那种陶醉其间的情态,尤其是连用2个"拗过去",更是具有动态的效果,能产生身临其境的感受,寿先生的形象也呼之欲出了。[1]

---

[1] 张坤.着意渲染,多方刻画——《从百草园到三味书屋》写人手法剖析[J].新语文学习(教师版),2011(3):99.

二、典型课例分析

《从百草园到三味书屋》作为鲁迅的代表作之一,常年被选入中学语文教材,是中学生了解鲁迅、学习语言文学的重要途径。为深入了解一线教师在教学该文时的重点和差异,笔者特意搜集了近年来典型的教学课例,归纳梳理其教学目标、教学重难点、教学内容和教学方法,以期能更深入地理解该文,也为后续的教学研究提供参考借鉴(见表1)。

表1 10篇《从百草园到三味书屋》教学课例梳理表

课例	教学目标	教学重难点	教学内容	教学方法
李鑫:《"乐"为课眼,赏多重情趣——〈从百草园到三味书屋〉教学知识的择定与建构》,《中学语文》,2020年第23期	1.景中观情,欣赏景物描写,领悟其中情感 2.句中析趣,抓住童真童趣,分析趣味所在 3.文中悟成长,注意文本结构,揣摩成长意味	教学重点: 1.体会文章蕴含的情感 2.理解文中各个部分内容中的乐趣是什么 3.文章修辞手法的运用	1.阅读第一段,提取核心词 2.朗读第2~8段,引导学生理解文章所写的自然、故事、捕鸟之乐,并分析景物描写的修辞特色 3.朗读第9段。讨论其作用 4.朗读剩余内容,梳理三味书屋中的乐趣。细读对先生的描写,分析人物性格 5.把握情感。引导学生讨论前后两部分内容变与不变的东西,并讨论对文章主题纷争的看法	朗读法 文本细读法 问题讨论法
魏明霞:《〈从百草园到三味书屋〉的教学设计与反思》,《启迪与智慧(中)》,2021年第9期	1.掌握新字词的音义,结合写作背景了解文本情感 2.掌握写景状物、表情达意的方法,并应用于写作 3.感受自然之美和成长过程	教学重难点: 1.理解美女蛇故事的作用,了解插叙的写作手法及作用 2.能结合语言学习理解文本的思想感情的传达	1.导入:了解人们对鲁迅的评价,学习生字词,引导学生表达预习课文的感受 2.分组讨论:文本框架的划分及中心思想;探讨"似乎确凿"、描绘百草园和插叙美女蛇等写作方法;学生交流学习心得 3.思维导图巩固:背景学习,语言学习,文本内容学习	文本细读法 合作探究法 练习法

续表

课例	教学目标	教学重难点	教学内容	教学方法
万国平:《〈从百草园到三味书屋〉教学设计》,《读写月报》,2020年第24期	1.能够流利、有感情地朗读课文,积累字词句段,掌握圈点勾画的精读方法 2.学习善于抓住景物特征、融情入景的写作手法,体味鲁迅在百草园和三味书屋的生活乐趣 3.学习鲁迅先生从小热爱大自然、热爱自由生活、追求新鲜知识的精神,尝试用文字描述自己的生活经历和体验	教学重点: 学习课文写景善于抓住景物特征、融情入景的手法 教学难点: 体味鲁迅在百草园和三味书屋的生活乐趣,尝试用文字的形式讲述自己的生活经历和体验	1.联系成长经历导入,检查预习字词,了解写作背景 2.自由朗读,寻找过渡段,并加入自己的感情朗读,体会作者的情感 3.齐读1~8段,一句话归纳内容,并分析景色描写和细节描写,仿写。探讨为何要写美女蛇的故事 4.自由阅读三味书屋部分,一句话归纳内容,引导学生思考作者选取了哪些表现私塾教育的片段,情感如何 5.讨论百草园和三味书屋两部分的关系,以及作者的思想感情	朗读法 情景教学法 文本细读法 练习法
张超:《〈从百草园到三味书屋〉教学设计》,《中学语文教学》,2002年第7期	1.学习仔细观察、抓住特点、准确生动地描写事物的方法以及遣词造句的精妙 2.体会作者轻松愉快、幽默风趣的散文笔法	教学重点: 1.学习写景写人的技巧,遣词造句的精准能力 2.体会文章背后的深情	1.引导学生结合自己的童年,导入课文 2.教师轻松愉快、风趣幽默地朗读,为学生理解课文做铺垫 3.详学百草园部分:给该部分加小标题。齐读第2段,体会写作次序和描写景物的手法,并引导学生仿写、扩写。引导学生按照文中捕鸟的方法演示,体会动词的准确性 4.讨论如何从百草园过渡到三味书屋,以及大家对先生的印象,模仿先生的样子,总结作者是如何描写先生的及其对先生的情感	朗读法 情景教学法 问答法 问题讨论法 练习法

续表

课例	教学目标	教学重难点	教学内容	教学方法
朱慧敏:《〈从百草园到三味书屋〉教学设计》,《中学语文》,2015年第33期	1.学习写景状物的方法 2.品读文章精练生动的语言的能力 3.在对比中体味鲁迅童年的童真童趣,感受如今美好的学习生活	教学重难点: 1.品读文章精练生动的语言 2.在对比中体味鲁迅童年的童真童趣,感受如今美好的学习生活	1.以歌曲《童年》导入,介绍作者信息 2.速读文本,解决生僻字词 3.交流阅读感受,提问学生喜欢百草园还是三味书屋,跳读课文找出喜欢和不喜欢的理由,小组交流、代表发言 4.比较百草园和三味书屋生活的异同 5.写作《难忘童年那段回忆》	问答法 对比阅读法 合作探究法 练习法
李敏:《对人性化教育的呼唤——〈从百草园到三味书屋〉教学设计》,《新课程学习(学术教育)》,2010年第12期	1.了解作者前后两个时期不同的心情和感受 2.正确看待书塾先生的教育 3.理解作者运用对照手法来表达文章的主题	教学重难点: 1.作者前后两个时期的心情有何不同?其原因是什么 2.如何看待书塾先生	1.研读百草园的生活,思考为何"只有一些野草"的百草园却被称为"我的乐园" 2.研读三味书屋的生活,探究作者的心理有何变化 3.如何正确看待书塾先生 4.结合时代背景,引导学生探究作者心理变化的根本原因,归纳主旨	朗读法 问题讨论法 文本细读法
李祖贵:《〈从百草园到三味书屋〉教学实录》,《语文教学通讯》,2019年第14期	1.理解从百草园到三味书屋所代表的过程 2.掌握作者多重的写作视角	教学重点: 1.作者笔下的百草园是怎样的 2.寿先生的教学内容、方法和手段 3.文中儿童视角和成人视角的切换	1.分段阅读,划分结构层次 2.细读文本,引导学生讨论分析百草园生活的特点,总结作者的关注点 3.引申教育,学生陈述自己心中的"百草园" 4.讨论交流,寿先生是怎样的人 5.回顾全文,讨论百草园和三味书屋的生活有无变化	朗读法 合作探究法 问答法 文本细读法

续表

课例	教学目标	教学重难点	教学内容	教学方法
王行升:《〈从百草园到三味书屋〉教学实录》,《初中生世界》,2019年第32期	1.掌握文章的修辞手法与语言特色 2.了解作者的思想感情	教学重点: 1.作者对百草园和寿先生的情感态度 2.景物描写的艺术技巧	1.从题目切入,引导学生把握文章的结构 2.概括鲁迅对百草园的情感,体会描写景物的手法与语言 3.模拟表演寿先生的语调、神态、动作,感受寿先生的形象及作者的情感 4.结合写作背景,分组讨论文章主题,理解作者的精神家园	朗读法 问题讨论法 情景教学法
陆其勇、钟石:《编者意图深领会 旧文新教出智慧——〈从百草园到三味书屋〉教学实录及观察》,《中学语文教学参考》,2018年第35期	1.体会文中叙述方式与语言特征 2.理解作者的情感	教学重点: 1.文章的主干线索 2.鲁迅的叙事艺术 3.感悟评价文章的情感	1.导入:看着谁的背影长大的 2.默读概括:找出文中的3个人和3件事 3.选择阅读最感兴趣的事件,品味鲁迅的叙事语言 4.概括文中事件的自然环境和学习环境,理解作者的情感 5.找出文章中体现成人鲁迅的文字,教师交代写作背景	默读法 问答法 合作探究法 文本细读法
廖明塔:《甜美的回忆,成长的乐园——〈从百草园到三味书屋〉教学实录》,《课程教育研究》,2015年第20期	1.掌握景物描写和叙事的艺术技巧 2.理解文章的主题和情感	教学重点: 1.修辞手法和语言艺术 2.如何评价三味书屋的读书生活	1.速读并找出百草园部分中的乐 2.齐读第2段,分析景物描写。朗读捕鸟部分,分析动词的使用效果 3.学生复述美女蛇的故事,讨论插叙的作用 4.速读并找出三味书屋部分中的乐趣,概括寿先生的形象 5.结合自身经历,讨论如何看待读书 6.归纳主题,二者都是乐园	朗读法 合作探究法 情景教学法 问答法

(一)教学目标

教学目标体现了课文教学的方向,在上述10篇课例中,教师在选择教学目标时主要集中在以下几个方面(见图1)。

教学目标

- 学习文章中景物描写的技巧
- 领悟文章蕴含的思想感情
- 掌握文章各部分表现的童趣
- 感受文章所呈现的成长过程
- 体味文章的语言笔法
- 模仿练习文章的写作技巧

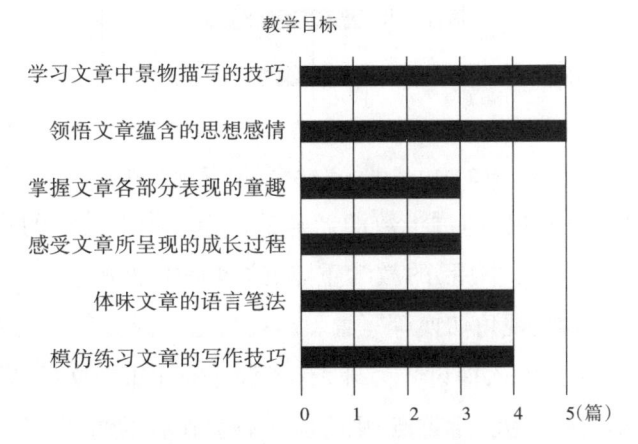

0　1　2　3　4　5(篇)

图1　10篇课例教学目标选择情况图

从图1可以看出,10篇课例的教学目标主要侧重于4个方面:一是学习文章中景物描写的技巧;二是领悟文章蕴含的思想感情;三是体味文章的语言笔法;四是模仿练习文章的写作技巧。大部分教师都是紧扣文章的"散文"性质展开教学,注重散文文本的情感属性和语言艺术,并且能够延伸拓展,与学生的成长经验和锻炼写作能力联系起来,包含了情感美育、语言审美、写作实践等多方面的内容,基本覆盖了散文教学的主要方面。

(二)教学重点

教学重点是教师在教学过程中着重探究的内容,它是文章的重心所在,对教学重点的选择也往往体现教师对课文的理解和掌握程度。10篇课例中教师所选择的教学重点主要集中在以下4个方面(见图2)。

教学重点

- 把握文章的写景叙事技巧
- 理解文章蕴含的情感
- 学习文章的语言艺术
- 如何看待文中的寿先生

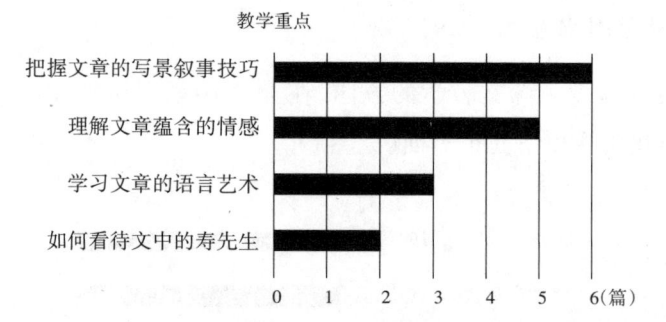

0　1　2　3　4　5　6(篇)

图2　10篇课例教学重点选择情况图

通过图2可以看出,超过半数的老师都选择了把握文章的写景叙事技巧作为《从百草园到三味书屋》的教学重点,这也是本文显著的艺术特点之一。文中融情于景、插叙、视角切换等写景叙事技巧是把握文章思想和艺术的重要内容,在教学中值得深入探讨。另外,有半数老师注重散文的情感教学,将理解文章蕴含的情感作为教学重点,引导学生领会作者的情感态度变化。同时,还有3位老师将"学习文章的语言艺术"作为教学重点,文中有大量特殊的句式和精妙的描写,展现了鲁迅卓绝的文字能力和细腻的情思,是文章的精华所在。此外,如何看待作者笔下的寿先生也是教师们关注的重点,这是理解文章情感和作者前后态度异同的重要切入点,三者可以说是互相关联的,因而都得到了教师们较多的关注。

(三)教学难点

从上述10篇课例来看,教学难点主要有以下2点。第一,如何让学生体会文章中蕴含的童真童趣和思想感情。随着时代的变化,当前孩童的学习生活环境与鲁迅所处的时代相比发生了巨大的变化,因此现代学生较难和作者产生共鸣,从而体会文章中蕴含的童趣,体会作者的独特情感。第二,如何让学生把握文章的写作手法。如魏明霞老师认为,理解美女蛇故事的作用,了解插叙的写作手法及作用是教学难点。

(四)教学内容

教学内容的选择基本是以教学目标和教学重难点为依据的,综合上述10篇课例,大部分教师的教学内容选择主要集中在如下几点,如图3。

教学内容

讨论文章的主题情感	7
分析寿先生的形象	6
讨论前后两部分的关系	6
了解写作背景	3
分析景物描写	5
讨论插叙美女蛇故事的意义	3
第9段的作用	3
讨论框架结构	3
学习生字词	3

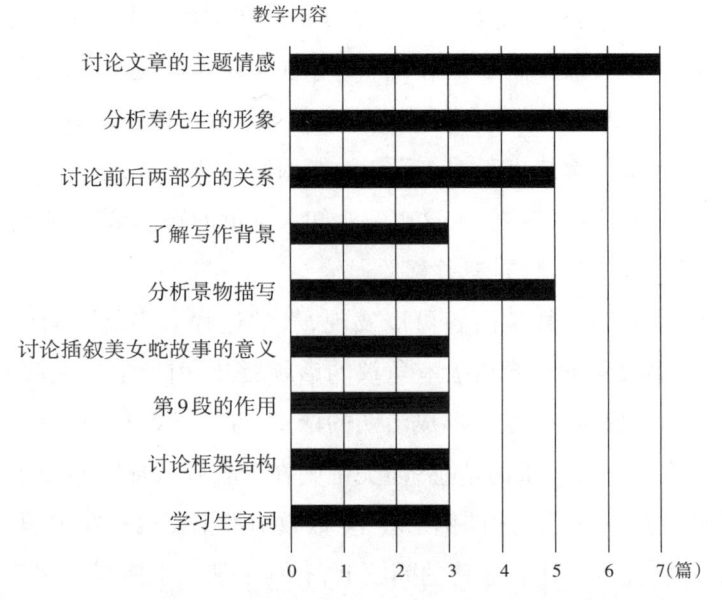

图3　10篇课例教学内容选择情况图

　　由图3可知，大部分的教学内容选择都集中在4个方面，说明教师在讲授《从百草园到三味书屋》一文时在大方向上还是比较一致的，基本涵盖了文章的主要内容。首先，讨论文章的主题情感无疑应当是学习这样一篇回忆性散文的核心目的，它能反映学生是否读懂文章以及认识的深度，牵涉对文本细节的理解等其他问题，所有的讨论与分析最后基本都要落在主题情感的认知上。寿先生的人物形象能吸引众多教师的重视，一方面是因为这个人物刻画极为细腻生动，充分体现了文章对人物塑造的成功；另一方面则是由于寿先生还是三味书屋生活的重要组成部分，对他的认识和评价会直接影响到学生如何看待三味书屋的生活，这又对理解百草园生活和三味书屋生活"前后两部分的关系"起着决定性的作用，对比、对照、顺序关系的差异又将导向不同的主题情感。故而，讨论文章的主题情感、分析寿先生的形象、讨论前后两部分的关系这3点内容最受关注并非纯属巧合。虽然分别讨论的是文章不同层面的内容，但实际是环环相扣、三位一体的。其次，第2段的景物描写是文章的一大特色，作者仅仅用了300余字就生动地描绘出了百草园中20余种景物，不仅安排有序，丝毫不显拖沓冗杂，而且各式修辞手法的运用也让文字具有无限趣味，引人神往。这一段景物描写不仅是引领学生把握百草园生活乐趣的关键，

对学生理解文章主题有重要意义。它本身也是文学教育中学生学习景物描写的典范之作，可以有效提高学生对文字的感性认识和审美能力，也能为培养学生的写作能力提供直观的范本。分析文章第2段的景物描写有着一石三鸟的效果，这也是教师们都热衷于重点研读的原因所在。再次，了解写作背景也是不少教师上课的重要内容之一，这也符合知人论世的解读传统，对辅助学生理解文章的思想或许有一定的参考意义。

  综合10篇课例的教学内容可以发现，教学过程大多是以问题意识为导向，围绕文章中潜藏的内容或者有争议的话题展开，引导学生主动分析讨论，在探究辩难中掌握课文，能够形成活跃的课堂氛围。这很大程度得益于文章自身的趣味性和鲁迅厚重的情感，而关键则在于教师选择哪些要点和方向作为学生探究的重心。就上述课例来看，多数教师都主要聚焦在主题情感、前后部分关系、景物描写等比较显著的问题上，有利于学生迅速抓住文章主干和核心内容。实际上，《从百草园到三味书屋》在许多细节问题上也饶有趣味，例如插叙的美女蛇故事、"似乎确凿"的矛盾表述、突兀的德语"Ade"等等，这些话题也都具有丰富的阐释空间，蕴含了作者特殊的情感，可惜目前只有少数教师予以了特别的重视，尚未广泛地呈现在课堂教学当中。教师应当积极吸纳最新的学术研究成果，进一步深入理解文本，才能打造更加生动出彩的课堂。

（五）教学方法

  教学方法是教师为实现教学目标而采用的方式和手段，是决定课堂效果的关键因素之一。10篇课例所使用的教学方法主要有如下8种（见图4）。

教学方法

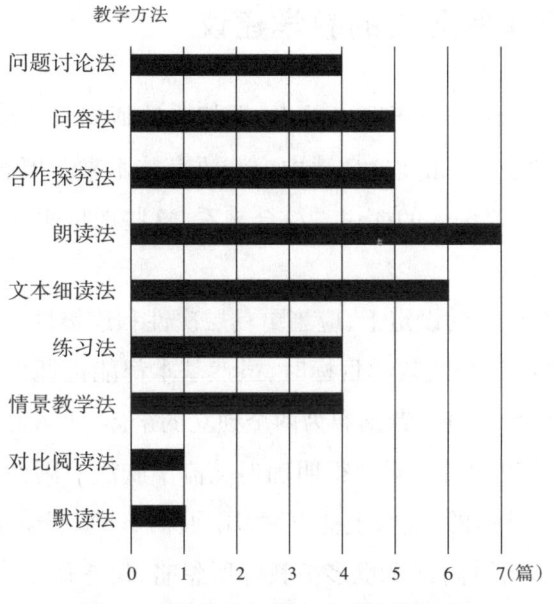

方法	篇数
问题讨论法	4
问答法	5
合作探究法	5
朗读法	7
文本细读法	6
练习法	4
情景教学法	4
对比阅读法	1
默读法	1

图4　10篇课例教学方法选择情况图

通过图4可以看出，10篇课例中绝大多数的教师都采用了朗读法、文本细读法、合作探究法和问答法，充分考虑了文章的散文性质，以朗读和文本细读为主，深入解析文章的情感内涵。同时也兼顾了学生的主体性，用分组讨论、师生问答的形式让学生积极参与到课堂中来，避免了满堂灌的僵化教学模式，符合新课改的理念和要求。朗读法作为教师惯用的一种教学方式，能够让学生很好地感知这篇散文的语言韵味，为他们理解情感内容做铺垫。默读虽然有助于学生较快地掌握文章内容，但不利于学生体味文章独特的语言艺术，故而使用频率较低。除此之外，练习法和情景教学法也是对常规教学模式的创新，让学生在学习文章的同时展开仿写训练，既能加深他们对文章语言修辞艺术的理解，也能提高写作能力。借助对情景的模拟再现也能让文章中的人、事变得更加具体可感，为学生消除理解上的障碍。对比阅读法虽然使用不多，但也是解读本文的一个重要方式，契合了文章前后两个部分的结构形式，有助于避免学生将文本前后割裂开来。另外，也可以引入周作人《鲁迅的故家》中关于百草园的回忆文字与本文进行比较阅读，在两相参照下能获得新的阅读体验。

三、基于课例分析的教学建议

通过对10篇课例的分析可以看出，大部分教师都能把握《从百草园到三味书屋》的散文性质，紧扣文章情感内容和语言艺术来开展教学，并对文本的诸多细节也能有细致深入的探讨。综合来看，这些课例也还存在一些有待完善之处。

首先，在教学目标的设定上，应当更具层次性和连贯性。许多教师在设计《从百草园到三味书屋》的教学目标时，虽然基本都能把握住语言与情感两个核心要点，但往往容易将二者割裂为两个独立的个体，语言品析与情感把握缺乏贯通互动，导致教学目标看似很明确但又流于肤浅。因而在设计教学目标时，有必要树立起整体的观念，上挂下联，层层深入。掌握生字词、了解文章大意作为基本的认知目标，这点也多被教师所忽略，但它们是赏析文章的基础。在疏通文义后，进而重点品读文章写景状物、叙事写人的技巧方法，需要注意的是，技能目标不应变成生硬的艺术分析，它还应当与审美鉴赏和情感培育联系起来，写景叙事并非最终目的，发掘背后蕴含的作者独特的情思才是文章的终极旨归。譬如分析第2段的写景状物不仅仅是为了掌握景物描写的方式技巧，还要从中感受汉语文字的魅力和美感，以及背后传达的作者童年的乐趣，牢牢把握"一切景语皆情语"的原则，综合考察解读。最后自然地过渡到情感目标上，总结文章的主题思想和情感态度，循序渐进地达成各个层面的教学目标，而不至于落入机械地寻找文章主题的模式，真正贯彻散文教学的特点，通过解析个性化的语言，感受、体认文字背后传达的丰富的人生情感体验。

其次，教学内容的选取要把握详略得当、兼顾整体的原则。要在有限的教学时段内将《从百草园到三味书屋》这样一篇体大思精的文章讲述清楚，诚然不易，要想面面俱到也是不太现实的。每位教师都会根据自己的教学目标和自身个性选取某些角度切入，通过对某些重点内容的细致剖析来达到理解全文的目的。无论如何，教师在选择教学重难点的时候，都要尊重文章原意思路、学生个性实际，避免主观化倾向，尽可能地顾及文章的各个方面。基础知识层面，包括作者生平和创作背景、生字词以及朗读技巧；文章艺术层面，包括文章的结构框架、写景状物手法、叙事写人技巧以及特殊语言句式等，以及由此引申出的仿写任务;情感内容层面,包括对寿先生的情感态度、百草园生活和三味书屋生活的对比、文章的主题思想等。在选取教学内容时,应当对上述各个层面的内容都要尽可能地有所涉及。不能因为三味书屋生活不如百草园生活生动有趣就略讲,它作为文章的一部分也要予以足够的重视;也不能因为景物描写格外出彩就大讲特讲,而对插叙美女蛇故事的原因和作用、文学独特的叙述视角等更难理解的内容就避而不谈。总而言之,教学内容要根据现实情况而定,对学生容易理解的部分可以略讲,稍加提及一笔带过即可,应该将重心放在学生读不懂、读不好但又是文章特色的地方,这样才能使课堂更具深度,而这也要求教师自身对文章的理解格外精熟、深透。

  最后,教学方法的运用要合理、合适,以充分调动学生的积极性为目标。不少教师在选用教学方法时,存在过于僵化的现象,最显著的问题是一种教学方法一用到底,不能根据教学内容的变化而及时做出调整。例如朗读法是教师在教授《从百草园到三味书屋》时常用的一种方法,为了迎合散文语言优美的特点,这本无可厚非,但如果通篇一成不变,不仅要浪费大量时间在朗读上,而且也不符合文章起伏变化的风格。对语言优美的文字可以使用朗读法,让学生直观感受,而对叙述性强的段落,可以采取速读、默读的形式,了解大意即可;对人物的描绘可以使用情景模拟法,以生动再现的形式让学生体会人物刻画的精妙。要将时间放在文本解读上,既节约了时间,又丰富了阅读手段,课堂也变得更加灵活多样。教学方法要避免"填鸭式教学",让学生能充分参与进来,同时也要避免"表演式教学",不能将热闹的课堂变成教师个人的表演。譬如有的教师为了体现延伸课堂,在讲述完第2段景物描写后,花费大量时间让学生去改写、仿写,这看似极具拓展性,但实则与把握情感主题的教学目标背道而驰了,将其设置为课后作业更为恰当。同样地,问答法、文本细读法、合作探究法等方法都要根据课文内容和教学目标而灵活运用,也不能为了追求教学方法的丰富性而盲目乱用。

四、教学设计参考

教学目标：

1. 识记生字词，掌握课文大意与框架。

2. 体味文章语言，把握写景写人的方法，感受散文的笔法与情韵。

3. 体认作者的深情回忆和个性化的情感。

教学方法：

朗读法、合作探究法、问题讨论法、对比阅读法、情景教学法。

教学过程：

一、导入

播放歌曲《童年》片段回忆童年，展示三味书屋的图片介绍鲁迅早年的读书生活，导入新课。

二、预习检测，疏通字词

1. 学生结合课前预习所得说出PPT出示的重点字词的字音、字义。

2. 学生齐读、识记重点字词。

三、速读课文，把握框架大意

学生快速默读全文（不出声，不动唇，不动指，阅读速度大约每分钟500字），把握以下问题：体会题目"从……到……"的内涵，课文出现了哪些人物形象？写了哪些主要内容？读后你的整体感受是怎样的？

四、细读文本，明晰感受

1. 引导学生带着疑问细读2~7段：为何长了野草的百草园"却是我的乐园"？有哪些方面的乐趣？给你印象深刻的是什么？

（1）朗读第2段景物描写，感受美景与文辞。学生开展小组合作讨论：分析作者是如何介绍诸多景物的（写作顺序与艺术手法），以及精细描绘的背后传达了什么情感。

（2）默读3~7段，引导学生体会作者叙事的艺术，并让学生复述美女蛇故事和捕鸟的过程；引导学生讨论为何要在景物描写和捕鸟中间插叙美女蛇的故事。最后综合前半部分总结作者眼中的百草园是怎样的。

2. 学生带着感情朗读第9段。学生回答该段在行文上的作用，揣摩蕴含了作者哪些情感。

3.默读10~24段,掌握作者对三味书屋的情感态度。

(1)找出对寿先生的细节描写,并让学生模仿再现先生的神态,直观感受作者传神的人物刻画艺术。组织小组讨论:作者笔下的先生是怎样一个人,以及作者对他的情感是怎样的(找出关键语句证明)。

(2)引导学生思索:三味书屋的生活除了读书之外,还有其他内容吗?然后综合全部细节总结归纳作者在回忆三味书屋生活时的情感。

4.介绍写作背景,组织学生自由讨论:文章前后两部分的关系,作者写作这篇回忆文章的目的以及流露出的感情。

5.布置作业。

写一篇回忆童年生活的小作文,模仿鲁迅先生的文章结构,描写童年中的景、物、人、事,表达出自己对童年的情感。

(撰稿人:赣南师范大学文学院,刘学洋博士)

第六课 《回忆我的母亲》文本解读与教学设计

部编版语文教材八年级上册第二单元《回忆我的母亲》一文选自《朱德选集》（人民出版社1983年版），是朱德早期所创作的一篇回忆性散文。朱德是我国无产阶级革命家、政治家、军事家，是中华人民共和国的十大开国元勋之一，在推翻帝国主义、封建主义、官僚资本主义"三座大山"的中国革命重大关头发挥了重要的作用，为民族抗战和建立新中国做出了巨大贡献。1944年2月25日，朱德同志的母亲锺太夫人去世，他在得知母亲去世的消息后，带着深切的怀念与无尽的悲痛，写下了这篇文章。1944年4月10日，在延安举行了追悼锺太夫人的公祭仪式。公祭仪式上，由谢觉哉代读了朱德的这篇祭文。

《回忆我的母亲》是散文，也可以说是传记。作者按照时间顺序，记叙了母亲勤俭的一生，同时又通过几个典型事件刻画了母亲的性格，突出了母亲的优秀品质。文章风格质朴简练，没有华丽辞藻的堆砌，体现出无产阶级的优良文风。《回忆我的母亲》是初中生了解和学习回忆性散文和人物传记的重要篇目。

一、教学文本解读

（一）主旨分析

《回忆我的母亲》是悼念母亲的文章，一般认为这篇文章主要表达了朱德对母亲的感怀。文章记述了母亲生活中的几个事迹，结构上相对较散，是一篇回忆性散文。"形散而神不散"是散文的突出特点，散文在书写方式上并非信马由缰，它在形态结构上可以自由灵活，但核心在于有一定的立意和思想内涵，有其谋篇布局的线索。散文分析就是要理清作者写作思路，捋清文章脉络和线索，这对理解文章旨趣是至关重要的。《回忆我的母亲》是以回忆的形式对过去的人和事进行记叙,通过典型的事件呈现了典型人物形象,并将思想感情加以凝练表达。因此,对母亲这一人物形象及母亲一生事件的分析是这篇回忆性散文的重要脉络和线索,也是理解全文的重要一环。

1."母亲"形象解读

《回忆我的母亲》一文中对母亲的正面描绘和刻画比较少,主要是通过母亲及其周围的人和事来展现母亲形象的。与诸多文章中的母亲形象有相似之处,这篇文章也突出体现了母亲吃苦耐劳的传统美德。作者在文章开头直接点明"她勤劳一生,很多事情是值得我永远回忆的"。朱德出生于佃户家庭,家中人口众多,家境贫苦,母亲整日劳碌。文中谈到母亲日常所做之事,他说,"母亲把饭煮了,还要种田、种菜、喂猪、养蚕、纺棉花""还能挑水挑粪",而且"母亲生我前一分钟还在灶上煮饭"。几个句中都用了一个"还"字,这简单的一个字,足以说明母亲工作之繁杂,劳动之辛苦,性格之坚忍。

朱德对母亲的回忆,不仅仅是对母亲生平事迹进行记录、描写,而且更注重说明围绕母亲这些看似普通和家常的事情,都对"我"产生了怎样潜移默化的影响。作者感受到母亲的艰辛和劳碌,"四五岁时就很自然地在旁边帮她的忙,到八九岁时就不但能挑能背,还会种地了",母亲还"教给我许多生产知识"。到了晚年,母亲也还是"不辍劳作,尤喜纺棉"。一生不离劳动是母亲最大的特点,她以劳动为生命,离开土地就不舒服。可以说作者对母亲形象和性格特质的叙述之中也夹杂着议论。家中生活艰难,但母亲凭自己的聪慧能干把整个家庭支撑起来,使得一家人的生活"也勉强过得下去"。母亲能够把那些粗陋饭食做得有滋有味;母亲勤俭持家,亲手纺线,做成两三个孩子"接着穿还穿不烂"的衣服;她管束着孩子,不允许孩子染上一点儿烟酒恶习。

如果勤劳聪慧是母亲这般劳动妇女的优秀品质,那么母亲的为人处世,母亲"对穷苦农民的同情和对为富不仁者的反感"则体现了她"朴素的阶级意识"。对内,母亲任劳任怨,在大家庭里与长幼、妯娌相处和睦;对外,母亲同情贫苦,虽家中艰苦,但仍周济贫苦亲戚。那个年代,地主欺压,衙役蛮横,母亲强烈的反感和沉痛的诉说"启发了我幼年时期反抗压迫追求光明的思想"和决心。这是一个刚毅倔强、宽厚仁慈又爱憎分明的母亲形象。

文章后半部分则逐渐由"母亲"过渡到了"我"的身上。《回忆我的母亲》除

了体现母亲吃苦耐劳、聪慧能干、刚毅倔强、宽厚仁慈、爱憎分明、同情贫苦的精神品格之外,更重要的是展现母亲对"我"的影响。在朱德年少之时,虽然家庭生活艰难,但朱德的父母还是节衣缩食,东挪西借,供养朱德求学,想培养他读书来"支撑门户",以少受些"乡间豪绅地主的欺压"。尽管家中负债200多元,母亲仍然一直顽强地支撑整个家庭,支持着他。1909年,23岁的朱德考入云南陆军讲武堂,当年,他瞒着家人加入了孙中山领导的革命团体——中国同盟会,后来又加入中国共产党。母亲没有反对,还支持朱德走上了革命征途,"期望着中国民族解放的成功"。

朱德在《回忆我的母亲》中说:"从宣统元年(1909)到现在,我再没有回过一次家,只在民国八年(1919)我曾经把父亲和母亲接出来。但是他俩劳动惯了,离开土地就不舒服,所以还是回了家。父亲就在回家途中死了。母亲回家继续劳动,一直到最后。"与家人分离近10年后,1919年,朱德与父母有过短暂的团聚,1922年又远赴德国留学,之后一直投身民族独立解放事业,到母亲去世也未能再相见。为了支持中国革命,母亲忍下了与儿子长久的分离,这样一位母亲是有着非同寻常的大局观的。国难当头,母亲"知道我们党的困难",她不愿意给党添麻烦,一直"在家里过着勤苦的农妇生活"。历经几十年的别离,她唯一的愿望就是能见儿子一面,"聊叙别后情景"。朱德却因"献身于民族抗战事业,竟未能报答母亲的希望",20多年没能与母亲相见,直到母亲去世,故而留下了无法弥补的哀痛。1944年2月,朱德得知母亲去世的消息,怀着对母亲深沉的悼念写下了这篇文章。同年4月,在延安举行了朱德母亲锺太夫人的追悼大会。这次公祭是毛泽东同志提议的,也是"中国共产党历史上唯一一次为党的主要领导人的母亲举行公祭活动"①。

母亲教朱德养成了俭朴、勤劳的习惯,胸怀宽广、坚韧不拔的人格品性,让他学会了朴实谦恭、吃苦耐劳、与困难做斗争。朱德怀念母亲,敬重母亲,把母亲当作楷模。而以公祭的方式追悼锺太夫人,正是"以此号召大家以朱德母亲为榜样,发扬艰苦奋斗的精神"②。

---

① 卓人政.民族英雄贤母 劳动阶级完人——中共中央为朱德母亲举行追悼大会纪略[J].党史文汇,2020(4):49.
② 卓人政.民族英雄贤母 劳动阶级完人——中共中央为朱德母亲举行追悼大会纪略[J].党史文汇,2020(4):53.

2.文章情感的升华

对这篇文章的主旨,不同读者有不同解读。有人认为文章主要是表现"母爱",展现亲情,进行感恩教育。因此,许多读者将它与胡适《我的母亲》、邹韬奋《我的母亲》、老舍《我的母亲》、梁晓声《慈母情深》中所展现的"母爱"或者"亲情"进行对比。还有一种观点认为文章是以母亲为形象主体,以记述母亲的一生为线索而撰写的回忆性散文,因此要紧扣回忆性散文写人、记事的特点,主要分析母亲的事迹与品德。从这个角度解读,可将这篇文章与史铁生《秋天的怀念》、朱自清《背影》、鲁迅《藤野先生》等篇目进行比较阅读。

散文是自由抒写个人情怀,展现自我真情实感的文体。《回忆我的母亲》从题材上看,它是回忆母亲、表现亲情的文章,其中也展现了作者自我的真情实感。对于母亲形象,人们有着相似的情感、生命体验,因此有许多创作者在作品中表达母爱,但这些"母爱"在情感内涵上又各有不同。从《回忆我的母亲》这篇文章看,在朱德心中,母亲是一位充满爱的良师。"她性格和蔼,没有打骂过我们";她任劳任怨、同情贫苦,对孩子言传身教;她支持"我"的学习教育,虽然家中清贫,但节衣缩食也要培养出一个读书人;她教给"我"生产生活知识,也让"我"具有了反抗黑暗和追求光明的意识;"我"瞒着她远走他乡参加革命,她没有反对责怪,反而给了许多慰勉;她支持中国革命,不愿意依附儿子,给党增加麻烦。母亲身上有着普通劳动妇女的美好品德。作者围绕母亲的优秀品质展开叙述,把对自己母亲的感情升华到对全天下伟大劳动妇女的歌颂。对本篇文章的解读也要把握这一点,这正是《回忆我的母亲》与其他回忆母亲文章的不同之处,这里的母爱不仅是一种家慈亲情,更是一种家国大爱。因此,这篇文章的主旨也应该从亲情和家国情感两条线索去理解。

回忆性散文展示的是作者在特定历史时空所特有的情绪状态、生活感悟和生命体验,是作者思想感情在创作中的凝练。因此从情感体验的角度来看,要深入分析其主题与主旨,还需要对作者及写作背景有一定的了解。因此,在了解母亲的同时,更重要的是了解"我"的经历,了解写作背景。写作背景对文本的阅读至少有3层意义:1.有助于理解作者对母亲去世的遗憾与悲痛以及对母亲的感恩与深切怀念之情。2.透过作者的经历能够使读者补充了解到母亲对作者生活、事业的理解与支持,从而体会这位母亲的平凡与伟大,同时也了解到作者本人的革命决心、家国情怀以及人格品性都离不开母亲的影响。3.引发读者兴趣,为文本阅读与学习做铺垫,使读者想要了解这是怎样的一位母亲,能让全党上下对她进行公祭,以及这位母亲有何值得记述的事迹。文章的铺陈是平实的,没有过多浓烈炽热的个人情感表达。结合当时的社会环境来看,1944年抗战尚未结束,在这个公祭悼文中,作者的情感是有所抑制的,他想要表达的又不仅仅是母爱亲情。了解创作背景后,我们更能体味到作者字里行间隐隐透露的至深情感,以及理解作者通过对母亲这一普通劳动妇女的颂扬,把这种情感延伸到国之群体的创作目的。

部编版初中语文教材中有多篇与母爱相关的文章,例如散文《秋天的怀念》《散步》,散文诗《金色花》《荷叶母亲》等。朱自清的《背影》展现的是父爱,也是亲情教育的典范作品。由于作者所处时代与人生境遇的不同,其创作主旨也定会有所差异。因此,从选材上来说,《回忆我的母亲》满足了亲情感恩题材选文的多样化追求。而在教育教学活动中,作家的人生体验与作为学生读者的人生体验也是有落差的。语文教学承载着育人、树人的使命,和同类母爱亲情作品相比较,《回忆我的母亲》有其独特的教育价值。

(二)文本体式与语言风格分析

汲安庆教授在《如何个性化深度解读文本》中提出,"社会化、伦理化、历史化或传统的文学解读,再深刻、再独特,都属于非语文解读。因为后者偏于情感意蕴的探赜,并非语文之'独任',注重形式秘妙揭示,指向'言语表现与存在'的解读才是真正的语文解读"①。他把散文文本的解读分为3个层次——观、味、悟。"观"是对文本形式的解读,"味"是体会文本的深层意味,"悟"是悟理悟道悟情的更深层次要求。他认为"语文老师在经历了'味''悟'的审美阶段后,必须学会返回","激发学生言语表现的兴趣,牧养他们言语表现的意识,不断走向表现与存在"。②因此,对文本形式的解读既包括对语言风格的解读,也包括对文本文体的解读,我们既需要关注文本外在形式上的共性,也需要关注其形式上的独特之处。

---

① 汲安庆.如何个性化深度解读文本[J].中学语文教学,2017(9):43-44.
② 汲安庆.如何个性化深度解读文本[J].中学语文教学,2017(9):44.

部编版初中语文教材中,散文这一文体占了很大比重。七年级语文教材中收录了多篇回忆性散文,例如史铁生《秋天的怀念》、萧红《回忆鲁迅先生》、鲁迅《阿长与〈山海经〉》等。但七年级学生在阅读量和拓展阅读方面的能力还有所欠缺。散文篇幅相对较长,在七年级的散文教学中未提出进行系统的散文文体学习。八年级教材也有多篇回忆性散文,例如鲁迅《藤野先生》、朱自清《背影》等。对八年级的学生来说,回忆性散文这一类文章已不陌生。因此,八年级上册第二单元及第四单元的单元导读中,都对散文文体学习提出了要求。例如,第二单元提出了"传记""回忆性散文"的概念,第四单元提出了阅读不同类型的散文,"了解不同类型散文的特点"。可见,同为回忆性散文,在不同单元中学习重点是不同的。对于《回忆我的母亲》这篇文章,我们既要看到它作为回忆性散文形式上体现出的共性,也要理解其艺术表现上的个性。

王荣生在《散文教学教什么》一书中认为,根据散文记叙的内容,散文可以分为抒情散文、叙事散文、哲理散文。①从这个分类上看,《回忆我的母亲》显然更接近于叙事散文,它记叙的是"我"所看到的或"我"所知道的母亲的一生。《回忆我的母亲》最早曾以《母亲的回忆》为题发表在延安《解放日报》上,是记叙类也是纪实性文章,课文中的题目是选入教材时编者加的。《回忆我的母亲》语言十分质朴、简洁,但这并不影响它以质朴的语言传达真挚的感情。传记一般较少明显或激昂地表达情感,但是情感的表达可能蕴藏在字里行间。由此,我们便可以理解为何作者的叙述冷静而平实。在教学中只有对文体特点了解得足够清楚,才能正确合理地解读文本。

这篇文章为悼念母亲而写,曾作为朱德在母亲追悼会中的悼词,从这个意义上说,它是一篇悼文,这是毫无疑问的。有的教师将文章看作朱德为母亲写的一篇传记,还有教师认为文章是对一位伟大母亲的歌颂,文章的结尾又把对母亲的歌颂升华为对全天下劳动妇女的歌颂,因此又可将其看作一篇颂文。朱德在文章中叙述了母亲生平,回忆了与母亲相关的事件,此外,还记述了自我成长的过程,穿插了自我的情感与评价,这种记述方式又更接近于回忆性散文。马兴贵就认为,应该对文本体裁及文本形式进行多面理解。他指出,《回

---

① 王荣生.散文教学教什么[M].上海:华东师范大学出版社,2014:52.

忆我的母亲》既是悼文,也是忆文、颂文,要从3种视角去分析文章的艺术特色。①

文章的文本体式的确可以从不同角度来理解,以多重视角观照《回忆我的母亲》这篇散文,有利于从不同侧面考察文章的艺术特点,深入体察作者的用语、写作目的,从而深入领会作者的思想感情。但作为一篇课文,我们可能无法全面地从悼文、传记、颂文、忆文各角度都分别做出解读,而是挖掘其作为某一文体的特性和价值。悼文作为哀祭文本一般更近似于应用文体,在文本语言和形式上有一些要求,《回忆我的母亲》开篇说"得到母亲去世的消息,我很悲痛",结尾说"愿母亲在地下安息",这些语言可以说符合悼文的形式,但在此之外的其他部分内容更主要的是"忆"和"议"。文中对母亲"颂"的部分是有的,但作者通篇以朴实的语言表达对母亲的敬重与深切怀念,对母亲的颂扬较为平实含蓄,完全把文章作为颂体文辞来看待显然并不太合理。文章有选择性地对母亲一生的事迹做记述、描写和说明,这是传记和回忆性散文的表达方式。而作为传记,它和散文有交叉,也有不同。传记能作为"传"说明它对一般回忆性文字来说,文学性和可读性相对强一些,而《回忆我的母亲》通篇是作者对母亲的记录和回忆,较为口语化,语言风格平易近人,没有常见传记的严肃,更适合作为回忆性散文来解读。整篇文章结构严谨,叙述精练,作为回忆性散文具有典范意义,相比其作为悼文和颂文来说,立意都更加高远和饱满。

王荣生认为,回忆性散文作为"文学性散文"的一种,有"外在的言说对象",是"作者依其独特的境遇所生发的极具个人色彩的感触、思量"。②也就是说,它是以外在客观事实为基础的,是用回忆的方式,对过往的人、事、物等进行叙述。这类文体往往离不开记叙内容真实的典型事件,通过事件刻画人物形象、抒发情感,这些也是回忆性散文教学的重点。它是以记述真实事件为基础的一种文学创作,但在表达或评议过程中可能经过一定的加工,存在一定的主观色彩。从这个意义上说,了解作者及创作背景对理解文本也非常重要。

《回忆我的母亲》在平实、流畅的叙述中,流露出真挚深沉的爱,也充分体

---

① 马兴贵.是悼文,也是忆文,还是颂文——朱德《回忆我的母亲》体裁的多面性理解[J].语文天地(初中版),2008(14):3.

② 王荣生.散文教学教什么[M].上海:华东师范大学出版社,2014:7.

现了作者以天下为己任而忠孝两难全的境地,表现的是眷眷慈母心,也是拳拳赤子心。文章质朴的语言特点一方面受限于文本体式,另一方面也与作者这个无产阶级革命家所想传达的质朴情感有关。这一语言风格并非毫无特色,相反这种文学表达是恰切的。

(三)艺术手法分析

部编版初中语文所选取的记人记事散文,人物写作可谓各呈异彩,这些特色都可为后面的同类题材文章做示范与对比。《回忆我的母亲》这篇文章在文体上的特点前文已做阐述,与同类散文相比,其最大特点在于语言简约、平淡,但充满了人情味,这种言语表现与文体特点、写作背景是密切相关的。从主题和取材上看,它表达母爱亲情,但同时又隐藏着家国大爱,与同类题材文章相比也体现出了不同的特色。

夹叙夹议是这篇散文在写作手法上的一个重要特点。作者对过去的回忆,不是记流水账式的陈述,而是在记叙的过程中夹杂自己的分析、评价。作者提到过去家中境况,母亲生下的多个子女因无法养活只能被迫溺死,"这在母亲心里是多么惨痛悲哀和无可奈何的事情啊!"这一点评,更强有力地说明了当时家庭处境的艰难,表现了母亲的无奈和痛楚。再如,文中提到母亲严格约束子女不允许沾染一点儿烟酒,作者补充说"母亲那种勤劳俭朴的习惯,母亲那种宽厚仁慈的态度,至今还在我心中留有深刻的印象"。作者的点评恰到好处地点明了母亲不让子女染上一点烟酒的原因,更加突出了母亲的性格品质。

文章前半部分围绕对母亲的回忆、母亲的事迹来展开。作者并非平铺直叙,只描写事件,而是展开了较多的议论。其中有对母亲"是个好劳动""勤劳俭朴""聪明能干""宽厚仁慈"、同情穷苦农民的直接点评;也有对母亲心理的分析,如因家境贫穷孩子被迫溺死时的"惨痛悲哀和无可奈何",对饥荒年月官兵欺压的痛恨与反感;此外,还讨论了母亲对"我"的影响:"母亲教给我许多生产知识""母亲那种勤劳俭朴的习惯,母亲那种宽厚仁慈的态度,至今还在我心中留有深刻的印象""母亲沉痛的三言两语的诉说以及我亲眼见到的许多不平事实,启发了我幼年时期反抗压迫追求光明的思想,使我决心寻找新的生活"。后半部分作者提到"我不久就离开母亲,因为我读书了""我决心瞒着母亲离开家乡,远走云南,参加新军和同盟会""我的思想也继续向前发展……加入了中国共产党""我献身于民族抗战事业,竟未能报答母亲的希望",不管是发愤求学还是参加革命,这些实际上都是讨论作者在母亲影响下的个人成长经历。所以,在文章末尾,作者2次表达"我应该感谢母亲",一方面感谢的是母亲"教给我与困难做斗争的经验";另一方面是感谢母亲"教给我生产的知识和革命的意志"。作者在文中没有仅停留于对母亲的悼念和回忆,而是夹杂了较多的议论,详细的事件叙述与精当中肯的议论相结合,使得作者的情感表达更加直接、恰切、有感染力。文章语言文字材料的组织看似散漫,但其安排显然另有深意。

  王荣生教授曾提道:"回忆性散文,它不同于其他散文的最大的特点,是文中有两个'我'——过去的'我'和现在的'我',有两种类型的情感交织——过去的'我'的感受和现在的'我'回忆往事时产生的感受。"[①]《回忆我的母亲》中开头说:"得到母亲去世的消息,我很悲痛。我爱我的母亲,特别是她勤劳一生,很多事情是值得我永远回忆的。"这一句作者用质朴的语言说明了写作的缘由,定下了简洁朴素的基调。这个开头把作者从"现在"带入"回忆",成为全篇概述母亲一生事迹的一个引子,为后面作者按时间顺序描写母亲一生,表现母亲勤劳聪慧、艰苦朴素、同情贫苦人民和支持革命等事迹做了铺垫,成为串联全文的线索和纲要。文章结尾说"母亲现在离我而去了,我将永不能再见她一面",作者又从回忆中抽离出来,表达"现在"的"我"的想法:"母亲是一个平凡的人,她只是中国千百万劳动人民中的一员,但是,正是这千百万人创造了和创造着中国的历史。"他把对母亲的歌颂升华成为对中国千百万劳动妇女的赞颂。这样的"双重视角"也为作者能够更自然地完成"叙"与"议"的切换,表达思想主旨提供了一定的便利,既能与"悼"的初衷相吻合,又充分体现作者从母亲身上汲取到的力量。

---

① 王荣生.散文教学教什么[M].上海:华东师范大学出版社,2017:96.

二、典型课例分析

《回忆我的母亲》所属单元要求学生"了解回忆性散文、传记的特点,比如内容真实、事件典型、注重细节描写等。还可以从中学习刻画人物的方法,品味风格多样的语言,提高文学鉴赏能力"。笔者收集了8篇本课文的相关教学案例,从教学目标、教学重难点、教学内容和教学方法等方面对这些课例进行分析,从而更好地掌握教学一线的情况。对这8篇课例中呈现的教学目标、教学重难点进行梳理,制作了表1。

表1　8篇《回忆我的母亲》教学课例中教学目标及教学重难点梳理表

课例	教学目标	教学重难点
郭俊菊:《探寻写作目的　深入解读文本——〈回忆我的母亲〉教学案例》,《七彩语文·教师论坛》,2021年第40期	1.深入解读文本,体会朱德母亲的伟大形象,感受作者对母亲的怀念和感激之情 2.品味语言,掌握鉴赏回忆性散文的方法 3.学习回忆性散文的特点,学习运用典型事例刻画人物的方法	教学重点: 1.掌握鉴赏回忆性散文的方法 2.品味语言,体会情感 教学难点: 体会母亲形象的伟大
苗满红:《回忆我的母亲——课堂实录》,《中国教师》,2010年S1期	1.聚焦文中细致描写母亲的相关段落,总结母亲的优秀品质 2.感知母爱	教学重点: 引导学生分析作者对母亲的细致描写,总结母亲的人物特征 教学难点: 学生能够体会作者对母亲的深刻情感,并表达自己对母亲的情感
周洁:《寻求"教"与"学"的最佳契合——以〈回忆我的母亲〉教学为例》,《语文教学之友》,2020年第7期	1.引导学生体味文本的叙事和抒情特点,掌握回忆性散文的文体特点 2.理解朱德对母亲真挚的追思之情	教学重难点: 引导学生掌握回忆性散文的叙事特点,掌握文体共性,学会举一反三

续表

课例	教学目标	教学重难点
童国强:《一字未宜忽　语语悟其神——〈回忆我的母亲〉教学设计及思考》,《中学语文教学参考·初中》,2020年第23期	1.梳理情节,概括主要事件与母亲形象 2.品析文中"还"等关键虚词,体会作者表达的情感	教学重难点: 抓住关键词句,通过对虚词的分析,体会作者的愧疚悲痛,以及对母亲的感恩
陈彦廷:《回忆性散文教学路径的探索——以〈回忆我的母亲〉为例》,《语文教学与研究》,2022年第3期	1.品味文章语言,分析母亲形象 2.掌握回忆性散文的分析方法 3.以读促悟,在反复朗读中体会作者的深厚情感 4.拓展阅读,提高学生学习的广度和深度,进行思维能力训练	教学重点: 梳理关于母亲的主要事件,品析文章语言,分析母亲形象,体会作者情感 教学难点: 回忆性散文的教学路径与方法
贾娅莉:《核心素养背景下语文课教学内容的确定——以〈回忆我的母亲〉为例》,《中华少年》,2019年第28期	1.通过抓关键段、关键词的方法,理清文章思路,了解作者印象中母亲的事例 2.通过梳理作者印象中母亲的相关事迹及作者对母亲的情感或评价,体会作者对母亲的怀念、感激、颂扬之情,感悟平实朴素语言的艺术魅力 3.结合时代背景,理解作者对母亲情感的升华方式,体会作为革命家的作者的博大胸怀和可亲可敬的责任感	教学重难点: 1.通过梳理作者印象中母亲的相关事迹及作者对母亲的情感或评价,体会对母亲的怀念、感激、颂扬之情,感悟平实朴素语言的艺术魅力 2.结合时代背景,理解作者把对母亲的爱升华至对党和人民的爱,体会作者作为革命家的博大胸怀和可亲可敬的责任感
李丝露:《浅析回忆性散文教学——以〈回忆我的母亲〉为例》,《汉字文化》,2020年第16期	1.通过品读文本,从质朴平实的语言风格中感受作者对母亲的深情怀念与无限悲痛之情 2.通过小组合作、交流,梳理2条叙事线索与抒情主人公的情感变化,体会母亲对作者成长的影响 3.通过品读文本,学习夹叙夹议的写作手法及作用	教学重点: 品读文章,把握文章的2条叙事线索,感受母亲的伟大形象,体会作者对母亲的深情 教学难点: 引导学生通过体会作者按照时间顺序记叙往事、描写母亲形象这条"外线索",从而体悟母亲思想认识的发展过程这条"内线索"。学习夹叙夹议的写作手法及其表达效果

续表

课例	教学目标	教学重难点
粟俊:《〈回忆我的母亲〉教学案例分析》,《课外语文》,2019年第24期	1.学习回忆性散文的特点 2.学习按时间顺序用典型材料来表现人物典型形象的写法和运用朴素、简洁、平实的语言来进行记叙的方法 3.学习朱德同志的母亲勤劳俭朴、宽厚仁慈、坚忍顽强的美德,体会作者对母亲的思念、敬爱之情	教学重点: 分析作者是通过哪些事例来表现母亲的优秀品质的,体会母亲的伟大形象 教学难点: 感受作者寓于文本中的对母亲的深情,体会母亲对作者的影响

(一)教学目标

通过对8篇教学课例进行分析,梳理出以下9个教学目标(图1)。

教学目标

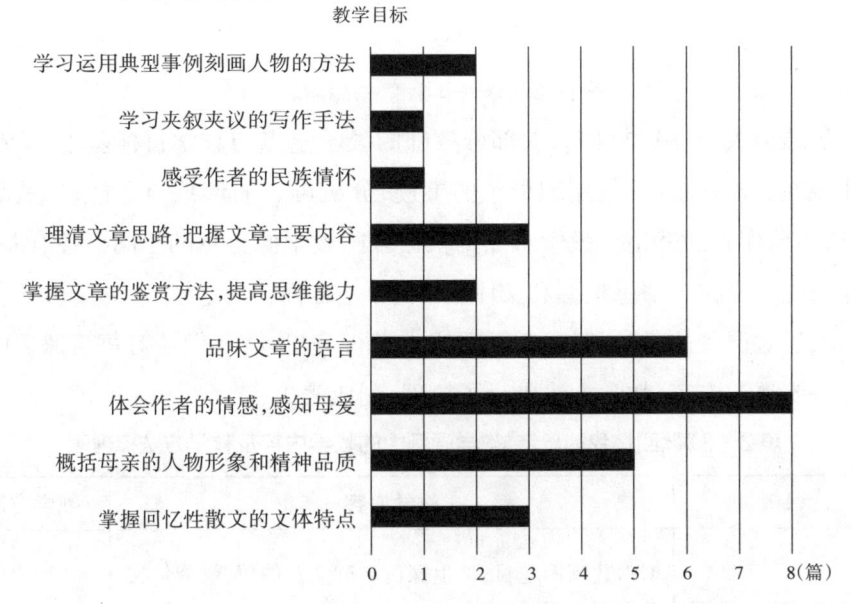

教学目标	篇数
学习运用典型事例刻画人物的方法	2
学习夹叙夹议的写作手法	1
感受作者的民族情怀	1
理清文章思路,把握文章主要内容	3
掌握文章的鉴赏方法,提高思维能力	2
品味文章的语言	6
体会作者的情感,感知母爱	8
概括母亲的人物形象和精神品质	5
掌握回忆性散文的文体特点	3

图1 8篇课例教学目标选择情况图

从表1和图1可以看出,这篇文章的教学目标主要有:体会作者的情感,感知母爱;品味文章的语言;概括母亲的人物形象和精神品质等。大部分教师以"体会作者的情感,感知母爱"及"概括母亲的人物形象和精神品质"为主要教学目标,将回忆性散文中的"人"与"情"作为主要的考察对象。例如,有老师主张引导学生通过抓关键段、关键词的方法,概括母亲的事迹及优秀品格。部分教师通过引导学生品味文章平实朴素的语言,体会文章的写作风格及情感。

再者，有部分老师将"掌握回忆性散文的文体特点"作为教学目标，这是符合新课标要求的，此阶段学生有必要对文体特点进行深入了解。另外，有个别老师将"学习夹叙夹议的写作手法"作为教学目标。

（二）教学重点与教学难点

所选8篇教学课例中教师的教学重点如图2所示。

教学重点

教学重点项目	篇数
掌握鉴赏回忆性散文的方法	1
学习回忆性散文的文体特点	1
品析语言，体会作者的感情	5
梳理母亲的事迹，分析母亲的形象与品格	5

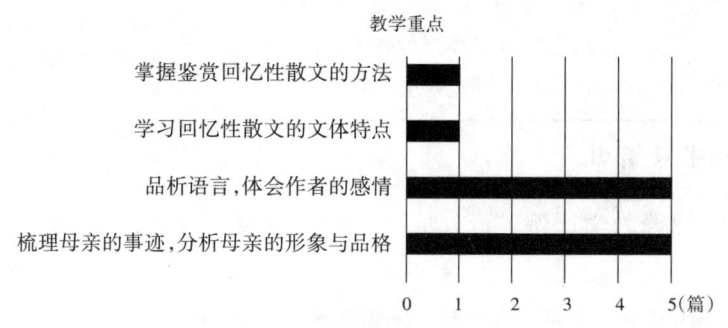

图2　8篇课例教学重点选择情况图

从结合表1与图2可知，大部分教师的教学重点与教学目标基本一致，主要体现在2个方面：一是梳理母亲的事迹，分析母亲的形象与品格；二是品析语言，体会作者的感情。教学难点则根据教师教学侧重点的不同而各有差异，总体来说主要在于情感把握和文体教学这2个方面。

除了对课例的教学目标、教学重难点进行分析外，我们还对每篇课例中呈现的主要教学内容、教学方法进行了梳理，制成表2。

表2　8篇《回忆我的母亲》教学课例中的教学内容及教学方法梳理表

课例	教学内容	教学方法
郭俊菊：《探寻写作目的　深入解读文本——〈回忆我的母亲〉教学案例》，《七彩语文·教师论坛》，2021年第40期	1.对比新旧题目，学生探讨初读文章的感受，厘清文章的基本结构 2.通过前面的铺垫，PPT展示出朱德的文化程度，让学生明白全文语言朴实无华的原因是在怀念追悼自己的母亲，感念母亲对自己的教益 3.通过了解作者的写作目的，由此过渡到对文本的深度解读，选择文章倒数第2自然段重点解读，感受作者的用情之深，母亲对他的影响之大。学生探讨自己与作者的共鸣	问题讨论法 讲授法 问答法 文本细读法

续表

课例	教学内容	教学方法
苗满红:《回忆我的母亲——课堂实录》,《中国教师》,2010年S1期	1.听2首关于母亲的歌,让学生回忆和自己母亲的感人瞬间 2.教师示范朗读,学生听读并圈画出文中触动自己的词句 3.学生自由朗读课文,选择自己喜欢或认为写得最好的段落,交流感受,由此概括出母亲的形象特点 4.学生听读老师写的关于母亲的文章,在歌声中创作关于母亲的文章	朗读法 文本细读法 情景教学法 点拨法 问答法
周洁:《寻求"教"与"学"的最佳契合——以〈回忆我的母亲〉教学为例》,《语文教学之友》,2020年第7期	1.分析母亲的事迹,分析文章的叙事特点 2.分析回忆性散文的共性特点与一般写法 3.分析作者运用质朴语言进行叙事、抒情的表达方式 4.与鲁迅《藤野先生》进行对比阅读	问题讨论法 对比阅读法 合作探究法 点拨法
童国强:《一字未宜忽 语语悟其神——〈回忆我的母亲〉教学设计及思考》,《中学语文教学参考·初中》2020年23期	1.快速默读课文,找出并概括关于母亲的主要事件 2.让学生用"我从文中_____读出母亲具有_____的性格特点,表达了'我'_____的情感"的句式,谈谈对文本的理解 3.圈画能打动人的词句,找出文中所有带有"还"字的语句并进行对比体悟,感受其中所表达的情感,在此基础上按语言表达的效果进行归类 4.有感情地朗读文章最后4个自然段,抓住"竟""再""更加""才""一定"等虚词,体会作者对母亲、对党和人民的深厚情感	文本细读法 合作探究法 朗读法

续表

课例	教学内容	教学方法
陈彦廷:《回忆性散文教学路径的探索——以〈回忆我的母亲〉为例》,《语文教学与研究》,2022年第3期	1.勾画各段提要句,并概括出本文记叙了关于母亲的哪些事例 2.抓住文中不太起眼或反复出现的词,感受母亲的形象 3.让学生开展多形式朗读,体会作者的深情 4.拓展阅读《红星照耀中国》《长征》《伟大的道路》等作品中关于朱德的相关章节,引导学生思考这些相关作品印证了文本中的什么内容,以此体会母亲对朱德的重要影响 5.对比阅读邹韬奋《我的母亲》、老舍《我的母亲》,感受伟大的中国母亲形象	讲授法 文本细读法 对比阅读法 朗读法
贾娅莉:《核心素养背景下语文课教学内容的确定——以〈回忆我的母亲〉为例》,《中华少年》,2019年第28期	1.解决学生的预习困惑后,让学生寻找关键词、句、段,把握行文思路 2.让学生听《回忆我的母亲》朗诵音频文件,并从旁批注完成表格内容,体会作者对母亲的深厚情感 3.让学生思考作者是如何感恩母亲的,体会作者的革命情怀和民族责任感 4.让学生以《母亲,谢谢你》为题写一首小诗,进一步认识作者对母亲的深情	文本细读法 问题讨论法 旁批法
李丝露:《浅析回忆性散文教学——以〈回忆我的母亲〉为例》,《汉字文化》,2020年第16期	1.让学生通读课文,简要概括文中回忆母亲的事迹,概括出母亲的人物特征,理解本文的时间线索 2.品味文章质朴平实的语言,体会作者的深情 3.抓住母亲思想认识发展变化的"内线索",再次感知母亲平凡而又不凡的个人形象和优秀品格,以及她对作者思想产生的巨大影响 4.探讨作者为什么在文末的2个段落中反复述说"我应该感谢母亲" 5.小组合作讨论文中夹叙夹议的写作手法的表达效果 6.对比阅读邹韬奋《我的母亲》与老舍《我的母亲》,探究它们在写作手法、语言风格以及对母亲形象的塑造上有什么不同	合作探究法 问题讨论法 对比阅读法 文本细读法 讲授法

续表

课例	教学内容	教学方法
粟俊:《〈回忆我的母亲〉教学案例分析》,《课外语文》,2019年第24期	1.课堂导入:通过提问《草地晚餐》记叙的人物是谁,引出作者朱德同志及其崇高的品质和革命精神 2.弄清文章的文体特征,使学生具备文体意识 3.让学生快速阅读课文,在把握字音字形的基础上,划分段落层次,小组合作概括文章主要事件和母亲的精神品质,初步体会作者的感情 4.研习课文:介绍回忆录的特点,精要概括各部分大意 5.反复朗读课文,从内容和语言两方面研读3个部分,深入了解作者对母亲的丰富感情 6.回顾全文,归纳整理本文的中心思想,体会本文选材精当、语言朴素、感情真挚的特点	问题讨论法 朗读法 归纳法 文本细读法 合作探究法

(三)教学内容

通过对8篇教学课例进行分析,梳理出了主要教学内容(图3)。

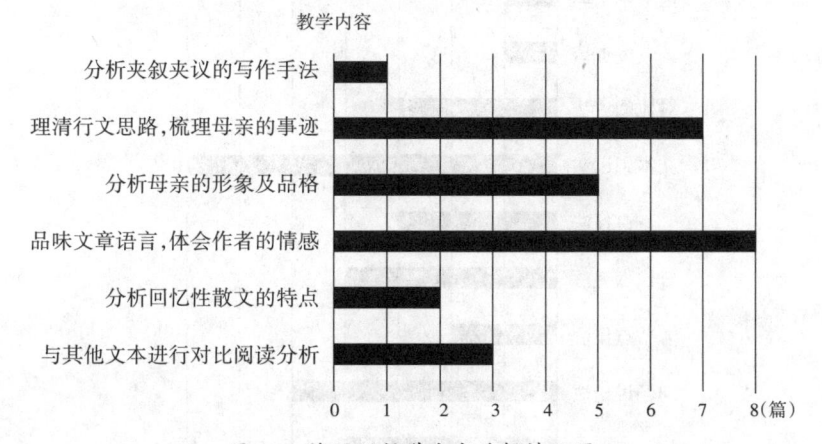

图3 8篇课例教学内容选择情况图

语文课程标准中提出了对阅读的要求:"欣赏文学作品,有自己的情感体验,初步领悟作品的内涵,从中获得对自然、社会、人生的有益启示。能对作品中感人的情境和形象说出自己的体验,品味作品中富于表现力的语言。"[①]《回忆我的母亲》作为一篇回忆性散文,主要叙述了作者对母亲的怀念、感激之情,

---

① 中华人民共和国教育部.义务教育语文课程标准(2022年版)[S].北京:北京师范大学出版社,2022:14.

因此大部分教师以"品味文章语言,体会作者的情感""理清行文思路,梳理母亲事迹""分析母亲的形象及品格"为主要教学内容。少部分教师将"分析回忆性散文的特点"作为主要教学内容,可见目前对文体教学相对欠缺。另外,还有一个教学内容是被大部分教师所忽略的——分析夹叙夹议的写作手法。夹叙夹议的写作手法是《回忆我的母亲》中的重要写作手法,这一点在教学中应该得到重视。

(四)教学方法

通过对表2中8篇课例的教学方法进行梳理,总结出教师使用的教学方法主要有以下几种(图4)。

教学方法

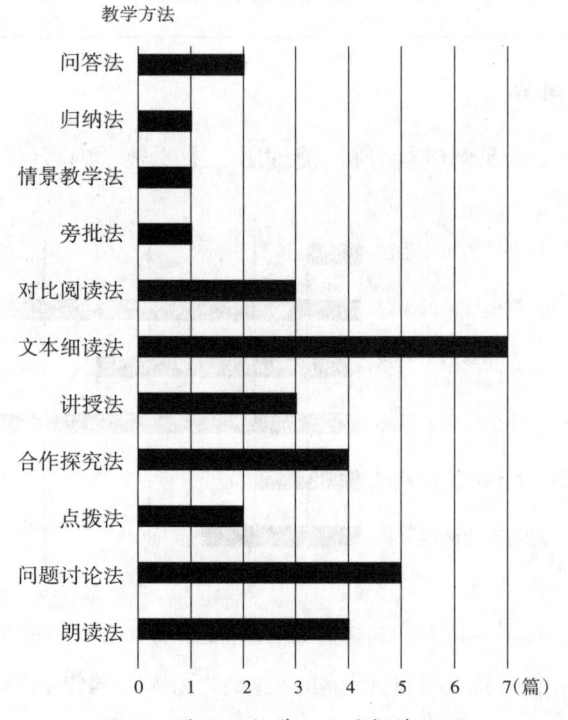

方法	篇数
问答法	2
归纳法	1
情景教学法	1
旁批法	1
对比阅读法	3
文本细读法	7
讲授法	3
合作探究法	4
点拨法	2
问题讨论法	5
朗读法	4

图4 8篇课例教学方法选择情况图

通过对以上8篇课例的分析梳理,我们可以发现大部分教师主要选择了文本细读法、问题讨论法、合作探究法、朗读法、对比阅读法、讲授法这6种方法。其中运用得最多的是文本细读法,少数教师采用了归纳法、旁批法、情景教学法等方法。本篇文章为回忆性散文,回忆性散文的主线是写人、记事、抒情,其中对人物形象及典型事例的展现通常采用细节描写的方式,因此这类文体选择用文本细读的方式来教学是合理的。这篇文章语言平实,学生对基本内容的理解没有问题,更需要把握的是对文本中情感态度的深层次理解。因此,也有不少教师采用了问题讨论法,通过问题讨论引导学生思考及发现问题,进而做出分析总结。另外,在初中语文教学中,表现母爱或者亲情题材的作品有很多,在学习具体作品时需要根据不同文本的特点进行不同的解读,因此也有多位教师在教学过程中采用了对比阅读的方式进行教学。

三、基于课例分析的教学建议

通过对8篇教学课例的梳理,我们可以发现——在《回忆我的母亲》的教学中,大部分教师能够抓住散文教学的基本要素情感来进行教学,也能够结合本课的特点进行文本解读,但每篇课例的教学侧重点各有不同。我们在教学设计上一方面可博采众长,丰富教学,另一方面也要有所取舍,分析独到,才能准确定位,突出重点。

首先是教学目标的确立。从语文核心素养的要求来看,体会作者对母亲的情感应作为本文的教学目标之一。一方面,体会作者对母亲的深情有助于培养学生对中华传统"孝道"的理解和传承,同时分析母亲勤俭坚忍的品格,对学生来说也是一种美德教育;另一方面,在教学时,教师要结合时代背景和作者的成长经历进行教学,把握好"我"的个人成长和"我"的情感态度这一主线。由于作者和母亲身处在特殊的社会环境,结合时代背景进行解读,才能了解这位母亲的平凡与伟大,理解作者的情感——把对母亲的爱升华至对党的爱、对人民的爱,体会作者为民族事业奉献的胸怀和责任感,而作者能有这种责任感无疑是受到了母亲的影响。另外,学习回忆性散文、人物传记的特点也应作为本文的教学目标。语文课程标准要求学生在阅读中"了解叙述、描写、说明、议论、抒情等表达方式"[①]。通过学习《回忆我的母亲》,可触类旁通,由此及彼,帮助学生学习其他回忆性散文篇目。在教学中,也可以采用对比阅读法,将《回

[①] 中华人民共和国教育部. 义务教育语文课程标准(2022年版)[S]. 北京:北京师范大学出版社,2022:14.

忆我的母亲》与其他回忆性散文放在一起进行教学。

其次，教学内容的选择。在《回忆我的母亲》中夹叙夹议的写作手法起到了至关重要的作用，作者对母亲事迹的议论和作者情感态度的表达，使得文章的主题得到了深化，这一写作手法也让读者更加深刻地体会到作者对母亲的真挚情感。夹叙夹议的写作手法是学生在学习这篇散文时必须理解和掌握的内容，也是教师在这篇散文的教学过程中不容忽视的教学内容。《回忆我的母亲》中多处采用了夹叙夹议的写作手法，教师可以结合作者对母亲相关事迹的议论评价和作者情感态度的表达来引导学生体会文本，如："母亲一共生了十三个儿女。因为家境贫穷，无法全部养活，只留下了八个，以后再生下的被迫溺死了。这在母亲心里是多么惨痛悲哀和无可奈何的事情啊！母亲把八个孩子一手养大成人。"作者的这段话有对事实的陈述，也有对事件的评价与看法，夹叙夹议，表现母亲之隐忍坚强。再如："母亲是个好劳动。从我能记忆时起，总是天不亮就起床。全家二十多口人，妇女们轮班煮饭，轮到就煮一年。母亲把饭煮了，还要种田、种菜、喂猪、养蚕、纺棉花。因为她身体高大结实，还能挑水挑粪。"体现了作者对母亲的精当议论，赞母亲之勤劳。作者的这些议论、抒情语言反映了母亲事迹对作者个人成长的影响。对于这方面的内容，教师可以组织学生进行小组讨论，找出文中作者对母亲议论和抒情的句子，小组之间进行交流，谈谈夹叙夹议写作手法的表达效果。对于夹叙夹议写作手法的教学，教师须予以重视，这一写作手法的教学不仅能使学生更加深刻地体会作者的情感，还能让学生将这种写作手法运用到写作之中，提高写作水平。

最后，教学方法的选择。回忆性散文的教学，如果只是采用传统划分段落找中心的方式，或者仅通过阅读概括事迹，那么，教学方法都相对较单一和乏味，不利于展现学生的主体性和拓宽学生思路，很容易陷入按部就班的教学泥潭，学生无法真正感受到文字背后潜藏的深意。教师采取丰富灵活的教学方法，对学生理解质朴的文字背后的情感会有很大帮助。语文课程标准指出，要"鼓励学生自由表达、充分表达"[①]。不少教师采用讲授法与讨论法或合作探究法相结合的教学方法。通过小组合作探究、课堂自由讨论等方式，能更好地发

---

① 中华人民共和国教育部.义务教育语文课程标准（2022年版）[S].北京:北京师范大学出版社,2022:31.

挥学生的主观能动性,促使他们对课文形成自己的理解。但探讨的过程中也需要教师有一定的课堂把控能力,过于依赖问题讨论法或合作探究法也存在一定弊端,学生可能没法系统地串联知识点或者系统地做出总结,所以也需要教师发挥讲授法的作用,进行适当的点拨,使这几种教学方法能够互相补充。此外,回忆性散文往往通过几件典型的事件展现人物形象,表达情感。对于人、事、情的梳理,教师在授课中可以选择演绎法,也可以选择归纳法。笔者认为,合作探究法与归纳法结合更利于教学创新及发挥学生的主体作用。

让学生对典型事件、典型形象、表达的情感展开讨论,教师可以对讨论情况或者发言进行点评、梳理,与学生一起归纳出回忆性散文的一般写法及特点,总结作者本人的情感态度。在学生讨论的过程中,要对学生讨论的不足之处进行补充说明,发挥教师的主体作用。但这个方法很容易形成教师的一言堂,使学生讨论出来的结果形同虚设,所以归纳总结时,教师一定不能自说自话,回避学生讨论探究出来的成果。

在胡适《我的母亲》、邹韬奋《我的母亲》、老舍《我的母亲》、梁晓声《慈母情深》等作品中都讨论了母亲的形象,但其情感内涵、言说方式并不完全一样,值得我们去对比分析。这种教学方法,对教师和学生都有很高的要求,教师要有进行群文阅读教学的能力,学生则需要有较高的文学素养。在授课时,既要注意文本间的相同之处,也要区分文本间的不同之处,需要注意细节。对几篇描写"母亲"的文章进行对比阅读,可以让学生感受到纯真的母爱亲情,丰富精神世界,做一个有爱之人,达成文本学习的情感目标,还能在学习的过程中揭示各个文本的独特特征。汲安庆教授曾提出,语文教学在"味"和"悟"之后,需要返回到"观"的层面,即回到形式上,才能更好地"走向言语表现与存在"[1],"这才是语文的独任、大任,捍卫语文体性的必由之径,也是语文教育至高、永恒的追求"[2]。这种方法对扩大学生的阅读面和加深文本理解具有重要作用。

最后,文本细读法对回忆性散文的教学也有很重要的作用,细节描写是回忆性散文很重要的一个特征。通过文本细读,可引导学生关注细节,加深对文

---

[1] 汲安庆.如何个性化深度解读文本[J].中学语文教学,2017(9):44.
[2] 汲安庆.让学生层面的课程知识轻舞飞扬——童志斌《项脊轩志》教学实录评析[J].中学语文,2017(13):60.

章情感表达的理解。

综上所述，《回忆我的母亲》的教学，教师应该先让学生在朗读、细读的过程中去体味作者在文中蕴含的真挚情感，感受到作者所表达的对母亲的深切怀念和感激之情。在教学过程中教师可以采取对比阅读的方法引导学生进一步理解作者所表达的情感，但在教学目标的设定上应该以理解作者本人的情感态度为主。其他的教学目标，例如，对母亲人物品质的分析、学习回忆性散文的特点等都是为理解作者所表达的情感这个主要教学目标而服务的。同时，教师应对夹叙夹议写作手法予以相对的重视。夹叙夹议写作手法的教学不仅能使学生更加深刻地体会到作者的情感，还能引导学生学会运用，提高作文写作水平。所以教师对《回忆我的母亲》的教学，应是一个不断引导学生去领悟及体会作者情感的过程，让学生去逐步感悟，还要兼顾和发掘其教育层面的价值和意义，可以使学生学习母亲勤劳俭朴、艰苦奋斗的优秀品质，这让教学不仅仅是停留在对课本的学习上，还能帮助学生在精神方面有所成长与进步。

四、教学设计参考

教学目标：

1.品味文章语言，通过抓关键段、关键词的方法，理清文章思路。

2.概括文中的母亲形象，学习母亲的优秀品质，体会母亲对作者的影响，理解作者对母亲的感情态度以及作者对家国感情的升华。

3.学习回忆性散文的特点，了解人物传记的写法。

教学重点：

1.梳理母亲生前相关事迹及作者对母亲的评价，概括母亲的优秀品质，体会作者对母亲的深厚情感。

2.结合时代背景与写作背景，理解作者的情感态度——把对母亲的爱升华至对党的爱、对人民的爱，体会作者为民族事业奉献的胸怀和责任感。

教学难点：

结合背景资料，理解母亲对作者的影响及作者对母亲的感情。引导学生结合自身经历,体会文章中的"爱"与责任。

教学方法:

朗读法、问答法、文本细读法、情景教学法、点拨法。

教学课时:

1课时。

教学过程:

一、指导预习

1.要求学生反复阅读全文,弄清字词的音、形、义。

2.阅读朱德及母亲的相关背景资料,了解创作背景。

(设计意图:对八年级的学生来说,这篇文章相对较长,理清文章思路、梳理事件还是要花点儿时间,因此指导学生提前预习阅读,了解相关背景资料非常重要。)

二、课堂导入

老师提问:"通过预习和导读,我们对作者及其母亲有了一定的了解,那么请同学们思考并回答:这是怎样的一位母亲,能让全党上下对她进行公祭?"

三、初读文本,梳理大纲

学习活动一:学生通读全文并回答:这位母亲有怎样的品质,有何值得记述的事迹?

请学生勾画出文中关键句,根据这些内容,概括梳理出文中记述了关于母亲的哪些主要事件。

(设计意图:由教师和学生共同总结、点评,了解回忆性散文写人、记事的特点。通过对文本大纲的梳理,了解文章的记叙顺序。)

四、细读文本,体会感情

(一)学习活动二

1.文中两处提到"我应该感谢母亲",学生讨论作者为何做此阐述。

2.概括文章各部分大意,理解作者对母亲丰富而深厚的情感。

(设计意图:①让学生体会作者对母亲去世的遗憾与悲痛,感受作者对母亲的深厚感情。②透过作者的经历及文本内容,使学生了解母亲对作者生活、学习、事业的支持,理解这位母亲的伟大,同时了解作者为祖国、为党、为人民尽忠的情怀。③由写人、记事、抒情三方面的内容,归纳出回忆性散文、传记的一般写法。)

(二)学习活动三

抓住文章中反复出现的一个副词——"还",再次感受母亲形象。可以把"还"字去掉,然后阅读比较一下不同的表达效果。

例如:

"母亲把饭煮了,(还)要种田、种菜、喂猪、养蚕、纺棉花。"

"虽然自己不富裕,(还)周济和照顾比自己更穷的亲戚。"

"我母亲对我这一举动不但不反对,(还)给我许多慰勉。"

(设计意图:文中多处使用了"还"字,但学生不一定能关注到。这一"还"字含义非常丰富,使母亲的形象更加生动,可作为关键词进行讨论。)

五、再读课文,体味特色

(一)学习活动四

学生进行小组讨论,找出文中哪些是作者对母亲客观描写的内容,哪些是作者对母亲议论和抒情的内容。

例如:"母亲一共生了十三个儿女。因为家境贫穷,无法全部养活,只留下了八个,以后再生下的被迫溺死了。这在母亲心里是多么惨痛悲哀和无可奈何的事情啊!母亲把八个孩子一手养大成人。"作者通过夹叙夹议的方法来赞美母亲的坚强。

(设计意图:让学生通过讨论了解夹叙夹议写作手法的表达效果,总结回忆性散文、传记"真实事件+主观情感"这一特点,发现文中母亲生平和"我"的情感态度2条主线。同时通过作者主观情感的表达,理解作者家国情感的升华。)

(二)学习活动五

通过品读课文,再次体味文章的语言特色。结合背景,总结作者为何要使用这一朴实的语言风格表达情感。

板书设计：

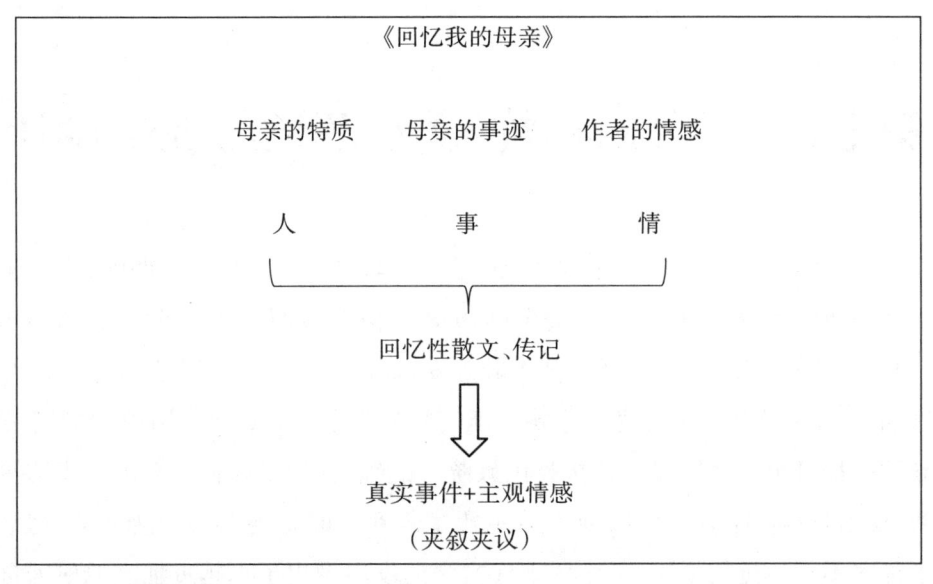

```
              《回忆我的母亲》

    母亲的特质      母亲的事迹      作者的情感

        人              事              情
        └──────────────┬──────────────┘
                       │
                回忆性散文、传记
                       │
                       ▼
                真实事件+主观情感
                    （夹叙夹议）
```

六、布置课后作业

阅读课外篇目：胡适《我的母亲》、邹韬奋《我的母亲》、老舍《我的母亲》、梁晓声《慈母情深》。感悟这几篇文章中所展现的"母亲"形象及"母爱亲情"有何不同。

（撰稿人：赣南师范大学文学院，刘家秀博士）

第七课 《白杨礼赞》文本解读与教学设计

《白杨礼赞》是茅盾先生的作品,写于1941年3月抗日战争期间,发表于《文艺阵地》第6卷第3期。茅盾先生自1938年年底开始了他的西北之行,1939年3月到达新疆,次年4月又从新疆奔赴延安,而后10月又从延安前往重庆。在这期间,作者亲历了西北尤其是陕北延安的革命斗争生活,看到中国共产党领导下的抗日根据地军民坚持抗日民族统一战线,在异常艰苦的环境下团结一致,反击日本侵略者,思想受到极大的震撼。到了重庆,他以纸笔为武器,写下了许多不朽的抗战檄文,为中国现代文学的发展做出了卓越贡献。他根据自己两年西北之行的所见所闻写成的散文《白杨礼赞》便是其中之一。作者借这篇文章,抒发了对坚持抗战的北方军民的崇敬赞美之情。这篇短短一千来字的散文,开启了一种新的写作范式,是中国现代散文的转折,[①]在中国现代散文史上具有重要的历史意义。文章一经发表,便极大地鼓舞了全国人民共同抗日的战斗意志。

本文以部编版初中语文教材八年级上册第四单元收录的课文《白杨礼赞》为基础进行文本解读与教学设计。

一、教学文本解读

(一)主题分析

文本解读不应脱离作者生平经历与创作环境。茅盾于1921年参与发起文学研究会,同年加入了中国共产党,1930年加入左翼作家联盟。可以说,茅盾的文学创作和研究一直是与社会工作紧密联系的,他真正践行了文学"为人

---

① 吕东亮.《白杨礼赞》与中国现代抒情散文的转折[J].延安大学学报(社会科学版),2007(1):36.

生"的主张。茅盾"行文每不忘社会",他的各类作品,从文学批评、小说到散文,"未尝为要创作而创作","文学的社会意义"始终是他一切创作的核心。①有了这一认识,也就有了对其代表性作品《白杨礼赞》进行文本解读的逻辑起点。

1938年12月茅盾应邀前往新疆,途经昆明、兰州,于1939年3月到达了新疆乌鲁木齐,开始在新疆学院任教并开展了一系列进步文化活动。1940年5月,新疆形势恶化后,他又辗转去了延安,在那里生活了5个月,之后离开延安到达重庆。两年的西北之行,带给作者"发现的喜悦"②。西北地区在解放前,自然条件十分恶劣,人民生活非常困难,在当时国人的认知中存在感极低,被认为是文化的荒漠。而中国共产党却在那里开辟了革命根据地,开展了轰轰烈烈的革命斗争和生产建设活动。西北之行让茅盾见识了新奇的风物,这在他的《见闻杂记》中多有记录,也让他收获了一段重要而特殊的生活经历。③"生活视野的转变促使他有了全新的审美经验"④,为他的文学创作带来写作手法和思想艺术风貌的变化。其后创作的《风景谈》《白杨礼赞》《新疆风土杂忆》等作品,均体现出散文创作的日渐成熟,不再像以往的作品一样有着迷茫、忧郁、感伤情思和偏狭窄的格局。⑤

《白杨礼赞》写于抗日战争艰苦的相持阶段。当时的国际形势不容乐观,1940年9月,德、意、日正式结成了同盟,法西斯势力非常猖獗。德、意在欧洲战场的胜利和英美在东方的妥协,助长了日本侵略者的嚣张气焰,他们妄想迅速解决"中国事变"问题,以抽身往南扩张。日本针对国民党政府,采取了军事威逼加诱降的政策,在发动枣(阳)宜(昌)等战役的同时,还实施了所谓的"桐工作"计划。他们调整战略,开始主要进攻中国共产党领导的人民军队,对抗日根据地进行"扫荡"和封锁,妄图消灭敌后抗日力量。在这样的国际国内背

---

① 周耀,舒可瑜.行文每不忘社会——从《冬天》《白杨礼赞》谈茅盾的散文风格[J].名作欣赏,2019(14):95.

② 吕东亮.《白杨礼赞》与中国现代抒情散文的转折[J].延安大学学报(社会科学版),2007(1):36.

③ 李继凯,胡冬汶.文学地理视域中的"西北书写"——以茅盾《新疆风土杂忆》《白杨礼赞》为中心[J].中国现代文学论丛,2020(1):26-35.

④ 郑亚捷.抗战时期茅盾对新疆文艺发展的意见[J].中国现代文学研究丛刊,2012(5):149.

⑤ 李继凯,胡冬汶.文学地理视域中的"西北书写"——以茅盾《新疆风土杂忆》《白杨礼赞》为中心[J].中国现代文学论丛,2020(1):26-35.

景下,国民党统治集团充满了各种动摇、倒退、投降和分裂活动。1941年1月,国民党悍然发动了震惊中外的皖南事变,在政治上对共产党进行污蔑,对进步人士进行迫害。在这种形势下,中国共产党迫切需要向全体国民发出自己的声音,国家和民族迫切需要一种凝聚人心与意志的力量。作者从抗日根据地人民的身上,看到了不屈不挠的斗争精神,看到了中华民族的光明前途,精神为之一振,他创作发表的《白杨礼赞》顺应了时代需求,促成了这股强大的民族凝聚力。①

《白杨礼赞》迎来了新的文学和美学的象征,带来了中国现代抒情散文的崭新面貌。作者在文中托物言志,以树写人,巧妙地运用白杨树的形象,热情歌颂了北方的农民和敌后守卫家乡的哨兵,歌颂了当时在华北平原纵横决荡的抗日将士,歌颂了民族解放斗争中的朴质、坚强、力求上进的精神。但《白杨礼赞》的写作目的不仅于此。透过前面这几种在文章中可以直接体会到的毫无掩饰的情感,并结合当时国际国内形势和作者的创作风格,我们可以更进一步领悟到作者创作的深层主旨:歌颂中国共产党。在抗日战争期间,歌颂抗战的农民或军队,都没有必要采用隐晦的象征手法,而要歌颂共产党,就非要用象征手法不可。②这是因为《白杨礼赞》发表于重庆——国民党政府战时的陪都,而在当时的中国,除了在重庆的国民党政权,还有一个在延安的农民政权,作者在文中不能直接说"北方的农民政权",而只能说"北方的农民",更不能直接歌颂中国共产党,而只能说"在华北平原纵横决荡,用血写出新中国历史的那种精神和意志"。《白杨礼赞》以其高昂的气势,热情地歌颂了中国共产党及其领导下的抗日军民,赞美他们为了民族解放,不屈不挠、英勇奋战的崇高革命精神。

(二)艺术特色

中国现代散文中,"礼赞"体并不多见。《白杨礼赞》的作者茅盾先生走出了自我,被白杨树完全征服,通过白杨树尽情地讴歌北方抗日军民的精神意志。《白杨礼赞》不像以往的散文,带有孤芳自赏的气质,相反它格局恢宏远大,情

---

① 祝荣泉.形神兼备以象征——《白杨礼赞》难点解析[J].初中生世界(八年级),2014(3):16,13.

② 姜维耀.《白杨礼赞》的主题究竟是什么[J].南都学坛,1988(3):110.

感真诚炽烈，充满磅礴之气，令人昂扬向上，颂扬了激荡在祖国大地的民族正气与抗敌御侮的时代精神。从艺术审美、社会影响等多角度来看，这篇散文都极具价值，深受读者欢迎，成为脍炙人口的经典名篇。笔者将分别从其行文结构、象征手法、托物言志等5个方面，分析文章的艺术特色。

1. 行文结构

《白杨礼赞》作为一篇成功的散文，在结构上做到了"形散而神不散"。茅盾选取了西北地区极为普通的白杨树作为题材，体现了选材自由的"形散"；而文中表达的中心思想却十分明确集中，因而全文可以围绕白杨而展开，"结构严谨完整，线索清晰明朗"[①]，即所谓的"神不散"。在行文上，文章采用了首尾呼应的写作方式。"白杨树实在是不平凡的，我赞美白杨树！"开门见山地点题，把白杨树这一意象推进读者的视野，直接突出白杨树的形象和作者对白杨树的赞美，但此时它是单薄的、抽象的，无法激起读者内心的共鸣。到了文章结尾处，作者再一次用"我要高声赞美白杨树"来加深情感的表达，加深读者对白杨树的印象。这种直抒胸臆、毫不掩饰的写法，正体现了一种新的散文抒情方式的成型。

在开篇点题后，作者并没有直接承继上文开始描绘白杨树，而是将镜头转向了一眼望不到边际的黄土高原。这是一幅辽阔的高原图景，像"黄绿错综的一条大毯子"。读者这时会被黄土高原背景的"雄壮"与"伟大"吸引，但很快也会感到"倦怠"和"单调"。使用"倦怠""单调"这样的词语来形容精心描画的背景，表面看似在贬抑，实则体现了作者的别出心裁，这便是先抑后扬、欲擒故纵的手法。当作者用文字进行描摹，慢镜头一般对汽车窗外的风景进行摄录时，读者也可以从字里行间感受到同样的运镜效果。这些是否与赞美白杨树的主题离得太远了呢？全然不是。《白杨礼赞》的行文布局是根据白杨树的"不平凡"展开的。白杨树有着特殊的生长环境，"无边无垠，坦荡如砥"的黄土高原上，黄绿交错，黄的是"黄土高原的外壳"，而绿的是"麦田"，是在黄土高原上人类战胜自然力的有力见证。作者通过描写白杨树生长环境的恶劣，为下文正式描写白杨树，突出白杨树的"不平凡"打下了基础。

---

① 胡春艳.精湛的写作技艺 独特的审美价值——读茅盾的《白杨礼赞》[J].语文天地，2021(11)：15.

接着，在作者镜头中突然出现了"一排"或"三五株""一株"傲然耸立的白杨树，顿时让人"惊奇地叫了一声！"。可见，前面黄土高原远景镜头的缓慢运镜，是为后面白杨树近景特写做形式上的铺垫、感情上的蓄势。这种转变同时又可以在上下文中形成强烈的对比，就好比将强光打到了白杨树上，使白杨树从"单调"的背景中清晰地突出，形象更为立体与鲜明。随着汽车的行驶，由远景切换到近景，由总体画面切换到局部画面。总体画面使用粗线条进行勾勒，并用大块的颜色进行涂抹，确定了背景和框架，而局部画面则是用工笔进行细致描画、精雕细刻，填充了内容和主题。①作者通过文字描摹，成功地将读者的注意力牢牢抓住，并紧随画面移动，实现与画面内容的良性互动，圆满地达成了预设的创作目标。

而后作者通过对白杨树的近景特写，使其外形与精神都得到了充分的展现。作者先对白杨树的外貌形象进行细致刻画，用来形容白杨树的词语如"力争上游"充满了人格化，而后使用"笔直的干，笔直的枝"，干"一丈以内绝无旁枝"，枝"一律向上，而且紧紧靠拢"，叶"片片向上"，皮"光滑而有银色的晕圈"等描写，准确抓住白杨树形象的特点。在此过程中，作者还巧妙地运用了重复的手法，使白杨树给人留下更为深刻的印象。接下来，写树干、树枝、树叶、颜色、风采，引导读者随着文字的镜头，由下而上，最终仰视白杨树，突显其高大的形象。整个过程既有实写，又有虚写，仿佛一幅画卷，既有精细的笔触描摹，又有大片的留白，赋予读者丰富的联想与想象空间。"它的皮光滑而有银色的晕圈，微微泛出淡青色"，这正是白杨树强大生命力的体现。对白杨树具体的形态描写到此为止，后续文字开始基于这种描写进行情感上的升华。这种处理方式，正好为读者提供理解白杨树象征意义的机会，让我们能透过文字对白杨树所体现的民族精神与时代精神有更深的感触。如果对外形、外观的描写更细致一些，不留一丝联想和想象的空间，难免会有"只见树木，不见森林"之嫌。

"没有婆娑的姿态，没有屈曲盘旋的虬枝"，这并不符合一般意义上对婀娜多姿的"好女子"般"美"的定义，但是作者却用"伟丈夫"来重新定义了白杨树的品质：伟岸、正直、朴质、严肃、温和、坚强不屈、挺拔。"当你在积雪初融的高原上走过，看见平坦的大地上傲然挺立这么一株或一排白杨树，难道你就觉得

---

① 韩仲谦.《白杨礼赞》的认知解读[J].宿州学院学报，2008(1)：63-67.

它只是树？难道你就不想到它的朴质，严肃，坚强不屈，至少也象征了北方的农民？难道你竟一点也不联想到，在敌后的广大土地上，到处有坚强不屈，就像这白杨树一样傲然挺立的守卫他们家乡的哨兵？难道你又不更远一点想到，这样枝枝叶叶靠紧团结，力求上进的白杨树，宛然象征了今天在华北平原纵横决荡，用血写出新中国历史的那种精神和意志？"在这里，作者连用了4个反问，构成排比，语调铿锵有力，将读者的注意力从礼赞白杨引向更加恢宏远大、更加激动人心的现实中。到这里，读者也会豁然开朗，原来作者礼赞白杨，就是为了礼赞北方的农民，敌后抗日的军民，以及在民族危难时刻浴血奋战的中华儿女。有研究者对这里的"4个反问排比句"的说法有不同理解，认为仅将这一句群的修辞理解为"排比"和"反问"失之偏颇，建议将其看作层递、排比和错综之兼用，兼用之中又套用着反问，而不是排比与反问的连用，①也有道理。在内容上，句子间层层深化，形成层递；在结构上，形式整列，节奏鲜明，形成排比；在语气上，以否定表肯定，反诘强调，形成反问；而从话语的组织方式来看，长短变化，错落有致。

在倒数第2段，作者还补充了白杨树为什么与北方农民相似，其一是"在西北极普遍，不被人重视"，其二是"有极强的生命力，磨折不了，压迫不倒"，这是当时抗战中的中华民族最需要的品质。随后作者基于白杨树独特的内在品质，直抒胸臆道："我赞美白杨树，就因为它不但象征了北方的农民，尤其象征了今天我们民族解放斗争中所不可缺的朴质、坚强、力求上进的精神。"经过这样的表达，文章的内容实现了由表及里，由浅入深的升华，在行文过程中对"平凡"的白杨树"不平凡"之处的不断突显，最终也得到了和谐统一。平凡而伟大，朴质而坚强不屈，这就是作者要赞美的白杨树的特质，也是当时中国最需要的精神。

最后文章结尾处，作者爱憎分明地表达了对"极常见，极易生长的白杨"的赞美，以及对"贵族化的楠木"的鄙视。"白杨"和"楠木"代表了当时国内两种不同的价值取向，一种是"看不起民众、贱视民众、顽固的、倒退的"，另一种是"朴质、坚强、力求上进的"。这里隐含了作者对国民党顽固派的投降主义、分裂主

---

① 张建民.朝东而望　不见西墙——对新人教版教参关于《白杨礼赞》中一处修辞技巧评价的再批评[J].修辞学习，2001(6)：37.

义、倒行逆施的无情针砭。正如茅盾在《创作的准备》中所说:"一位作家应当而且必须用他的作品来批评社会,来憎恨那应当憎恨的,拥护那应当拥护的,赞颂那值得赞颂的。"①《白杨礼赞》体现了作者对坚持抗战的中国共产党及其领导下的抗日军民的热烈拥护和赞颂,以及对"看不起民众,贱视民众"的国民党顽固势力的鄙视与嘲讽。这就是整篇文章流露的真情实感。

2.象征手法

《白杨礼赞》之所以能在形、情、礼三方面高度统一,是因为合理运用了大量的象征手法。②象征手法是文学创作的基本艺术手法之一,将作家想表达而不愿或不能直接表达的思想、情感,通过寄托在某一事物上,进而传达给读者,刺激读者通过展开丰富的联想来挖掘文章的思想感情内涵,从而增强文章的表达深度。"象征物与被象征物之间,必须同时具备表象和内在神韵上的相似或相关"③,即"借助某一具体事物或形象来表达某种意义,这一意义并不是事物本身所具有的,而是作者借此事物所做的联想与寄托"④。因此,使用象征手法时往往需要先对事物进行细致的描绘,充分展现突出其相关联意义上的特点,为象征意义的表达做好充分的铺垫准备。

要理解《白杨礼赞》中白杨树的象征意义,需要同时从形、神两方面进行分析。在外在属性,即"形"的方面,作者为了表现白杨树的象征意义,用了大量的段落对白杨树的生存环境和外形进行描绘。首先描述了"望不到边际"、"雄壮"而"伟大"的黄土高原,虽然白杨树还没有"出场",但通过铺垫先声夺人,让读者不禁思考:在这样原始而粗犷的生存环境下成长起来的生命,会是"平凡"的吗?随后,"傲然地耸立,像哨兵似的"白杨树闯入了读者的视野,令人精神为之一振,惊喜和赞美之情也洋溢其间。在当时抗战背景下,国民党顽固派不仅消极抗日,更是处处将斗争的矛头指向抗日根据地。文中的这种写法,表面上写的是白杨树让人精神振奋,实际上写的是西北军民团结一心保卫家园的精神意志让人精神振奋。白杨树"笔直的干,笔直的枝","丫枝一律向上,紧紧靠拢",这样的外形特征体现出它"倔强挺立""不折不挠"的内在品质,从而进

---

① 吴登植.《白杨礼赞》浅说[J].北京师范大学学报(社会科学版),1978(2):62.
② 李环宇.《白杨礼赞》中象征手法的运用研究[J].语文建设,2018(14):43-45.
③ 祝荣泉.形神兼备以象征——《白杨礼赞》难点解析[J].初中生世界(八年级),2014(3):16.
④ 刘伟文.浅谈《白杨礼赞》同课异构的启示[J].读与写杂志(教育教学刊),2019(2):61.

一步象征在这片土地上团结一心、不屈不挠，抗击日本侵略者、保卫美好家园的精神和意志。正是采用了象征手法，才有可能将代表北方的农民、守卫家乡的哨兵等人物和坚强不屈的民族精神这种内在而抽象的"神"，都转化为直观生动的"普通而不平凡"的白杨树形象，揭示出"礼赞"的真正对象和文章的主旨。

运用象征时，象征物与被象征物之间需要有明确的线索，使读者能够领会到二者之间的差异和联系。从常理上来讲，白杨树并不是西北地区唯一的树，为什么作者要选用它来作为象征物呢？西北地区与东南地区具有明显不同的自然地理景观，白杨树是当地人活动存在的印证，是西北的环境标志。白杨树在长期的自然进化过程中，具备了适应该生存环境的形态特征，它那笔直的干、笔直的枝，就是在与西北恶劣环境的长期对抗中形成的。白杨树是在西北极普通、普遍存在又不受重视的树，在恶劣的自然环境中它们顽强地生存着，具有极强的生命力。作者凭借自己敏锐的艺术发现力，捕捉到了与自己想要表达的思想感情相吻合的西北形象代表——白杨树。用白杨树来象征在中国共产党领导下的北方军民也相当水到渠成，因为他们也非常质朴、平凡，却具有像白杨树一般百折不挠的强大生命力和不畏艰险、坚持斗争的精神。象征手法的运用，使抽象的思想和情感得以用具体的物质进行表达，化无形为有形，令读者印象深刻，回味无穷。

《白杨礼赞》这篇散文为什么必须用象征呢？前文提及，用象征的缘由，一定是存在想说而不愿或不能直说的思想、情感，需要找到另一种具有一定关联的事物，以一种曲折而合理的方式进行表达。我们回到作品的创作背景。作者虽然深受解放区军民朴实正直的品质和艰苦抗战的顽强斗争精神鼓舞，想热情洋溢地赞美在中国共产党领导下团结一致抗日的英雄们，但是在当时的社会环境下，国民党统治区没有言论自由，想让作品得到发表，只能委婉曲折地表达，因此作者不得不选用象征，用"礼赞白杨"来表达对北方抗日军民的讴歌。①因为使用了象征，读到此文的人，自然能够随着作者的思路，将白杨树的优秀品质直接与北方团结抗日的军民联系起来，将对白杨树的赞美之情与对一致抗日英勇斗争的赞美之情联系起来。象征手法既在一定程度上规避了发

---

① 王阳松.《白杨礼赞》试析[J].安徽师大学报(哲学社会科学版),1977(4):101.

表的风险,又能通过一定的技巧使读者的理解与作者的初衷更近一步。

要理解《白杨礼赞》中的象征,还有一个问题不能绕开,即为什么作者选择了使用象征手法,到后面却又毫不含蓄,甚至强烈大胆直白地赞美了抗日军民。从象征的运用技巧上来说,并没有说象征就一定要含蓄。象征的要点是用具体的事物表现某种抽象意义或某种不便表达的含蓄而深刻的意义从而产生"由此及彼"的联想或暗示,在散文中象征手法主要由本体、象征体和象征义3个部分组成。本体是文章大力描述刻画的对象,象征体大多数指某人或某类人,象征义则是需要读者体会领悟的思想、精神。本体、象征体和象征义之间具有相似性。只要具有这些要素,便是象征手法。如《白杨礼赞》中本体是"白杨树",象征体是"农民""哨兵",而象征义为"团结一致、坚强不屈的保家卫国书写新中国历史的精神和意志",这样的象征手法非常直白,象征义可以在文中直接体现,不需要读者过于费心去推敲。"随着文势的发展,茅盾抛开了象征,直接点出抒情对象,更强烈地礼赞抗日军民。"[①]这正是《白杨礼赞》在象征手法的运用上跟典型的象征性散文写法的不同之处。

3.托物言志

托物言志是我国散文的"优良传统",自古以来便有"诗言志""文以载道"的提法。从刘禹锡的《陋室铭》到李乐薇的《我的空中楼阁》,从周敦颐的《爱莲说》到宗璞的《紫藤萝瀑布》,托物言志成就了多姿多彩的散文艺术世界。"志"是文学作品的内在核心要素,是作者欲通过作品传达的意义、思想感情或主题。在《白杨礼赞》中,茅盾先生遵循"言志"的传统,在那个战火纷飞、政局动荡的时代,勇敢地扛起了大旗。作者借助白杨树这一"物",表达了对北方军民团结一致抗日的讴歌赞美,对全民抗日抵御外侮的精神和意志的呼唤之"志"。正因为文学界有茅盾这样的脊梁存在,民族精神才得以传承,中国人民才得以最终战胜外敌,走上独立自强之路。

研读《白杨礼赞》这类托物言志的散文,需要厘清作者、"志"、"物"三方的关系。考察作者与"志"的关系,即作者是如何表达这种"志"的,把握作者感情引入的手段。在文中作者花了大量篇幅细致地刻画白杨树的形象和生存环

[①] 吕东亮.《白杨礼赞》与中国现代抒情散文的转折[J].延安大学学报(社会科学版),2007(1):38.

境,从而为后面直接表达全文的思想主旨埋下伏笔。"雄壮""伟大"却又"单调"得令人感到有点儿倦怠的黄土高原上,出现令人可以"惊奇地叫了一声"的白杨树,它们"傲然地耸立""力争上游""紧紧靠拢""倔强挺立",在西北的风雪压迫下是如此的"不平凡"。表面上作者在对白杨树进行形态的描写,实际上在用词过程中都加入了自己的情感,为白杨树赋予了人格。每一处对白杨树的描写作者都竭力运用褒奖之词正面赞美,同时又不忘使用"绝无旁枝""绝不旁逸斜出""几乎没有斜生的,更不用说倒垂了"等对比词句,侧面烘托、勾勒出白杨树与其他树的不同之处,在不经意间表明了作者爱憎分明的态度:如果说作者赞美白杨树,就是歌颂团结一致不屈不挠的抗日斗争精神,那么这些否定性的用词,则表明了作者与顽固倒退、暗中破坏抗日民族统一战线的敌对分子的唾弃。

从作者之"志"与所托之"物"的关系来看,需重点理解"物"与"志"之间的延伸关系。白杨树作为一种现实的树,落叶乔木,稍耐盐碱,根系发达,生长较快,树干高大挺直,抗风抗寒。这是白杨树在进化历程中形成的生物特性。为了适应西北的地理环境,白杨树的树枝更加靠拢,可以减少树冠部分的重量和迎风面积。在自然条件下,因分蘖较快,一株白杨往往会长成一大片的白杨林。成林生长,罕见单株,这样可以抵抗西北的风沙和干旱,更易于植株存活。作者并没有直白地叙写这些白杨树的生物特性,而是发挥自己深刻的观察力,结合文学创作的敏感,有针对性地对白杨树的形神特征、生存环境进行描绘,负载了自己的感情,读者只能顺着作者对"物"的准确把握,方可理解作者之志。白杨树的"笔直",体现了一种不屈服的抗争精神;白杨树的"枝枝叶叶靠紧团结",表达了作者对民族团结抵御外侮的讴歌。很难想象如果不在白杨树的客观特征上进行提取、延伸,如何表达作者之"志"。

从作者与所托之"物"的关系来看,审美视角存在着"有我"和"无我"的差异,"有我"存在强烈的主观色彩,将"我"融入对"物"的刻画描述中,而"无我"则相对客观,采用白描的手法来创设意境。《白杨礼赞》中的视角无疑是"有我"的,且不说前期在描写白杨树的生存环境时,读者需要紧跟作者的语言镜头,能看到什么——是整体缩略图还是细节特写,以一种什么顺序看——先远景后近景,从下往上,由平视变仰视,这些都是作者之"我"存在的明显标识。除

此之外,作者之"我"的主观态度一直在引导着读者,人格化的用词,描写过程中穿插强烈的对比,感情激烈时直接用上"伟丈夫"这样的词语。对竭力呼唤抗日民族统一战线、坚持抗日的茅盾先生来说,通过强烈的主观情感唤醒民众才是目的,若使用冷静客观的白描手法效果将大打折扣。

　　托物言志的文章,多喜欢卒章显志,但《白杨礼赞》没有严格遵循这样的套路。行文到了第7自然段,作者就已经将白杨树能够引起的情思逐一点破,"它的朴质,严肃,坚强不屈","象征了北方的农民";它们傲然挺立的姿态,坚强不屈的精神,是我们"敌后的广大土地上"守卫家乡的哨兵;白杨树的"枝枝叶叶靠紧团结,力求上进",就是中华民族团结一心抗击侵略者,决不屈服的精神和意志。作者的托物言志,有扬有弃,于黑暗之中给人以希望。后面的第8、第9自然段,作者反复显"志",再三强调了白杨精神的崇高与可贵,对比之下,顽固倒退的官僚资本阶级,因一己之私,行消极抵抗、积极投降之实,不顾民族大义,不顾人民大众的死活,自诩为贵族,实为民族败类,为作者所不齿。这种对比,像一把利刃,插入敌人的胸膛。

　　在《白杨礼赞》中,作者同时运用了象征和托物言志的手法。象征与托物言志都是借助具体的事物表达抽象的事物,具有"言在此而意在彼"的共同特征,但二者是不同的。象征是根据事物间的某种联系,借助一定的象征物,表现某种抽象的概念、思想和精神等象征义的手法,可以运用于除散文外的诸多文体中,如诗歌、小说、戏剧、绘画、舞蹈等。象征既可以在通篇使用,也可以只在某些片段中使用。如鲁迅的《药》对夏瑜坟头花圈的描写,便是用了象征的手法表达革命后继有人的思想信念。而托物言志是一种整体的艺术构思手法,在概念上与象征不在同一层级,多适用于抒情散文和诗歌。《白杨礼赞》中对象征的运用体现在多个地方,我们可以就某一句话或一个段落运用的象征手法进行分析,但在分析托物言志手法时需要就文章全文而言。

4.欲扬先抑、烘托和对比

　　《白杨礼赞》运用了欲扬先抑的表现手法。使用欲扬先抑手法的好处是,作者在想褒扬某个人或事物时,先不从褒扬方面着笔,而是先从相反的贬抑之处写起,整个过程作者自己的真实情感先隐藏起来,到后面恰当的某个时候再予以揭示展现,从而使读者可以通过前后情感的对比,体会到作者的真实目的并不是在"抑",而在"扬"。从全文来看,从反复提起的"极普通",到平淡的外表,"它美丽",最后到高贵的精神品质,这一由"抑"而"扬"的过程增强了对白杨树的礼赞之情。可见,欲扬先抑的运用对感情的充分渲染表达起到了极其重要的作用。同时,欲扬先抑也体现了人们认识事物由浅入深、由表及里之过程,对不熟悉白杨树的读者,不可能一开始就能体会到在白杨树身上的各种深刻的象征意味,有了由"抑"而"扬"的过程,才更符合人类认识事物的规律。此外,欲扬先抑还来自人们对"文如观山不喜平"的追求,恰当地使用欲扬先抑可以达到出奇制胜的艺术效果。①"抑"是"扬"的基础,一开始的"抑"可能让读者迷惑不解,如《白杨礼赞》,作者为什么要竭力描写让人感到"单调"的、让人"恹恹欲睡"的黄土高原风光? 这无疑是设置一种悬念。往后读,待到"猛抬眼"看到白杨树时,便会"惊奇地叫了一声"。原来"单调"的氛围蓄势越足,白杨树带给人的惊喜就越多。待到真正"扬"时,读者才会恍然大悟,原来是这么一回事儿! 如果没有写白杨树生存的"景",而直接写它的"形"和"神",便缺少衬托,无法体现白杨树坚强不屈和百折不挠的精神,平铺直叙也会让文章单调乏味。

文章还运用了烘托的手法。作为一篇将写作意图"礼赞白杨"明确写在题目中的文章,在第一自然段说了"白杨树实在是不平凡的!"之后,按常规写作思路,一般会对白杨树如何"不平凡"进行直接阐发,进而点明"礼赞"的主旨。然而作者却另辟蹊径,他不慌不忙地、舒缓亲切地,用生动的笔墨为我们展示了一幅辽阔的黄土高原景观图。由"自然力"塑造的黄土高原的外壳,和"人类劳力"形成的麦田,织成"黄绿错综的一条大毯子"。汽车在"望不到边际的高原上"行驶,远处连绵的山峰,比自己所处的位置要低,给人一种"雄壮""伟大"的感觉,然而窗外长时间千篇一律的景象,却又让人备感"单调"。在没有人知道还要忍受多久的"单调"时,作者安排白杨树以一种傲然耸立的姿态进场亮相。高原的"雄壮""伟大"烘托着白杨树的"伟岸""挺立",非同一般的生长环境揭示了其"不平凡"的生命特征。

对比手法在文中的运用极具特色。比如第7自然段使用堪称"伟丈夫"的白杨树与称得上"好女子"的其他树进行对比,"好女子"或有"婆婆的姿态",或有"屈曲盘旋的虬枝",婀娜多姿,千姿百态,可以用"美丽"来形容,而"伟丈夫"

---

① 王晓平.欲扬先抑法小议[J].集宁师专学报(社科版),1998(1):91.

具有阳刚之气,"伟岸,正直,朴质,严肃,也不缺乏温和",同时还"坚强不屈""挺拔"。国难当前,外敌入侵,只有像"伟丈夫"一样挺起胸膛,不屈不挠地与之斗争,才有可能取得堂堂正正生存的机会,佯装抗日实为投降等顽固派、投机派、两面派注定是没有前途的。看似"美丽"的"婆娑"或"旁逸斜出"者,徒有其表,在凛冽的西北风面前,将会不堪一击,完全被吹折;只有丫枝"一律向上","枝枝叶叶靠紧团结",依靠人民大众的力量才有可能战胜敌人,获得生机。另一处鲜明的对比用例,出现在最末的第9自然段,这里白杨树代表"极普通""顽强""朴质""力求上进"的劳动人民,而楠木代表着奢靡享受、"顽固倒退"的反动统治阶层。通过二者的对比,突出了两种人格精神的差异;通过对比,可以让读者从字里行间明显感受到作者对在民族危亡之际只顾自身利益和享受的"贵族"的嘲讽与鄙视,对浴血奋战、保家卫国的抗日军民由衷的赞美与热爱;通过对比,向读者呈现了两种截然不同的价值取向和人生追求,能够促使其进行更深层次的思考。

5.语言运用

《白杨礼赞》的语言堪称凝练优美,别具风格。在词语的选用方面,除了"婆娑""虬枝""秀颀""坦荡如砥""旁逸斜出"等少数较罕见的词语,其他都是常用词。全文用词十分精当,体现了作者的字斟句酌,匠心独运。比如"黄绿错综"的高原麦田"扑"入视野,一个"扑"字既写出了麦田的出现让人没有心理防备,又体现出人在整个广阔中的渺小。文章中的句子多为陈述句,在情感极为炽烈时也使用了感叹句,还有极为重要的几个反问句。文章采用长短句交错组织,读起来朗朗上口。在段落安排上,作者并不追求形式上的一致,而是长短不一,以意义的凝聚、情感的酝酿为宜进行段落划分,便于表情达意。其中最为突出的便是3次直言白杨树"不平凡"的句子,都是单独成段。第1段为开篇点题,"白杨树实在是不平凡的,我赞美白杨树!"为全文奠定感情的基调。第4段在经过第2、3段对白杨树生长的自然环境的描写后,再次表明了它的"极普通"却又不"不平凡"特点。经过第5段的细致描绘,白杨树的"不平凡"形象已经非常丰富鲜明了。而在第6段,再一次使用一句话直接赞美白杨树的"不平凡"。整篇文章充满了句式的参差与对仗。如在第7段中,"没有婆娑的姿态,没有屈曲盘旋的虬枝",可以看作是对仗的,"伟岸,正直,朴质,严肃,也不缺乏温和,更不用提它的坚强不屈与挺拔"这几个连续的形容白杨树特征的词句,却又是长短皆有。前面的几个双音节形容词"伟岸,正直,朴质,严肃",每词做一停顿,可以起到强调作用,而后面"也不缺乏温和,更不用提它的坚强不屈与挺拔",则是由前面几个形容词展示出的另一个侧面,将白杨树的形象塑造得更加立体——在表达的意思有所变化时,句式也跟着变化了。

　　《白杨礼赞》在遣词造句方面雅俗共赏,颇有技巧。"雅"指的是文章言辞优美典雅,具有浓郁的文化气息。"俗"则指直白通俗,普通人也能理解其中的含义。同样是描写高原的宽广平坦,"无边无垠,坦荡如砥"为"雅","望不到边际"为"俗",同一个意思在两句话里改换着说,避免了言辞上的重复。"黄绿错综的一条大毯子""哪怕只有碗那样粗细"等语句就体现出贴近大众的用语特色,而"麦田,和风吹送,翻起了一轮一轮的绿波"后作者又感叹道"真心佩服昔人所造的两个字'麦浪',若不是妙手偶得,便确是经过锤炼的语言的精华",像这样的句子便显得更加书面语一些。然而即使说这些语句更加书面,更为典雅,也并不是像同时代一些掉书袋的文字一样过于高高在上,甚至佶屈聱牙。由此还可见,作者并不是不能将文章往"大雅"方向写,而是为了传播效果,主动选择了这种充满雅俗共赏气息的文字,虽然其中还存在一些书面气较浓的句子,但放到整篇文章的大语境中来理解,也并不会给读者大众造成多少困难。

　　在整篇文章中,作者除了从自己的视角描述白杨树的美,还使用了第二人称代词"你"。"你"是作者为了行文方便添加的,让读者在读文章时更有亲切感,就像有一位讲述人一般向自己娓娓道来,从而拉近作者与读者之间的距离。第2、3段和第7段是"你"出现的主要段落。第2、3段作者要描写白杨树的生存环境,大西北与内地的读者所熟知的景色是完全不同的,要向别人介绍一个完全陌生的环境,最好的方法就是让读者产生代入感、沉浸感。因此作者在文中直接让读者进入他营造的空间,通过"你"这一人称代词的放置,直接与读者互动,仿佛读者在跟随作者这个向导一道游览一般。"看见了前面远远有一排"或"只是三五株,一株"白杨树,从"恹恹欲睡"到"惊奇"叫喊的本来是作者,结果因为有了"你"的妙用,使得读者也有了亲临其境之感。

　　在语言方面,有人认为本文用语不够精练,重复率高,"抽象空泛的赞美之词"在一篇只有千余字的散文中比例过大,从而让整篇文章"难以真正达到艺术化的效果"。①对这一问题的理解,我们应当站得更高、看得更通透一些,换一个角度,就能得到不同的解读,即作者将关注点完全放在了感情的释放上,"抓住几个最有力、最准确的形容词,反复用、并列用,不加汰择、不加调换,由此才能把胸中激荡的感情释放出来"②,这种行文上用词用句的反复,实际在意义上是递进的,能够起到一唱三叹主题的效果。在《白杨礼赞》的开头、中间、结尾都不断点题,直白地赞美不平凡的白杨树,可以形成一致的感情线索,将对高原景色的描写、白杨树外在形象的描写、象征意义的表达都结合到一起,很好地体现了散文"形散神聚"的特点。从表达效果来讲,反复可以增强语气或语势,起到抒发强烈情感的作用,给读者留下更加深刻的印象。

二、典型课例分析

笔者选取了8篇公开发表的教学课例,经过归纳整理,梳理出了8篇课例的教学目标和教学重难点(表1)。

表1　8篇《白杨礼赞》教学课例中的教学目标与教学重难点梳理表

课例	教学目标	教学重难点
孙艳:《一棵树的光辉——〈白杨礼赞〉教学设计》,《读写月报》,2021年第21期	1.通过画白杨树的方式认识白杨树的外形特征;通过比较画作掌握欲扬先抑的写作手法;通过圈画词语,朗读品味白杨树的精神品格和象征意义,结合写作背景体会作者对革命战士的崇高赞美之情与革命必胜的坚定信念 2.通过读写结合掌握象征和托物言志的手法,初步做到依据素材并准确运用托物言志的手法完成完整的创作小练笔	教学重点: 学习象征和托物言志手法,让学生理解白杨树背后作者的情感认知 教学难点: 采用互文阅读、情境创设、想象填写、读写结合等方式,训练学生运用托物言志进行写作的技能

---

① 郝宇民.概念淹没的白杨——重评茅盾的《白杨礼赞》[J].名作欣赏,1996(3):106-109.
② 吕东亮.《白杨礼赞》与中国现代抒情散文的转折[J].延安大学学报(社会科学版),2007(1):38.

续表

课例	教学目标	教学重难点
孟灵峰:《〈白杨礼赞〉教学设计》,《语文建设》,2005年第12期	1.理解文章思想感情,学习象征手法 2.体会排比和反问的修辞效果 3.感受抗日军民质朴坚强、力求上进的精神和意志	教学重点: 反复朗读文章中的精彩段落,整体把握课文内容,并根据创作的时代背景,理解白杨树的象征意义,完成阅读迁移
戴勤立:《灵活使用〈作业本〉,任务驱动教策略——《白杨礼赞》课堂教学实录,《教学月刊·中学版(语文教学)》,2018年第4期	学习欲扬先抑的写作手法,理解象征的具体内涵和应用,欣赏茅盾先生的创作风格,以朗读法为阅读学习方法,感受作者独特的情感	教学重点: 以《语言作业本》中的学习任务为线索,通过朗读法串联欲扬先抑、语言风格、象征手法三方面的学习内容,引导学生自主学习 教学难点: 通过方法策略教学,设置学习任务,课前自主学习,课上合作训练,既讲清白杨树的形、神、景等特征,又训练学生学以致用的写作技能
李明哲:《品读红色经典 传承白杨精神——〈白杨礼赞〉教学实录》,《语文教学与研究》,2020年第13期	采用"肯定—否定—肯定"的学习思路,先掌握白杨树的形神特征,理解作者为什么用白杨树来做象征,再理解作者如何赞美白杨树,即文章的写作技巧,最后再深刻领悟作者为什么要这样赞美白杨树	教学重点: 理解文章运用象征手法的特殊之处,以及特殊的反复点题的手法
许兴芳、沈孝文、李乾明:《关于〈白杨礼赞〉一文的教学设想》,《四川三峡学院学报》,1999年第S1期	体会白杨树的象征意义,理解托物言志的表现手法;品味排比句和反问句的修辞效果;培养初步的文学鉴赏能力,体会作者所抒之情、所言之志,达到爱国主义教育的目的	教学重点: 描写白杨树的形象、性格,以及揭示其象征意义 教学难点: 理解象征的手法,分析描写黄土高原以及结尾拿楠木做对比的作用

159

续表

课例	教学目标	教学重难点
周建标:《基于深度学习的批注式阅读教学——以〈白杨礼赞〉的教学为例》,《教学月刊·中学版(教学管理)》,2022年第1期	1.采用"理解性批注",把握文本的旨义,理解语句的深刻含义,掌握文中所运用的衬托、欲扬先抑、对比手法以及作用,理解作者的写作意图 2.使用"品词式批注",培养学生对关键词语的咀嚼,训练语感,加深对文本的领悟 3.使用"质疑式批注",培养学生的质疑精神,引导学生提出问题、解决问题 4.使用"联想式批注""仿用式批注",培养学生内化运用的能力,理解并掌握象征与托物言志的写作手法	教学重点: 引导学生直接与文本对话,参与作者对白杨树形象特点的构建创作过程,进行文本的深度学习 教学难点: 学生自行研磨课文,读透白杨树的形象,理解作者的写作意图,掌握文章采用的写作手法并能够仿写
章明书:《托物抒情,把握〈白杨礼赞〉的教学特色》,《语文天地》,2021年第7期	关注语言运用,构建独特的情感认知,理解文章托物抒情的特色,实现语言学习和语言运用的统一	教学重点: 品析文本语言,引导学生从表达手法领会作品的情思,挖掘作者所要表达的思想感情 教学难点: 把握文本结构,从整体入手,通过对作品语言与手法特色的挖掘,让学生体会到"白杨树"所具有的深刻的情感内涵
唐炜平:《〈白杨礼赞〉一课教案设计》,《萃英集——青海省教育委员会、青海省教育学会优秀教育论文集》,2000年3月	1.理解白杨树的象征意义,体会作者意图,理解白杨树体现了中国共产党领导下的广大军民保卫祖国的英雄气概和团结向上的精神 2.初步理解"托物言志"的写作方法,掌握象征与拟人、比喻等修辞手法的异同 3.反复诵读课文,初步学会朗读方法	教学重点: 理解托物言志的写法;理解排比句和反问句在文中的应用,把握文章的抒情线索从而把握主旨,品味语言 教学难点: 分析文中4个"不平凡"的含义和作用

(一)教学目标

通过对8篇教学课例中的教学目标进行梳理,制成图1。

教学目标

教学目标	篇数
学习欲扬先抑的手法	4
学习象征手法	8
完成托物言志的创作练习	1
体会白杨树所蕴含的精神品格及作者的情感	8
学习托物言志的手法	5
欣赏创作风格,体会排比、反问等修辞手法	5

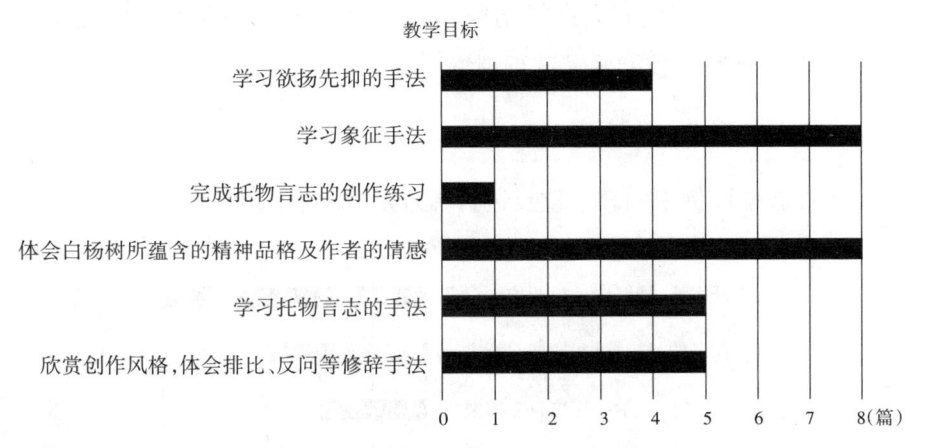

图1 8篇课例教学目标选择情况图

从图1可以看出,8篇《白杨礼赞》课例的教学目标设定,主要集中在以下5个方面:(1)体会白杨树所蕴含的精神品格及作者的情感;(2)学习象征手法;(3)欣赏创作风格,体会排比、反问等修辞手法;(4)学习托物言志的手法;(5)学习欲扬先抑的手法。简而言之,8篇课例在教学目标上,主要分为思想感情、语言风格、写作手法等三大方面,语言风格和写作手法主要对应知识与技能层面的教学目标,写作手法对应着过程与方法层面的教学目标,思想感情对应着情感、态度和价值观层面的教学目标。

8篇课例都明确将体会白杨树所蕴含的精神品格及作者的情感作为教学目标,由此可见《白杨礼赞》的写作意图与情感价值是大家有目共睹的,即要用白杨树的具体形象表达作者对抗日战争中在中国共产党领导下坚持敌后抗战的广大军民的热情歌颂,对他们所具有的朴质坚强、英勇不屈、力求上进的民族精神与品格进行大力讴歌。此外,由于语言运用是表情达意的基础,8篇课例中有5篇的教学目标都共同关注了文章创作的语言风格,如词语运用、句式表达、排比反问等。

在此基础上,《白杨礼赞》涉及的各种写作手法,如欲扬先抑、象征、托物言志等,都是各篇教学设计不可避开的目标点,不过在具体选取哪种写作手法作为教学目标时存在不一致。有4篇课例将学习欲扬先抑的手法作为教学目

标,8篇将学习象征手法作为教学目标,5篇将学习托物言志的手法作为教学目标。而一般的学习都仅仅是掌握《白杨礼赞》中这些写作手法的运用,并非要在课堂上学会如何用它们进行创作,只有孙艳老师的教学设计将托物言志的手法作为一项写作技能要求进行训练。

(二)教学重点

对8篇教学课例中的教学重点进行梳理后,得到图2。

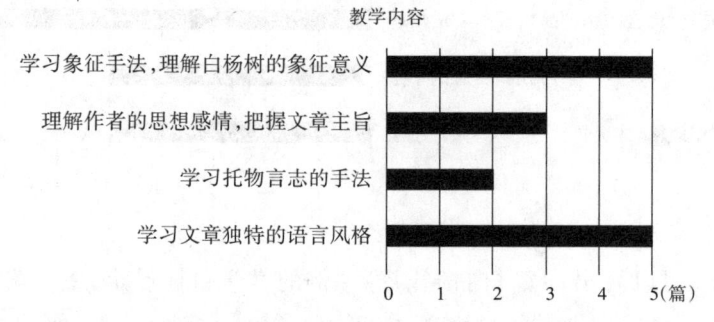

图2 8篇课例教学重点选择情况图

从图2可以看出,大部分教学课例将语言风格和象征手法的学习,以及对作者思想感情、文章主旨的把握作为教学重点。其中,明确将文章的语言风格作为教学重点的课例共有5篇(孙艳老师、李明哲老师、许兴芳老师的3篇课例未明确将语言风格列入教学重点)。语言风格主要从修辞、表现手法等层面把握,比如孟灵峰老师在品读文本部分,设置了专门的环节对反问、排比的修辞手法进行探讨,让学生理解4个反问句组成的排比句在加强证据,突显白杨树在象征意义上的作用。同时他还让学生思考:全文要赞美白杨树,而第2段只字未提白杨树,将这一段删掉是否可以?从而启发学生在寻求解决问题的过程中,加深对欲扬先抑写作手法的认识。

8篇课例中,明确将作者的思想感情、文章主旨的把握设为教学重点的共有3篇,而明确将象征手法的应用作为教学重点的课例有5篇。孟灵峰、戴勤立、李明哲、许兴芳、周建标5位老师虽没有将体会作者的思想感情作为教学重点,但都将理解文章象征手法的运用作为教学重点;而周建标、章明书、唐炜平3位老师虽没有将象征手法作为教学重点,却明确指出了把握作者思想感情的重要性。由于全文象征手法的应用是作者表达思想主旨的必要手段,引导学生理解象征手法的运用,把握思想主旨也就水到渠成了。因此这两个方向的教学重点设定,其实是一个中心的两个侧面。

将托物言志作为教学重点的课例较少,仅有2篇。孙艳老师同时将托物言志和象征列为教学重点,为学生理解白杨树形象背后作者的情感认知服务。而唐炜平老师将理解托物言志的写法列入教学重点,此外还将语言修辞,即理解排比句和反问句在文中的应用,把握文章的抒情线索从而把握主旨,品味语言等列为教学重点。两位老师的侧重点不完全相同,但最终都是为了达到把握文章主旨的目的。

(三)教学难点

8篇课例中除了2篇未明确设置教学难点外,其余6篇的教学难点可大致归为2个方面:一是如何设置教学步骤让学生充分理解、掌握文章的象征手法、语言修辞等对表达主旨思想的作用。这一难点产生的原因是学生对这些手法、修辞的运用接触不多,唯有多找典型词句,多举一些这方面的例子,才能让学生熟悉应用的规律,同时不失时机地总结规律。二是如何让学生仿照课文,使用托物言志、象征等手法进行写作训练,让课堂教学成为提高学生写作能力的舞台。比如在孙艳老师的设计中,通过提供资源支架,在文外对比、广泛搜寻托物言志的案例后,专门安排了一个"写一写"环节,在两个写作量表的帮助下,让学生试着托杨柳言志,进行微型写作。

为了深入分析8篇教学课例的特色,笔者再对其主要教学内容、教学方法进行了梳理归纳,得到表2。

表2　8篇《白杨礼赞》教学课例中的教学内容及教学方法梳理表

课例	教学内容	教学方法
孙艳:《一棵树的光辉——〈白杨礼赞〉教学设计》,《读写月报》,2021年第21期	1.课前搜集与课文相关的写作背景资料,揣测作者的写作目的 2.画白杨树,总结白杨树的形神特点,朗读并体会作者对白杨树的赞美之情 3.比较用同一物托不同志:比较茅盾《白杨礼赞》与袁鹰《白杨》,并讨论不同情境下如何选取适当的物来托志,接着进行微型写作练习:仿照课文,试托杨柳言志,最后拓展调研其他托物言志的文章并交流	朗读法 旁批法 对比阅读法 合作探究法 练习法 问答法 情景教学法

续表

课例	教学内容	教学方法
孟灵峰:《〈白杨礼赞〉教学设计》,《语文建设》,2005年第12期	1.通过历史文人墨客歌咏树的诗句,导入新课 2.介绍茅盾生平与作品破题,提出疑问:为什么要赞美白杨树?作者将会怎么赞美白杨树 3.要求学生仔细品读文本,定位对白杨树直接礼赞的句子,思考作者为什么要极力赞美白杨树;分析所用修辞手法;思考为何作者不直接赞美北方的抗日军民,而要通过赞美白杨树来达到这一效果;学习象征的写作手法 4.引导学生进行分组探究,引导学生思考并探索:为什么文章第1段没提白杨树?是否可以删掉?理解欲扬先抑的写作手法,并在文中寻找其他欲扬先抑的例子。为什么结尾处要提楠木?理解对比手法的运用。理解同时使用"极普通"和"不平凡"形容白杨树的合理之处	朗读法 合作探究法 文本细读法 问答法
戴勤立:《灵活使用〈作业本〉,任务驱动教策略——〈白杨礼赞〉课堂教学实录》,《教学月刊·中学版(语文教学)》,2018年第4期	1.以读促学,营造氛围。朗读、对比、讨论直接赞美白杨树的3句话有何异同 2.合作学习,完成研讨。分析作者如何运用欲扬先抑的手法表达对白杨树的赞美之情 3.任务对比,学会象征手法的运用。理解作者使用象征手法的原因,象征运用的技巧,通过象征物和被象征物之间的关联点加深对象征的认识,明确其运用价值	朗读法 练习法 合作探究法 对比阅读法 问题讨论法 问答法
李明哲:《品读红色经典 传承白杨精神——〈白杨礼赞〉教学实录》,《语文教学与研究》,2020年第13期	1.引导学生明确作者赞美白杨树的原因,理解白杨树的"不平凡",并揣摩作者用白杨树做象征的意图 2.辨识文中使用到的写作技巧:烘托、抑扬、象征、对比,掌握作者赞美白杨树的方式 3.鼓励学生尝试对本文从语言、创作手法、思想主旨等方面进行评价,并说明理由,分析时运用"肯定—否定—肯定"的思路	点拨法 文本细读法 问题讨论法 问答法

续表

课例	教学内容	教学方法
许兴芳、沈孝文、李乾明:《关于〈白杨礼赞〉一文的教学设想》,《四川三峡学院学报》,1999年第S1期	1.粗读并整体感知课文,疏通字词,注意"外壳""树干""倔强"等词语中的多音字,注意"无边无垠""坦荡如坻""纵横决荡"等词语 2.开展朗读训练,让学生根据自己的理解和提示,把握重点字词句的重音、停顿、音调等,在朗读中引导学生初步领悟文章的主旨 3.品味字词,把握描绘高原色彩对白杨树的"烘托"作用,培养学生对文学作品的兴趣,明确作者的写作意图 4.进一步分析白杨树的"形美"和"神美",把握白杨树的象征意义 5.通过板书小结全文内容,对比象征与拟人手法的区别 6.设计口头作文,训练学生的迁移能力	朗读法 练习法 问答法
周建标:《基于深度学习的批注式阅读教学——以〈白杨礼赞〉的教学为例》,《教学月刊·中学版(教学管理)》,2022年第1期	1.细读文本,批注出白杨树的生长环境、外形特点、精神品格以及作者感情倾向的语句,并让学生交流自己的心得,初步把握文章的旨义,理解文本词句的深刻含义,明晰写作手法的运用,理解作者的写作意图 2.更深入品读文本,开展深度学习,采用"品词批注",加深对文本主旨的领悟 3.通过"质疑式批注"培养学生的质疑精神,通过提出问题、解决问题,深入文本内核,加深理解字词句合理运用对展现文章脉络、抒发作者情怀的作用 4.通过讨论交流反思,运用文中的欲扬先抑、对比、象征等写作手法进行联想、仿写	旁批法 文本细读法 问题讨论法
章明书:《托物抒情,把握〈白杨礼赞〉的教学特色》,《语文天地》,2021年第7期	1.整体阅读文本,感受白杨树的不平凡之处。通过"反复品味,欣赏语言",体会理解作者对生活的感受和思考。从整体入手,分析文本结构,设置问题,把握文本的严谨之美 2.引导学生体会象征手法,把脉深远的情感意蕴 3.让学生理解文本,赏析语言文字,体会凝练的散文情感	朗读法 文本细读法

续表

课例	教学内容	教学方法
唐炜平:《〈白杨礼赞〉一课教案设计》,《萃英集——青海省教育委员会、青海省教育学会优秀教育论文集》,2000年3月	1.对课文所在单元的内容进行述评,让学生明确本单元及本课的学习目标 2.揭示课题,明确教学重难点,通读全文,引导学生理清文章思路 3.朗读课文,进一步指导学生精读文本,抓住重点词语进行分析,理解托物言志和排比、反问手法的作用,明确4次写白杨树"不平凡"的含义和作用 4.提问并解决学生的问题,达成目标	朗读法 文本细读法

(四)教学内容

通过对表2中8篇课例的教学内容进行梳理统计,总结出图3。

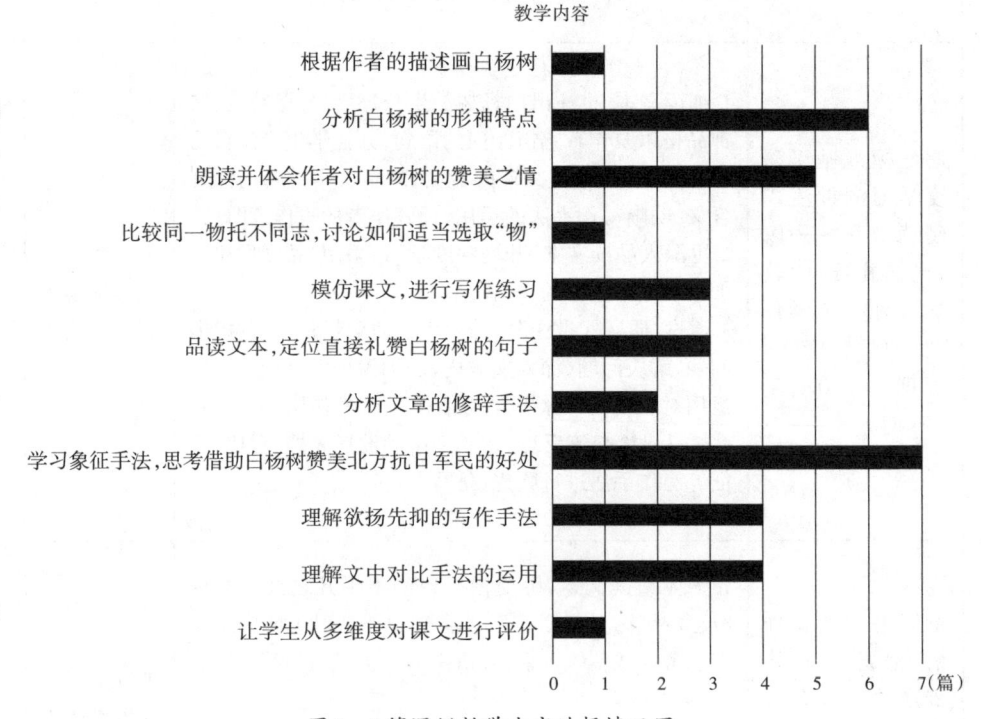

教学内容

教学内容	篇数
根据作者的描述画白杨树	1
分析白杨树的形神特点	6
朗读并体会作者对白杨树的赞美之情	5
比较同一物托不同志,讨论如何适当选取"物"	1
模仿课文,进行写作练习	3
品读文本,定位直接礼赞白杨树的句子	3
分析文章的修辞手法	2
学习象征手法,思考借助白杨树赞美北方抗日军民的好处	7
理解欲扬先抑的写作手法	4
理解文中对比手法的运用	3
让学生从多维度对课文进行评价	1

图3 8篇课例教学内容选择情况图

从图3可以看出,课例中的教学内容主要集中在以下3个方面:一是思想主题层面的,引导学生朗读课文,并理解体会文本中蕴含的作者对白杨树的赞美之情,通过品读文本找出直接礼赞白杨的句子,深入分析白杨树的形神特征;二是写作手法层面的,理解掌握文中象征、对比、欲扬先抑等手法的运用,并分析这些手法对体现文章主旨,达成写作目的的作用;三是掌握托物言志散文的特点,通过对比分析得出托物言志类散文的写作技巧。

  8篇课例中,有5篇将"朗读并体会作者对白杨树的赞美之情"作为主要的教学内容,体现出对朗读课文这一方法的重视。如许兴芳老师的课例中,通过朗读把握作者的情感占了课堂的较大比例:朗读训练前先播放录音,让学生听一遍的同时,提示学生对一些字词句的重音、停顿、音调等做上记号,接着要求学生分段朗读,每一部分提不同的朗读要求,如在朗读对黄土高原的描述时,突出"雄壮""伟大""单调""惊奇"等情绪变化,在刻画白杨树形态与精神时,引导学生重点关注表现白杨树"外形"和"内质"的词语,对由赞美白杨树升华到赞美民族精神意志的句子,让全班齐声朗读,突显气势磅礴的力量。同样在8篇课例中,有7篇将"学习象征手法,思考借助白杨树赞美北方抗日军民的好处"。学习象征的写作手法,多像孟灵峰老师的课例一样,先让学生在文本中分析相应的象征语句,从集中描写白杨树的段落出发,寻找白杨树与北方军民的相似点,而后再通过理论化分析,提出象征体与本体之间的相似与关联,进而可以让学生举一反三,从其他材料中找出更多象征的例子,或使用象征的手法进行仿写创作。8篇课例中有6篇将"分析白杨树的形神特点"作为主要教学内容。如孙艳老师的课例中,让学生总结白杨树的外形,并使用圈画的方法,将描写白杨树的形容词分为两类,一类描摹外在的形,一类描摹内在的神,归纳形成表格,并分析有的词语分类比较困难的原因。

  从图3还可以看出,"让学生从多维度对课文进行评价"和"根据作者的描述画白杨树"两项教学内容分别只有1篇课例涉及。究其原因,一是有限的课堂教学课时,难以进行太多的教学内容,二是对学生的综合技能要求较高难以普遍实施。因而像孙艳老师的课例那样专门设置一课时内容"画白杨"是较为困难的。孙艳老师的课例中,第一课时分为4个部分:活动导入——画白杨,画作初展——谈白杨,完善画作——赞白杨,成果展示——写白杨。4个部分的设置围绕画白杨而展开,如果学生绘画技能不佳,整个课时很难进行下去,勉强开展这一教学内容将会流于形式。李明哲老师的课例中,在"为什么这么赞美"部分,让学生着重从用词重复过多、表意过于直白、不符合象征的特点、概念过多等方面对课文进行评价。李老师设计的初衷是"否定"后再"肯定"，但是用时较长，同时还需要准备大量的课外阅读材料，如田间的诗，一些关于茅盾散文的论文等，对学生的综合要求较高，难以保证设计内容的普及性。

（五）教学方法

经过对表2中8篇课例的主要教学方法进行梳理汇总，总结出图4。

教学方法

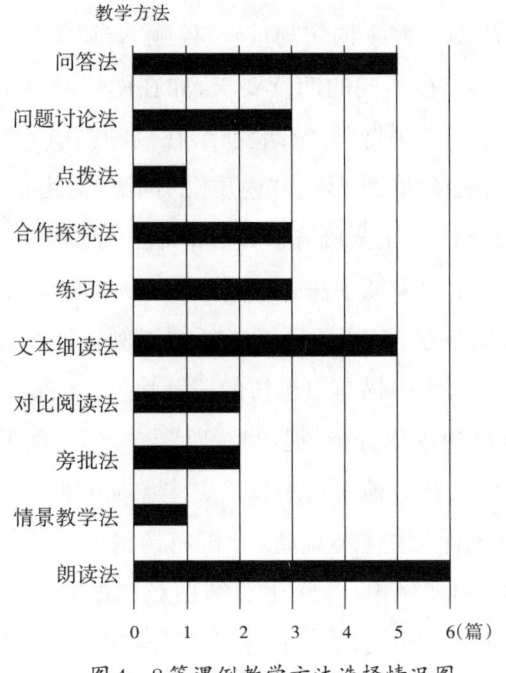

方法	篇数
问答法	5
问题讨论法	3
点拨法	1
合作探究法	3
练习法	3
文本细读法	5
对比阅读法	2
旁批法	2
情景教学法	1
朗读法	6

图4　8篇课例教学方法选择情况图

由图4可知，朗读法使用得最为广泛，有6篇课例涉及。文本细读法和问答法次之，各有5篇课例涉及。对《白杨礼赞》这样的抒情散文而言，学生能够有感情地朗读课文，说明已经过了基本的字词句理解关，已经触及对文章题旨的理解。戴勤立老师依托《语文作业本》，按照"课堂导学"的学习任务，以朗读法为阅读教学方法，串联了欲扬先抑、语言风格、象征手法等3个主要内容，让学生开展自主合作学习，教师起必要的教学辅导作用。而文本细读法是深入探究文章语言特征、写作风格等经常采用的方法。孟灵峰老师的课例在"品读文本"环节，让学生寻找直接对白杨树进行"礼赞"的句子段落，寻找作者为什么赞美，即背后的目的的句子，在细读中辨析修辞方法的使用，掌握使用象征方法的好处,让每一处理解都落实到具体的文本上。李明哲老师的课例全文用师生问答的形式写就,并穿插了PPT呈现、板书等内容。这种具有课堂脚本性质的教学设计可以与教学过程一致,也展现了许多启发性的问答对话。其余4篇更具典型性,如章明书老师从把握文本结构入手,设置一系列问题,从而体验课文文本的严谨美——为什么要写白杨树?为什么要赞美白杨树?哪些地方可以看出白杨树的"不平凡"?从"不平凡"的白杨树可以提炼出哪些品质?作者是单纯描写、赞美白杨树吗?

较常用的对比阅读法和问题讨论法分别有2、3篇课例使用。孙艳老师设置了让学生对比阅读袁鹰的《白杨》和《白杨礼赞》,体会同物不同志的写法。李明哲老师的课例中,在对针对《白杨礼赞》的2个观点进行评价的时候,使用了问题讨论法,让学生自主思考并讨论支持哪方观点,锻炼学生的思辨能力与语言组织能力。

练习法、合作探究法、旁批法运用较少,其中练习法、合作探究法各有3篇课例使用,旁批法有2篇课例使用。孙艳老师的课例中要求圈画描摹白杨树"形"和"神"的词语,而周建标老师课例中的批注式阅读不仅要求圈画出重要词语、句子、修辞手法,还要求批注出运用的欲扬先抑手法。练习法在孙艳老师、许兴芳老师和戴勤立老师的课例中都有体现,如孙艳老师要求学生为画出的白杨树写介绍语。合作探究法在孙艳老师、孟灵峰老师和戴勤立老师的课例中运用到了,如戴勤立老师让同学们分小组完成《语文作业本》上的话题2,并就疑惑的问题进行讨论,完成对欲扬先抑写作手法、句式、四字短语的用词现象等的深入分析。

情景教学法、点拨法分别有1篇课例使用。孙艳老师的"画白杨"活动,实则是为后续教学提供了一个适当的情景,让学生的各种思考可以从画作出发。而李明哲老师的点拨法主要运用于师生对话过程,老师通过提问抓住主要线索,根据学生的回答进行点拨,比如"白杨树怎么不平凡"。老师提示让学生找表示特征的词语,按字数多少分列在黑板上,从而概括白杨树的外部形态和内在精神。

三、基于课例分析的教学建议

《白杨礼赞》是一篇具有重要历史意义的散文。散文教学的关键,在于挖掘作者深蕴其中的主体情感。①通过对上述8篇教学课例的梳理分析,我们可以看到大多数老师都将教学目标设定为通过对《白杨礼赞》的语言运用、写作手法的分析,从而体会作者的思想感情,多采用文本细读法、朗读法、问答法等进行教学。以上教学课例也能够在实际教学中操作,具有较好的借鉴意义,能够从认识事物特征、体会作者感情、挖掘文本主旨,即"物""情""理"3个方面帮助学生理解,提高鉴赏水平。②基于前文笔者对教学文本的解读,还可以对教学课例进一步加以丰富完善。

从教学目标的设定来看,目前大部分课例都非常重视文本语言、写作手法、思想主旨等方面,但大多只停留在对《白杨礼赞》本身的知识分析和依托于文本的写作技能训练上,没有明确将利用课文提升学生的情感、态度、价值观作为教学目标。《义务教育语文课程标准(2022年版)》中课程总目标提到,要"培养爱国主义、集体主义、社会主义思想道德","弘扬社会主义先进文化、革命文化、中华优秀传统文化"③《白杨礼赞》的"单元说明"也提到,要培养孩子的审美情趣,丰富孩子的精神世界。因此,《白杨礼赞》的教学目标,不应当仅停留在让学生品味、欣赏语言,了解托物言志类散文的特点,体会、理解作者独特的情感体验等方面。针对这样一篇展现优秀革命文化的散文作品,建议将"让学生感受革命文化,激发革命豪情"作为教学目标。通过《白杨礼赞》的教学,达到让学生"品味中国革命文学的真正魅力","完善学生的关键能力和必备品格"④的目的,使学生充分感受作者内心强烈的爱国情怀以及对民族命运的深刻思考,激发学生对当下百年未有之大变局的深刻认识与反思,激发学生能够自觉继承和弘扬中华优秀的传统文化和革命文化。

---

① 章明书.托物抒情,把握《白杨礼赞》的教学特色[J].语文天地,2021(7):69-70.
② 王艳.托物言志类散文主题的多层次解读[J].镇江高专学报,2016(2):119-120,124.
③ 中华人民共和国教育部.义务教育语文课程标准(2022年版)[S].北京:北京师范大学出版社,2022:6.
④ 李新华.语用视角下散文文本深度阅读的语言解码——以统编本八上第四单元《白杨礼赞》为例[J].中学语文,2021(14):11.

从教学内容的设计来看,大部分课例将"朗读并体会作者对白杨树的赞美之情""分析白杨树的形神特点""学习象征手法,思考借助白杨树赞美北方抗日军民的好处"作为主要教学内容。从内容实施难度来讲,"朗读并体会"是第一层;分析形神特点是第二层;学习象征为代表的写作手法,思考其对表达课文主旨的意义为第三层。有的课例还将托物言志散文的特点列入教学内容,通过对比分析得出托物言志类散文的写作技巧。这些内容的设计无可厚非。这里笔者紧扣上文提出的教学目标建议,对教学内容也提出相关建议。要让学生真正"感受革命文化,激发革命豪情",并不是在课堂上学会语言运用、学会写作手法、学会白杨树是如何完成象征的使命,就可以实现的。为此,建议课堂上增加介绍作品的时代背景环节,按照学科融合的要求,加入对当时世界历史、中国历史的介绍,找到相应的纪录片、图片等视听材料,展示一个国家备受侵略凌辱、国民饥寒交迫、反动统治阶层声色犬马、有识之士奋发图强的时代背景,增强学生的身临其境感与压迫感,激发学生的历史主人公意识与抗争精神。在这些时代背景铺垫好、蓄足势之后,作者使用白杨树的形象托物言志,以及各种手法的应用也就不足为奇了。与此同时,在引导学生完成写作手法、作品主旨分析等讨论后,建议增加以"革命文学"为主题的小组分析讨论会,让学生就自己读过的其他相关革命文学作品进行交流,以《白杨礼赞》的学习为契机,发挥整个语文课堂的价值观塑造功能。

从教学方法的运用来看,上面介绍的教学课例中采用的教学方法丰富多元,朗读法、文本细读法、问答法、对比阅读法等,均脱离了传统的以教师讲授为核心的教学模式,能够充分调动、发挥学生的主动性。在教学方法的改进方面,笔者的建议是,可以在课前布置自主研读任务,注重学生自主学习能力的训练,在课前自行解决大部分的生字、生词、疑难句的问题,如实在有问题的留到课堂上再向老师提问。此外,可以考虑合理使用现代信息技术,增加互动式多媒体在教学中的运用。多媒体可以拓展学生接收信息的渠道,打开视觉、听觉等多通道促进知识的吸收,也可以起到渲染情景、烘托氛围等作用。与此同时,也应注意培养学生的联想与想象能力。多媒体的便捷不代表可以任意使用图片、视频进行教学。比如白杨树的形象,建议不要直接展示白杨树的图片,而是让学生充分发挥认知理解能力,基于课文文本的描述,如"笔直的干,笔直的枝"等语句,展开对白杨树的合理联想和想象。教师真正要做的,是引导学生的思考方向,组织学生就相关问题展开合作探究、小组讨论等。

四、教学设计参考

学情分析：

《白杨礼赞》是部编版语文教材八年级上册第四单元的一篇散文。从八年级开始,单元内容开始按体裁进行划分。第四单元的主题是"情感哲思",安排了叙事散文《背影》和托物言志散文《白杨礼赞》,之后是《散文二篇》,即《永久的生命》和《我为什么而活着》,以及《昆明的雨》。《白杨礼赞》在单元中的作用是承上启下的,在《背影》让学生学会品析散文语言的基础上,《白杨礼赞》主要要求学生掌握对一些常见写作手法的运用,从而可以迁移到后续几篇自读课文的学习中。

学生到了八年级,已经掌握了基本的朗读技巧,学习《白杨礼赞》对他们来说是一次非常好的锻炼机会。同时,他们也已经具备运用基本的修辞手法如比喻、拟人等的能力,特别是在《春》的学习巩固后,在语言修辞方面的鉴赏能力应当具有很大的提升,因此,《白杨礼赞》中理解与掌握修辞手法,也是一次很好的迁移训练。有了这些知识储备、技能基础,《白杨礼赞》的教学设计可以关注更具本篇特色的东西,如学习写作手法和体会思想感情等。

教学目标：

1.通过朗读课文,厘清文章脉络,体会文章昂扬向上的情感；

2.深入研读课文,掌握文章欲扬先抑、对比、烘托的写作手法,理解白杨树的象征意义,把握托物言志的基本特征；

3.紧密结合创作的时代背景,提高学生的革命文学鉴赏能力,促进学生对革命文化的理解、认同。

教学重点：

1.细读文本,掌握欲扬先抑、对比、烘托的写作手法；

2.理解象征手法的运用,体会作者托物言志表达出的思想感情。

教学难点：

理解文章语言运用技巧、创作技法等与作品表达的思想感情间的必要联系。

教学方法：

朗读法、文本细读法、问题讨论法、情景教学法、对比阅读法、旁批法。

教学课时：

2课时。

教学过程：

一、第一课时

(一)教学导入，引发思考

文章的标题叫"白杨礼赞"，同学们知道什么叫"礼赞"吗？"礼赞"是指对某事物或人物的赞美，是比赞赏更书面的一种用法，带有敬重和钦佩的意味。"白杨礼赞"就是指怀着崇敬的心情对白杨树进行称赞表扬。

那么，作者为什么要向白杨进行"礼赞"？他又是怎样进行"礼赞"的呢？(一边说，一边板书"为什么"和"怎样""礼赞"。通过问题的设置，让学生理解题意，初步把握文章的感情基调。)

```
为什么  ⎫
        ⎬ 礼赞
怎样    ⎭
```

今天要学的这篇课文也非常经典，作者是著名的作家茅盾，在中国现代散文史上具有重要的意义，有的学者认为它是"中国现代散文的转折点"。那么，为什么大家对本文有如此高的赞誉呢？带着这些疑问，我们开始今天的课文学习吧！

(二)朗读文本，品味语言

1.指导学生快速处理课文中的生字生词，扫除读音、词义方面的障碍。

坦荡如砥(dǐ)　　恹(yān)恹欲睡　　虬(qiú)枝

婆娑(suō)　　　楠(nán)木　　　　秀颀(qí)

2.安排学生通过个人默读的方式，速读全文，并一边读一边做好一些辅助朗读的标记，如重音、停顿等。

3.将学生分为4个小组,分别负责朗读1~3段、4~5段、6~7段、8~9段。要求:一边朗读,一边寻找并确认"礼赞"的句子,在文本上进行简单的圈画旁批,画出关键词语和最能体现白杨树特点的语句。(通过这些关键句统领的内容,理解白杨树的"不平凡"体现在何处。)

4.鼓励学生个人举手,朗读自己找出的关键语句。要求:结合语境,有感情地读出不同位置的句子,体会赞美之中的情感差异。(感情浓烈的文章,阅读时最有效的方法就是"朗读",通过反复的朗读让人沉浸其中,从而加深对作者思想感情和文章写作主旨的理解。①将学生的关注焦点聚集在典型化的词语上,让学生能够领略语言的韵味,促进语言表达能力的提升。)

(三)研读文本,梳理结构

作者用一句"白杨树实在是不平凡的,我赞美白杨树!"引起了整篇文章。类似这样的句子在文中还出现了好几次。结合上一步我们的分析,请同学们再仔细研读文本,归纳每一段的段落大意,厘清文章的行文脉络,顺着作者感情的变化,梳理课文内容。

请在段落大意的基础上,划分文章的结构层次。

第1~3段,对白杨树的生存环境黄土高原进行描写,通过描写生长环境的恶劣为下文突出白杨树的"不平凡"做好铺垫。

第4~5段,近距离对白杨树的外形特征进行描写刻画,体现其蕴含的内在精神。

第6~7段,直接抒发礼赞白杨之情,点明了礼赞白杨其实就是对北方的农民、敌后抗日的军民以及在民族危难时刻浴血奋战的中华儿女的热情礼赞。

第8~9段,再次表达对白杨树的赞美,爱憎分明地讴歌白杨树、鄙弃"贵族化的楠木",对白杨树所象征的坚强、抗争的民族精神进行讴歌。

二、第二课时

(一)思考探究,分析手法

1.引导学生细读文本,要求学生重点关注白杨树的生存环境(第2段)、形神特征(第5段),一边细读一边圈画,旁批出关键词句。

设置讨论问题1:文章开篇作者为什么要花大量的笔墨描写黄土高原的景

---

① 马跃.款款而行"白杨"情[J].中学语文教学参考,2021(32):47-48.

色?这样安排的好处是什么?(对比烘托,欲扬先抑。)

设置讨论问题2:对白杨树形态特点的描绘有什么用途?(为表现其内在精神特征完成铺垫蓄势。)

2.引导学生对第7段进行研读,特别注意4个反问排比句的运用。(让学生掌握挖掘文本、分析感情的方法。)

布置任务1:举一反三,发散拓展,要求学生举几个具有象征意义的事物,并说出象征物与被象征物之间的关联。

布置任务2:让学生运用象征手法,写一段话。

(引导学生理解象征手法的运用,让学生明确象征物与被象征物的关联。)

3.让学生细读第8~9段,注意作者直抒胸臆的情感表达与对比手法。

设置讨论问题3:作者为什么要提到楠木?

(引导学生掌握对比的手法。)

4.总结全篇,归纳托物言志散文的特点,达成单元目标"了解不同类型散文的特点"。

(二)对比阅读,借鉴迁移

为学生提供对比阅读材料,分别是毛泽东的《卜算子·咏梅》、于谦的《石灰吟》,以及现代散文孟超的《枫叶礼赞》。让学生分析讨论这几篇材料与《白杨礼赞》在手法上的异同。

卜算子·咏梅

毛泽东

风雨送春归,飞雪迎春到。

已是悬崖百丈冰,犹有花枝俏。

俏也不争春,只把春来报。

待到山花烂漫时,她在丛中笑。

石灰吟

于谦

千锤万凿出深山,烈火焚烧若等闲。

粉骨碎身浑不怕,要留清白在人间。

(三)结合资料,升级思考

引入更多的文本、图片性质的背景资料,如对《白杨礼赞》的好评、批评等性质的材料,通过PPT展示或纸面分发,让学生对相关的材料进行评价。(通过对比,进一步明确作者的写作意图,以及在写作意图支持下的写作手法的选用。)

参考阅读:郝宇民《概念淹没的白杨——重评茅盾的〈白杨礼赞〉》①。

(四)作业布置

背诵课文的第6~8段。

(撰稿人:赣南师范大学文学院,曹钢博士)

---

① 郝宇民.概念淹没的白杨——重评茅盾的《白杨礼赞》[J].名作欣赏,1996(3):106-109.

第八课 《我与地坛》文本解读与教学设计

《我与地坛》是史铁生于1991年发表在《上海文学》第一期上的一篇散文。此文一经发表,立即引起轰动反响。时至今日,距离《我与地坛》的发表已有30余年,但此文并未随时间流逝而淡出人们的视野,反而因其深邃透彻的生命思考,诚挚感人的情感表达,以及平实朴质却又深情绵邈的语言,愈来愈受到读者的喜爱,成为当代文学尤其是当代散文的经典作品之一。2000年,《我与地坛》被节选入人教版高中语文教材(试验修订本)第二册(上)。此后,它先后多次被节选入各个版本的中学语文教材之中,并沿用至今,如部编版高中语文、苏教版高中语文等。[①]《我与地坛》不仅在文坛上占有重要地位,在中学语文教育中也意义匪浅。因此,有必要对其进行文本解读和教学设计的研究。本文以部编版高中语文教材必修上册第七单元收录的课文《我与地坛(节选)》为基础进行文本解读与教学设计。

一、教学文本解读

《我与地坛》自发表之日起,就引起了文坛与学界的广泛关注。各大文学刊物多有转载,学术期刊也刊载了大量的研究成果。从学术的角度看,目前其研究成果主要集中在两大方面:作品的思想主旨和作品的艺术特征。

(一)《我与地坛》的"体裁纠纷"

在谈论《我与地坛》的主旨以前,首先需要对此文的文体做一些交代和说明。

《我与地坛》确乎是一篇散文,这在今天是没有争议的。但有意思的是,此文在发表之初,曾被误认为是小说。韩少功曾在《灵魂的声音》这篇文章中评

[①]《我与地坛》全文共7节,约1.3万字,因篇幅过长,各版本高中语文教材在节选此文时,通常取其前两节。本文在解读文本及讨论教学设计时,也主要针对此文的前两节。

价《我与地坛》说:"我以为1991年的小说即使只有他的一篇《我与地坛》,也完全可说是丰年。"①韩少功的"丰年论"既对此文给予了极高评价,又反映出此文刚发表时人们对它的误解。不仅如此,《上海文学》编辑在刚收到史铁生的稿件时,也曾打算将其作为小说发表。王安忆回忆此文发表的经过时这样写道:"《上海文学》的编辑和主编都认为它是一篇好小说,可以作为一篇小说来发表,可是史铁生自己不愿意,他说这一定是散文,而且他说为什么要把散文看低呢?这就是散文,因此它后来还是作为散文发表了。我也同意他的话,我觉得是一篇好散文。"②虽然《我与地坛》最终没有作为小说发表,但也没有放在散文一栏里,而是通过专设一栏"史铁生近作"的方式见刊。更有意思的是,此文不久之后获得了"1992年度上海文学小说奖",这说明《上海文学》编辑对此文文体的看法一直暧昧不明。从编辑收到此文的态度到读者读后的反响来看,《我与地坛》在某种程度上与小说这种文学体裁存在着"纠纷"。究其原因,主要包括2个方面的因素。

  一是在发表《我与地坛》之前,史铁生是以创作小说出名的。自1973年开始轮椅生涯后,史铁生便在不断思考其人生出路,最终踏上了以文为职志的作家道路。创作之初,史铁生先后凭借多篇小说获得殊荣:1983年,以《我的遥远的清平湾》荣获"青年文学奖"和"全国优秀短篇小说奖";1984年,以《奶奶的星星》斩获"全国优秀短篇小说奖"和"年度作家文学奖";1985年,又凭借《来到人间》获得"三月风金杯奖";1986年,以《毒药》摘得"上海文学奖"。这些殊荣不仅奠定了他在文坛上的地位,同时也塑造了他小说家的形象。在《我与地坛》见刊以前,当人们提起史铁生时,首先联想到的恐怕是他的小说。不仅如此,在学界中,学者们最先开始关注史铁生的,也是他的小说。比如较早的一篇研究史铁生作品的文章——吴俊《当代西绪福斯神话——史铁生小说的心理透视》③,不仅从心理学的角度探讨了史铁生早期小说创作的特征,同时也高度赞扬了史铁生,将他称为当代的西绪福斯。这更加稳固了史铁生小说家的地位。当然,这并不是说史铁生早期没有创作散文,1981年他的《秋天的怀念》发表在《南风报》上,文章通过回忆的形式表达了对其母亲的深切思念,情感真挚,令

---

① 韩少功.灵魂的声音[M].长春:吉林人民出版社,1996:34.
② 王安忆.心灵世界——王安忆小说讲稿[M].上海:复旦大学出版社,1997:362.
③ 吴俊.当代西绪福斯神话——史铁生小说的心理透视[J].文学评论,1989(1):40-49,159.

人动容。此文后被李朝全选入"散文百年经典",也被选入部编版七年级语文教材。但在《我与地坛》发表以前,史铁生小说的影响显然要比他的散文大得多。有学者这么评论《我与地坛》见刊后,史铁生身份的微妙变化:"直到1991年《我与地坛》在《上海文学》发表,伴随着密集的肯定性的批评和阐释,史铁生的社会身份才变得暧昧起来,光用'小说家'这个称呼已经难以准确、完整地概括这个写作者的成绩。"①这从侧面说明了在《我与地坛》见刊以前,史铁生小说家身份在社会大众中的固化。不难想见,当人们首次看到这篇文章时,带着思维固化,将其看作小说了。

二是史铁生在创作《我与地坛》时运用了小说的写作手法。史铁生的早期创作主要是以小说为主,基于小说的写作经验,他在写散文的时候,不知不觉运用了小说的写法。这一点有不少学者注意到。王彬彬认为,《我与地坛》虽然具有鲜明的散文特色,但其剪裁结构、谋篇布局是经过精心权衡的,这体现出小说家的"匠心"。②史铁生在创作《我与地坛》时使用现代小说手法的一个显著表现是通过不停改变人称来丰富作品的情感和意义。关于此点,王彬彬在《〈我与地坛〉的小说嫌疑》这篇文章中论述得比较详细,限于篇幅,不再赘述。此外,陈福民也曾指出,《我与地坛》之所以存在"体裁纠纷",是因为它"在叙事手法、人称转换以及对人物的刻画处理上,都带有小说意味",散文中的人物,如母亲、夫妇、不幸的小姑娘、业余歌唱家等,都"寥寥几笔便神形兼备栩栩如生,这种写人物的手法完全得益于史铁生作为小说家的训练"③。确实如二者所言,《我与地坛》打破了散文文体的束缚,超越了传统散文文体的创作格局和创作手法。赵勇在谈到这一点时写道:"它(《我与地坛》)打破了散文分类中那种比较单一的格局,让景和情、人和事、情和理、诗与思相互交叉,相互渗透,你中有我,我中有你。而它们之间经过相互的碰撞与融合之后,又产生出一种全新的东西。"④他称这种新的东西为"大散文"。

---

① 唐小祥.《我与地坛》与史铁生的精神重构[J].内蒙古大学学报(哲学社会科学版),2019(3):66.
② 王彬彬.王彬彬专栏:"姑妄言之"之三《我与地坛》的小说嫌疑[J].小说评论,2003(4):12.
③ 陈福民.超越生死大限之无上欢悦——重读史铁生的《我与地坛》[J].当代文坛,2009(6):28.
④ 赵勇.《我与地坛》面面观[J].名作欣赏,2011(8):9.本文所引赵勇观点,皆出自此文,后所引不再赘注。

当然,此文在内核上依然还是散文,它所描写的所有的人、物、事都无比真实,这和小说有着本质的区别。赵勇在谈到《我与地坛》的文体时也指出散文与小说的区别:"小说可以虚构,而散文则不可以虚构,它需要字字句句落到实处。"《我与地坛》书写了史铁生艰难的人生困境,描述了作者在艰难之际与周围人物的关系,展现了作者最真实的心路历程,表现了作者深沉的思考和探索。在一次采访中,史铁生也曾坦言:"我的这篇文章是一篇带有自传、自诉意味的散文,我以真实的身份投入到创作主体之中,坦诚地表现自己,所以写景、叙事、绘人自始至终都饱含情感,而且都是真情实感地流露。"[①]或许,这也就是史铁生不同意将其看作小说的原因吧。

(二)思想主旨

自《我与地坛》发表之时起,学界就对其产生了研究兴趣。有关其思想主旨,学者们的解读主要经过了最初的生命主题探寻,到后来的从哲学、宗教精神等角度分析阐发的过程。这使得《我与地坛》的主旨和思想愈发地丰富和深邃,呈现出多元化的特点。因本文主要是针对中学语文教育,因此笔者在思想主旨上只陈述生命主题和哲学阐释2个方面。

1. 生命主题

《我与地坛》是史铁生在面对"活到最狂妄的年龄上忽地残废了双腿"这种人生困境时,长期思考人生出路、探寻生命意义后,诉诸文字的结晶。此文饱含着作者双腿残废后的心路历程。文章一开始就谈到地坛,其目的就是抛出一个沉重的主题:人应该如何面对生命中的苦难。陈思和在其所主编的《中国当代文学史教程》中专辟一节来谈论《我与地坛》,认为此文表现出个人对生命的沉思,全文"所围绕的核心是有关生命本身的问题:人该怎样来看待生命中的苦难"[②]。陈思和认为,作者对生命的沉思可分为前后两个阶段:第一阶段是作者反思个人遭遇。这一阶段,作者在地坛"这样一个宁静的去处","最后事情终于弄明白了:一个人,出生了,这就不再是一个可以辩论的问题,而只是上天交给他的一个事实"。第二阶段是作者对地坛里其他人的生命的沉思,包括

[①] 余勤,史铁生.从残缺走向完美——访《我与地坛》作者史铁生[J].语文教学与研究,2006(18):6.

[②] 陈思和.中国当代文学史教程[M].上海:复旦大学出版社,1999:340.

母亲、漂亮弱智的少女等,并由此将个人的生命苦难抽离出来,放诸天地宇宙之间,"由个人的严酷命运上升到生命的流变",使得作者对生命的思考显得更加深邃和恢宏。

陈思和的观点是比较中肯的,此后,许多学者从生命主题的角度讨论《我与地坛》时,多是对其观点的进一步阐发和补充。朱菊香认为,文章的第一部分"作者用彻悟的口吻交代了我与地坛的关系,实现了文中的第一个超越——超越生死",而后面4个部分则描写了地坛里的各色人物让作者看到了生活的希望和勇气,"从而实现了第二次超越——超越苦难",而第6部分则通过思考"为什么而活",从而"实现了第三次超越——超越欲望"。①赵勇也认为"可以把《我与地坛》所写出的一切看作是作者对生命价值和意义感悟的过程、沉思的过程",地坛是作者沉思的去处,也是沉思的舞台,而地坛里的其他人则拓展了作者沉思生命的维度,最后,写作是作者思考生命、拯救自己的最好方式。从陈思和到赵勇,人们对《我与地坛》主旨思想的研究愈发深入和完善,也越来越接近作者本意。史铁生在和余勤的谈话中也这样说道:"因为人生来残缺,人生艰难、充满困境,当人面临的困境没有尽头的时候,会变得焦躁而脆弱,这时候需要一种对生命的理解。"②《我与地坛》在本质上就是作者对生命苦难的思索,进而探求生命的意义。

教材所节选的前两节正好反映了赵勇所谈到的前两点:第一节是作者对自己个人生死的沉思。双腿残废之后,作者对人生充满了迷茫——"我找不到工作,找不到出路,忽然间几乎什么都找不到了"。这期间,地坛成了作者逃避现实世界的"另一个世界"。在这个颓败的、被人遗忘的但安静的世界里,作者"一连几小时专心致志地想关于死的事,也以同样的耐心和方式想过我为什么要出生",最后终于明白了要坦然面对生死。紧接着在此节的最后一段,作者提出怎样活的问题。但他并没有直接回答,而是以大量的笔墨描绘了地坛里的景色:祭坛石门的落日,高歌的雨燕,雪地上的小孩子的脚印,苍黑的古柏,暴雨骤临的地坛,或飘摇或安卧的落叶等。这些文字充满着作者对地坛景色的热爱,烘托出作者在经历生命的挫折之后,经过长时间的沉思和探寻,最终

---

① 朱菊香.生命的沉思与超越——重读《我与地坛》[J].语文建设,2007(10):39-40.
② 余勤,史铁生.从残缺走向完美——访《我与地坛》作者史铁生[J].语文教学与研究,2006(18):7.

选择依旧对生活充满热情、对生命满怀尊敬。至此,作者完成了对生死的超越。

第二节则是通过描写母亲的苦难来拓展思考生命的维度。当然这一节也表达了对母亲的深沉和沉痛的爱。但如果仅限于母爱主题的话,那么就太小看史铁生了。实际上,史铁生在写母亲的时候,也是在写生命的苦难,也是在沉思生命。试问:儿子双腿残废对母亲意味着什么?显然儿子肉体的苦难在母亲那里是放大了不知多少倍的精神的苦难。史铁生在行文中许多地方流露了他对母亲苦难的沉思。如,他开篇即写道:"当年我总是独自跑到地坛去,曾经给母亲出了一个怎样的难题。"后文中又写道:"她有一个长到二十岁上忽然截瘫了的儿子,这是她唯一的儿子;她情愿截瘫的是自己而不是儿子。"最后总结说:"这样一个母亲,注定是活得最苦的母亲。"这些文字既有自责内疚的意味,又反映出母亲承担着巨大的苦难。作者在表达深沉伟大的母爱的同时,也是在书写、沉思母亲的苦难。另外,仔细阅读不难发现,作者在这一节中总是在不断变换人称,如"那时她的儿子还太年轻,还来不及为母亲想,他被命运击昏了头,一心以为自己是世上最不幸的一个,不知道儿子的不幸在母亲那儿总是要加倍的"。这里的"她的儿子""他""儿子"都是指作者自己,却使用了第三人称。抛却文学手法不谈,第三人称的使用意味着作者跳出了母子关系,以旁观者的身份来审视、沉思这段苦难,通过思考他人的苦难来探寻生命的真谛。但母亲与作者有着不可取代的亲情关系,不同于后文中的小姑娘、中年夫妇等人,因此史铁生在创作中总是情不自禁地流露出浓厚深沉真挚的情感。这使得"沉思生命"显得比较隐晦。读者阅读时往往过于关注母爱主题,而忽略了史铁生所表达的真正主旨。

在余勤的访谈中,史铁生谈到第二部分时这么说:"我精神跋涉的每一步,都有母亲的伴行。每一次挣扎都带给过母亲忧虑和哀伤,是母亲目送我走过这长长的路。现在,我明白了母亲在那个阶段的作用,这是我的第二次涅槃。"[1]所以,我们有理由相信作者在描写母亲这一部分时,实则是在继续沉思生命,是沉思自己之外的活动于地坛里的他人的苦难,以此来拓宽这种沉思的高度和宽度。这也就是作者所谓的"第二次涅槃"。这个过程中,母亲扮演了

---

[1] 余勤,史铁生.从残缺走向完美——访《我与地坛》作者史铁生[J].语文教学与研究,2006(18):6.

非常重要的角色。有的学者也意识到了这一点,如冯岩写道:"史铁生残疾后能够坚强地走出来,能够参透生死,找到存在的价值,这一切都源于母亲给予他的那种深沉无言的母爱。"①黄键也认为史铁生写母爱亲情,也是在沉思生命:"人在世间与他人还构成了各种实实在在的关系与情感的牵绊,而这种与他人的情感关系与牵绊,实际上也构成了人的生命意义的一个重要方面。"②从这个角度讲,如果说地坛是现实世界中可以慰藉史铁生心灵的地方的话,那么母亲便是他精神世界里的地坛。

《我与地坛》写得最感人的还是关于母亲的文字,因此,有必要对此部分做进一步的阐释。史铁生的母亲于1980年左右去世,而《我与地坛》创作于1989年,相隔近10年之久。作者在写这一部分时,字里行间充满着对母亲的回忆。这种回忆带着沉重的思念和追忆的意味,以及自责愧疚的深沉情感,具有极为强烈的艺术感染力。这种艺术感染力主要来源于母子双方的对比所产生的巨大落差:一方面,母亲伟大而无私,她尊重儿子,即使内心承受着巨大的精神痛苦,也自始至终默默地守候在儿子身边,所希求的只是儿子好好活着;另一方面,儿子太年轻,从不为母亲着想,自私地抱怨命运的不公。两者之间形成了强大的情感张力。此外,文章是通过回忆诉说的形式展开的,平实质朴的语言中蕴含着浓厚、深沉、复杂的情愫——自责、愧疚、悔恨,以及对母亲无尽的思念,这进一步加强了这种艺术张力,读之令人潸然泪下。

2. 哲学阐释

史铁生在《我与地坛》中所讨论的是生与死的问题。这也是哲学的终极命题。随着研究的深入,人们逐渐意识到这一点,一些学者也开始运用哲学理论知识对《我与地坛》进行阐释和解读。从研究成果来看,学者们所采用的理论武器主要是现象学理论。魏景霞从存在主义的角度阐释此文,认为这样一篇带有自传性质的散文,是史铁生经历苦难后对生命的价值和生存的意义进行深入思考后,给我们呈现出了真正的"人"。这一生命过程就是存在的展现,并由此获得超越。③

---

① 冯岩.《我与地坛》情感分析[J].名作欣赏,2021(11):125.
② 黄键.人与时间——史铁生《我与地坛》解读[J].名作欣赏,2022(1):86.
③ 魏景霞.选择的英雄——从存在主义视角看史铁生的《我与地坛》[J].中州大学学报,2010(1):52-54.

魏景霞的论述不少地方还比较模糊，李德南的分析论述较为翔实。他在《走向生命的澄明之境》这篇文章中，首先花了不少笔墨谈论了现象学的理论知识。现象学所研究的重要问题是"人—世界"的关系。在李德南看来，史铁生的"我"与"世界"的关系具体化为"我"与"地坛（包括地坛里的人和物）"的关系："地坛于史铁生之所以重要，首先是因为，它是一个适于沉思的'世界'。"①他认为，只有在地坛中，史铁生才处于敞开状态，才可能以最本真的方式存在。这种看法应该比较贴合史铁生的情状。史铁生在与余勤的谈话中也这么说道："我常提起地坛，是因为我向往它的安静。……地坛空旷清静，我喜欢到那里写东西和看书，无人打扰。地坛有我的零度写作，有过天马行空的想象。"②所谓零度写作，是指在写作时用理性将丰富饱满的情感降至冰点，从而让写作更加客观从容。史铁生语中的"安静""零度写作"正与李德南文中的"敞开状态"相呼应。整篇《我与地坛》也带有近乎残酷的冷静理性。比如，文章的第一部分第5段，作者引用了不少他此前所创作的小说文字来描述双腿残废后所看到的地坛，然后说"这都是真实的记录，园子荒芜但并不衰败"。通常情况下，文学家在表达情与景的关系时所常用的手法是寓情于景、情景交融，但史铁生却采用了引用前作的处理方式。这种处理方式可以避免再次陷于失去双腿时的痛苦漩涡之中，从而让作者更加理性客观地去审视、思考那段岁月。这背后蕴含着理性的色彩。又如，第二节中不断变换人称也折射出作者行文时的"理性"光芒。

接着，李德南认为，史铁生描写地坛里的许多不幸遭遇的人，是张扬一种生命意志，是从个体的"我"到普遍的"我"，是从认识论上的"唯我论"推演到价值论上的"无我论"。这一过程是"史铁生开始脱离非本真的生命状态，走向生命的澄明之境的过程"。而《我与地坛》的重要意义则在于"它让史铁生一度进入了生命的澄明之境，进入了一种自由敞开的状态"，这种自由敞开的状态让史铁生一度在感官和认识上进入一种超越时间限制的状态，一种远距离的静观状态，从而获得一种超验视域。李德南的观点是比较可信的，散文中的某些

---

① 李德南.走向生命的澄明之境——重读《我与地坛》及其周边文本[J].南方文坛,2016(4):106.
② 余勤,史铁生.从残缺走向完美——访《我与地坛》作者史铁生[J].语文教学与研究,2006(18):6.

段落正好印证了这一点。如第一节作者描述地坛里的古柏："譬如那些苍黑的古柏,你忧郁的时候它们镇静地站在那儿,你欣喜的时候它们依然镇静地站在那儿,它们没日没夜地站在那儿,从你没有出生一直站到这个世界上又没了你的时候。"很明显,作者在描述古柏时是带着超脱于时空、超然于生死的潜意识的,因而其文字带有哲理的诗性和诗性的哲理,具有较强的震撼力。黄键认为,地坛的时间是停滞的,作者通过描写地坛景色所构筑的诗性审美意象,对作者来说是一种安慰和拯救,是"来自时间本身的慰藉"①。所谓"时间停滞",也就是李德南所说的"一种超越时间限制的状态"。可以看出,黄键也是从现象学的角度来研究《我与地坛》的。

从哲学的角度来研究《我与地坛》是目前主要的研究趋势之一。我们期待此后能有更好更优秀的研究成果出现。

(二)艺术特色

《我与地坛》之所以能成为当代经典散文,还得益于它高度成熟的艺术创作手法。

1.意象

史铁生在《我与地坛》中运用了大量的意象来表达情思与哲理,其中最重要、写得最精彩的当然还是地坛意象。地坛历经400多年的风雨,荒凉而残败:古殿檐头上剥蚀了的琉璃,淡褪了朱红色的门壁,坍圮了的高墙,散落的玉砌雕栏……在作者看来,颓败的古园与其仿佛有着宿命般的联系,仿佛"就是为了等我","在人口密聚的城市里,有这样一个宁静的去处,像是上天的苦心安排"。双腿残缺的作者与无人问津的地坛存在着共性,地坛成了慰藉作者的空间。但很快,作者发现地坛虽然荒芜,但并不衰败。在漫长的15年时间里,他的车辙遍布地坛的每一个角落,最终在园子里悟出生死之道。史铁生谈到车辙时这么说:"'车辙'就可以看作我心灵求索的轨迹,这条轨迹肯定是十分复杂的,有直有曲,有进有退,错杂纵横,直到最后,才完成了思想的涅槃。"②从这个角度讲,地坛与"我"沉思生命是紧密联系在一起的:首先,它作为一个"安

---

① 黄键.人与时间——史铁生《我与地坛》解读[J].名作欣赏,2022(1):87.
② 余勤,史铁生.从残缺走向完美——访《我与地坛》作者史铁生[J].语文教学与研究,2006(18):6.

静"的空间,承载并抚慰了作者痛苦的心灵;其次,地坛同时也启发作者对生命进行深刻的沉思。张新颖曾指出地坛有两层意义:一是指客观真实的地方,二是指沉思之所,也即文中所说的"'我'投奔的方向""自我之所"。①

当然,地坛与母亲也存在紧密联系。在史铁生看来,其思想跋涉的每一步都有母亲的伴行。文中第二节以极为感人的笔墨描写了母亲小心谨慎地引导着儿子树立生的希望和信心,希望儿子能好好活着。"她想,只要儿子能活下去,哪怕自己去死呢也行,可她又确信一个人不能仅仅是活着,儿子得有一条路走向自己的幸福。"因此,地坛不仅承载着作者的车辙,也承载着母亲的足迹。母亲之于史铁生的意义,就像地坛之于作者,这一点就连史铁生自己也坦然承认。地坛也承载着母亲的苦难,也正是在地坛,作者通过审视沉思母亲的苦难,才完成了他所谓的"第二次涅槃"。一些学者甚至将地坛与母亲合而为一,认为地坛是另一个层次的母亲。如张建波在他的博士论文中写道:"母亲曾经指引人生,地坛也在昭示人生,从此意义上,地坛是曾经的母亲,母亲过世后融入地坛,母亲是现在的地坛。"②陈红也认为"母亲实际上也与地坛融为一体了"③。孟祥英也认为地坛是作者的精神家园,母亲是其心灵的港湾,两者形象合二为一。④这些观点都是有一定道理的。

2.语言

关于《我与地坛》的语言,赵勇有段非常好的总结,他说:"《我与地坛》的语言是低调的、质朴的、内敛的、情理交融的,但同时又非常典雅、醇厚。"同时,他指出了作者所使用的几种语言手法:陌生化法、指点法、减法以及写意法等。所谓陌生化法即打破语言常规表述方式,让人读之有陌生感,从而让文字富有意味。如文章第一节第三段,作者描述地坛残败的景象时,有意将"剥蚀了""淡褪了""坍圮了""散落了"等谓语动词提前,这既强化了动作,又富有力度。指点法是指语言文字高度概括凝练,既饱含哲理,又优美动人,具有诗性。如文章第五节最后一段:"我常以为是丑女造就了美人。我常以为是愚氓举出了智者。我常以为是懦夫衬照了英雄。我常以为是众生度化了佛祖。"减法和写

---

① 张新颖.平常心与非常心——重读史铁生[J].上海文学,1992(10):71.
② 张建波.逆游的行魂——史铁生论[D].山东:山东师范大学,2011:62-63.
③ 陈红.《我与地坛》中的时间与空间体验[J].德州学院学报,2013(3):61.
④ 孟祥英.那些苍凉而温暖的动词——《我与地坛》新解[J].文艺评论,2017(6):59.

意法则指的是作者在摹写地坛景象时，采用写意的手法，通过部分来窥见整体。如第一节最后一段对地坛的描写，作者通过6个"譬如"，选取了地坛6个典型的景象，通过写意的方式来让读者体验感受地坛所蕴含的美——自然的美、哲理的美以及生命的美。

另外，孟祥英则从动词的角度入手来研究《我与地坛》。在他看来，史铁生在创作时由于自身生理缺陷的原因，在选用动词时带有强烈的个性色彩，具有苍凉温暖的气息，蕴含着作者精神成长的历程。

3.结构

关于《我与地坛》的结构，鲜少有学者讨论。其主要原因是许多文学刊物、中学教材在选用此文时，往往采取节选的方式。这一点甚为遗憾。《我与地坛》虽是一篇散文，但在结构上非常严谨。这一点在本文的思想主旨部分即可看出。这里，笔者主要引用赵勇的观点来说明其结构特征。在赵勇看来，《我与地坛》是以一种意念结构和理念结构相互交融的结构模式展开的。[①]他在《〈我与地坛〉面面观》这篇文章中，借用交响乐的结构形式来类比《我与地坛》的结构，认为全文可分为4个乐章：第一、二小节节奏舒缓，饱含深情，是第一乐章；第三小节如小步舞曲，在第一乐章和第二乐章间起过渡作用，第四、五小节则是如歌的行板，是为第二乐章；第六小节是快板，是复调音乐，是为第三乐章；第七小节是终曲，曲调又回到了慢板，是为第四乐章。其他学者也敏锐地捕捉到《我与地坛》在结构上与音乐的相似性，如夏维东这样写道："《我与地坛》美妙得就像帕切贝尔的'卡龙'（CANON）一样，一个声部如影随形地追随另一声部，直到最后的一个和弦，他（它）们对称、叠加最后融为一体，如同生死相依、合一。"[②]可见，《我与地坛》在结构上是经过史铁生精心构思的。

二、典型课例分析

作为一篇经典散文，《我与地坛》在中学语文教学中具有重要意义，这个意

[①] 根据赵勇引用佘树森的《中国现当代散文研究》的看法，所谓理念结构，是指其构思活动自觉受理性的控制，其特征是讲究立意，重视法度，行文缜密有致。所谓意念结构则指的是以"意"或"情"或"思"作为散文的"内控线"，其特征是流水行云，无迹可求，蜿蜒曲折，自有"伏线"。相比于"理念结构"，意念结构更加灵活、自然。参见赵勇《〈我与地坛〉面面观》。

[②] 夏维东.史铁生：中国作家里的约伯[J].南方文坛，2011(5)：77.

义不仅仅是文学文化上的,更是教育上的。为了进一步了解《我与地坛》在中学语文的教学情况,笔者在此特选取10篇较为典型的教学课例,对其教学目标、教学重难点、教学内容、教学方法进行归纳梳理,以期结合具体案例深入解读该课文(见表1)。

表1　10篇《我与地坛》教学课例梳理表

课例	教学目标	教学重难点	教学内容	教学方法
黄宏武:《〈我与地坛(节选)〉教学设计》,《中学语文教学参考》,2002年第6期	1. 注重培养学生自主阅读的精神 2. 以音乐导入,让学生产生共鸣,真正感悟生死,理解母爱 3. 发挥文章"情"和"美"的特点,提高学生的人文素质,丰富学生的精神世界	教学重点: 1. 理解作者对生死的感悟和表达的亲情 2. 品味作者对景物的描写,及其语言特征、文学手法等	1. 理解把握课文涉及的感悟生死和亲情的内容 2. 体会几处景物描写的情味,品味评价作者沉静、抒情、创新的语言	问答法 朗读法 文本细读法
张可喜:《形象美 群像美 意象美——〈我与地坛〉教学新设计》,《语文教学通讯》,2003年第9期	1. 引导学生认识母亲的人性美、人格美 2. 通过阅读文章,感受美的激赏,提高学生的审美修养	教学重点: 1. 理解文中所表现的母亲的伟大 2. 把握文章的艺术特征,包括母亲形象的塑造及其所反映的人格美等	1. 以史铁生的图片导入,回顾《我与地坛》第一节的内容,引出母亲 2. 审美阅读,学生分别朗读第2、3、8段,分析讨论母亲的反应 3. 老师总结母亲之美:形象美、群像美、意象美 4. 分享残疾人的母亲的故事	朗读法 文本细读法 问答法 情景教学法 练习法

续表

课例	教学目标	教学重难点	教学内容	教学方法
盛庆丰：《〈我与地坛〉教学实录》，《中学语文教学》，2006年第2期	1. 提高学生的文学作品欣赏能力和审美能力 2. 培养学生正确的生命价值观念	教学重点： 1. 理解文章中所表现的作者对生命的感悟，以及作者对母亲的深刻情感 2. 掌握作者在描写地坛景物、刻画母亲时所使用的艺术手法	1. 老师朗读第二节最后一段，并引发学生思考 2. 让学生给第一、二节分别拟一个标题 3. 学生分享自己认为最精彩的文字，老师引导学生体会文章中描写地坛景色时，情与景之间的关系 4. 老师引导学生体会文章中质朴真情的语言 5. 引导学生理解文章的主旨思想	朗读法 问答法 文本细读法
谷孝平：《体悟亲情 感悟生命——〈我与地坛〉的情感教学》，《现代教育科学》2008年第2期	1. 理解史铁生的"对生命的热爱"和"对母亲的怀念"这两种感情 2. 通过教学，陶冶学生情操，丰富学生情感	教学重点： 1. 理解文章所表现的作者对生死的感悟，以及母亲、地坛与"我"之间的关系 2. 作者在描写地坛景物时所使用的文学手法	1. 以歌曲《懂你》导入，引导学生思考母爱和生命意义 2. 提出问题：以什么方式写景。通过反复阅读，引导学生感受写景文字的情愫 3. 提出问题：第一节的思想主旨是什么？第二节中作者对母亲的判断是哪一句？引导学生认识母爱 4. 小组讨论，引导学生理解生命的价值和意义	朗读法 问答法 问题讨论法 文本细读法 练习法 情景教学法

第八课 《我与地坛》文本解读与教学设计

续表

课例	教学目标	教学重难点	教学内容	教学方法
来凤华、刘长永:《〈我与地坛〉教学设计(节选)》,《黑龙江教育》,2003年第29期	1.品味作者深情、绵密的语言 2.体味作者对生命的感悟	教学重点: 1.理解地坛启示作者感悟生命 2.把握作者对母亲的深刻情感	1.以张海迪、海伦·凯勒的事迹导入 2.简介作者 3.研读第一节,通过3个问题逐渐引导学生理解此部分主旨 4.研读第二节,引导学生理解母爱 5.阐释板书含义 6.出示汪国真《心灵的广场》	问答法 朗读法 文本细读法 情景教学法
周庆华、李广慧:《〈我与地坛〉教学实录》,《语文教学与研究》,2010年第23期	1.让学生感受生命的意义和价值,懂得做人的道理 2.通过阅读文章重要段落,加深理解作者的情感,提高学生的审美修养	教学重点: "地坛""我""母亲"三者有什么特征?作者是如何通过三者表现情感,突出思想主旨的	1.提出3个问题,让学生提前思考 2.通过老师引导、学生讨论的方式解决预先设置的3个问题 3.围绕"我""地坛"母亲三元素,引导学生理解文章主旨	问答法 朗读法 问题讨论法 文本细读法 练习法
岑斌、褚树荣:《〈我与地坛〉课例赏鉴》,《语文教学通讯》,2015年第Z1期	1.品悟对生命的思考,对苦难的面对 2.在诵读中感受作者对母亲的挚爱、愧疚与怀念	教学重难点:理解"地坛是虚化的、永恒的母亲,母亲是作者心中永远的地坛"	1.以史铁生去世事件导入 2.通过诵读、问答等方式,引导学生理解第一节的思想主旨,并带领学生理解作者在描写地坛时所采用的修辞手法 3.引导学生理解第二节的思想主旨	朗读法 文本细读法 问答法 点拨法 练习法

续表

课例	教学目标	教学重难点	教学内容	教学方法
黄俐花：《〈我与地坛〉教学设计》,《中学语文教学》,2018年第11期	1.了解者在地坛的启示下的情感变化过程 2.理解母亲的苦难与伟大 3.理解作者对生命的感悟	教学重点：理解地坛对作者的启示,母亲的苦难与伟大 教学难点：理解作者对生命的感悟	1.以《秋天的怀念》导入 2.在老师的引导下,学生带着问题阅读课文,理解文章的主体思想,体会情景交融的艺术手法	合作探究法 文本细读法 问答法 点拨法 练习法
孙蕊：《〈我与地坛〉教学设计》,2020年新时代语文教育学术展评活动,《语文报》社有限责任公司专题资料汇编	1.把握文章第二部分的内容,品味散文的语言,学习刻画人物的方法 2.在合作探究的过程中,分析母亲的形象特点,并体会"我"的感悟 3.进入作者的情感世界,体会文章中作者用沉静语言表达的对母亲的深切的怀念 4.感受母爱的伟大,加深学生对母爱的理解,以及对亲情的感悟,学会感恩	教学重点：学习人物刻画的写作方法,分析人物形象 教学难点：体会"我"的感悟;感受母爱的伟大,加深对亲情的理解	1.以《秋天的怀念》片段导入 2.教师以问题的形式,引导学生理解作品是如何描写母爱的,塑造了什么样的母亲形象 3.在把握母亲形象、母爱的基础上,引导学生理解作者对生命的感悟	问答法 合作探究法 文本细读法 练习法 情景教学法

续表

课例	教学目标	教学重难点	教学内容	教学方法
袁红玉:《史铁生的精神突围之路——〈我与地坛〉教学案例》,《语文教学与研究》,2021年第9期	1.通过说故事的方式,熟悉文本内容,培养审美情趣 2.通过朗读和文字评点的方式,品味文章细腻绵密的语言 3.通过深度研读,理解作者的生死观,体味史铁生对"苦难"的感悟,感受其精神力量对当下的启示	教学重点:文章中细腻绵密的语言、深沉而富有哲理的思想	1.以活动的方式,通过问题(填空)引导学生理解地坛、母亲对"我"的影响 2.通过小组交流讨论,以关键词的方式进一步探究地坛与作者的关系、母亲与我的关系 3.以多角色交流的方式,探讨标题是否可以改成"我与母亲",引导学生理解文章的主旨 4.通过朗读的形式,引导学生更加深刻地把握作品的思想主旨和感情基调 5.以作业(写推稿、标语)的方式,进一步加强学生对文章主旨的把握,提高学生对语言艺术的审美能力	朗读法 文本细读法 合作探究法 问答法 练习法

(一)教学目标

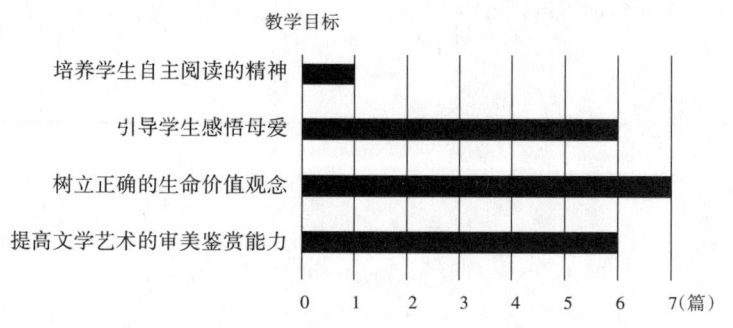

图1 10篇《我与地坛》课例中的教学目标统计图

结合表1与图1,不难发现10篇《我与地坛》课例的教学目标主要侧重在3个方面:(1)引导学生理解体悟史铁生在散文中对生命的沉思,注重培养学生正确的生命价值观念;(2)通过分析作者对母亲深沉复杂的情感,引导学生理解感悟母爱;(3)通过阅读讲解作者在文章中所使用的艺术手法,包括人物形象的塑造、语言的艺术特征、情景交融的手法等,提高学生的文学作品阅读鉴赏能力,培养学生的审美情趣。其中第一点占比最多,说明绝大多数教师在教学的过程中,能够抓住《我与地坛》的核心思想,意识到此文在学生精神教育及心理健康教育方面的意义。

(二)教学重难点

教学重点

教学重点	篇数
理解作者对生死的感悟和对亲情的体会	5
品味文章的艺术特征	6
理解母亲的伟大	2
理解"我"、母亲、地坛三者的关系	2

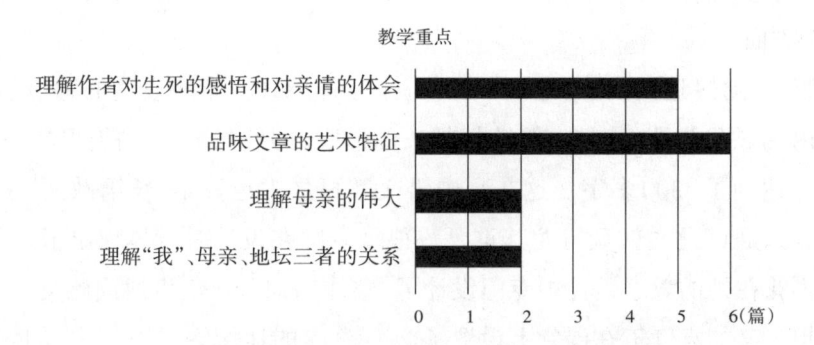

图2 10篇《我与地坛》课例中的教学重点统计图

结合表1与图2,《我与地坛》的教学重点主要集中在理解作者对生死的感悟和对亲情的体会、品味文章的艺术特征2个方面。尤其是艺术特色方面,6篇教学设计都作为教学的重点。出现这种情况的原因在于文章的语言艺术、修辞手法、情景交融等文学手法与作者表达的思想主旨紧密联系在一起。教师在教学的过程中,可以通过解读艺术特色来启发学生探寻作品的思想主旨。而且,这种做法还能够让学生领略到《我与地坛》文笔中所蕴含的诗性哲理之美,可以提高学生的文学赏鉴能力。这与高中语文教学目标十分吻合。另外,还可以注意到较少课例将重点放在"理解母亲的伟大"和"理解'我'、母亲、地坛三者的关系"上。从《我与地坛》整篇文章的立意和结构来看,这2个教学重点有商量的余地。

在10篇课例中,较少涉及教学难点,只有岑斌、黄俐花、孙蕊等3位老师的课例中指出了教学难点。这反映出2个现象:一是许多老师在教学实践中并

没有有意识地去总结教学难点;二是随着语文教学的发展以及教学大纲的不断完善,一些老师逐渐意识到教学难点在教学实践中的重要性。另外,上述3位老师对教学难点的认识分歧较大,岑斌认为教学难点在于理解地坛与母亲的关系,黄俐花认为难点是理解作者对生命的感悟,而孙蕊认为难点是体会"我"的感悟以及母亲的伟大。

此外,还可以注意到很少课例论及文章的结构,这是因为大多数教材只节选了《我与地坛》的前两节,教学的过程中不足以窥见此文的整体结构。

(三)教学内容

通过统计分析10篇课例可以发现,《我与地坛》的教学内容主要体现在以下4个方面。

第一,通过通读《我与地坛(节选)》来整体感知文章所表达的感情基调和思想内涵。《我与地坛》是一篇篇幅颇长的散文,即便只节选了前两节,其文字字数也达到了4300多字。这在高中语文教材之中也算是"长篇散文"了。因此,预习、通读此文就显得尤其重要。很多老师在设计时就体现出了这一点,如黄俐花在她的教学设计中专门设计了"整体感知",让学生通读此文后,概括其感想。又如袁红玉在课堂上设置了"_____的地坛给了_____的我的精神启示"这类填空题,其前提也是让学生做好通读的预习功课,以便学生能在老师讲解前对文章内容和感情基调有一个整体把握。

第二,通过分析作者在描写地坛景物时,所使用的语言文字、艺术手法、意象选择等来分析理解《我与地坛》的思想主旨,深刻把握文章所体现的情感基调。许多老师在教学的过程中,会让学生挑选出自己喜欢的描述地坛景色的语段,并解释其原因。如盛庆丰在他的教学实录中就有此做法,其中一个学生所选的是"四百多年里,它一面剥蚀了古殿檐头浮夸的琉璃"这一段,并解释说喜欢的原因是这段文字写出了地坛的荒凉与衰败,这与史铁生绝望的心情是一致的。而老师则指出史铁生是带着孤独而痛苦的心走进地坛的。而另一个学生选择的是"园墙在金晃晃的空气中斜切下一溜阴凉"这一段,因为这一段写得生气活泼,体现出生命的气息。如此这般,老师通过不断对学生喜爱的语段进行讲解和启发,最终回归到生命主题上来。又如,黄俐花在她的教学设计中,通过第3、5、7自然段中的景物描写,来逐步引导学生对作品主旨的把握。

她最后总结说,对这些景物的描写烘托了作者的心境,作者由此获得了关于生死和生活的启示,作者描写景物就是作者对生命、对世界的形象解读。需要指出的是,虽然老师们意识到作者在描写地坛景色时,其语言、意象乃至于修辞手法都极具艺术美感,同时也意识到这种美感和作者对生命的沉思是紧密联系在一起的,但从教学设计的内容来看,他们对这些语段的分析和讲解并不十分透彻。

第三,通过分析作者与母亲的复杂情感来感悟母爱,感悟生命的意义。《我与地坛》写得最感人的部分就是有关于母亲的文字,这段文字极容易引起共鸣,在教学及教育上可起到事半功倍的效果。许多老师在教学的过程中,也能把握住这一点。如张可喜在其教学设计中,通过史铁生对其母亲理解、坚忍、关爱的特征的刻画,来延伸至母亲群体形象,以期引导学生理解母亲的人性美和人格美。但是张老师没有注意到史铁生写母亲就是在沉思生命。这一点之后的老师显然要做得更好,他们既指出母爱的伟大,同时也帮助学生理解作者写母爱的意义。如谷孝平在其教学设计中就通过"作者想到母亲后,给母亲下了一个与众不同的判断,是哪一句"来启发学生理解母爱在作者重新判断生命价值中所起到的作用。黄俐花在其教学设计中也反映出她对母爱部分思想主旨的准确把握。她先带领学生分析母亲的苦难和伟大,然后通过小组讨论、老师讲解总结来认识作者写母亲的意义——"第二部分'我与母亲'也是写作者对生命的思考,只是通过'母亲'的生命历程来体现他的思考"。可以看出,老师们在教学中做得越来越好,这也是我们乐于见到的。

第四,通过朗读来理解散文内容,体会作者在文章中表达的情感因素。如前文所写,《我与地坛》语言虽质朴平实,但蕴含丰富深厚的情感;典雅醇厚,具有较浓的诗性色彩。作为一种较为传统的上课方式,朗读不仅可以让学生领略到文笔的美妙,同时也有助于学生集中注意力,快速进入文本情境当中,领会文章所表达的思想感情。在这10篇课例当中,有不少老师是非常注重朗读的,且朗读形式比较多样,有以学生朗读为主的,有以老师朗读为主的,也有以音频播放为主的;有只读某一段的,也有边讲边读的。但只有极少数老师注意到指导学生朗读时应注意哪些因素。如袁红玉指引学生朗读时要注意读准字音、读出情感。

(四)教学方法

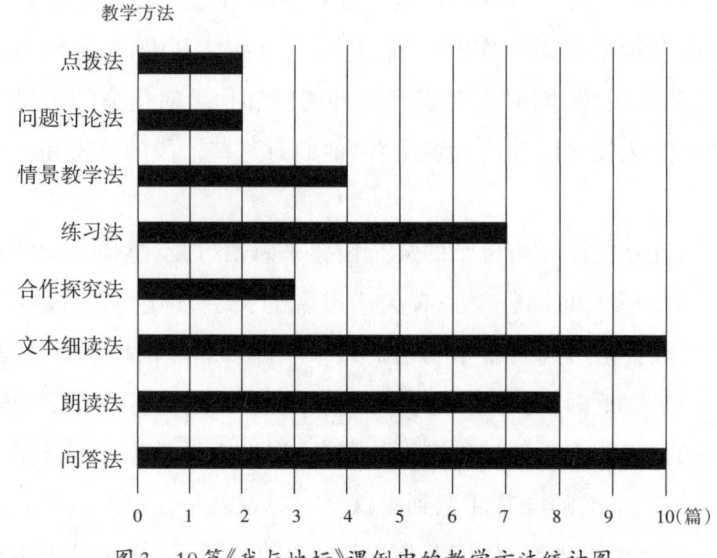

图3　10篇《我与地坛》课例中的教学方法统计图

教学方法	篇数
点拨法	2
问题讨论法	2
情景教学法	4
练习法	7
合作探究法	3
文本细读法	10
朗读法	8
问答法	10

结合表1与图3可以发现,10篇课例所采用的教学方法主要侧重于练习法、文本细读法、朗读法以及问答法4种方法。其中,所有的老师都采用了文本细读法和问答法。这说明,教师在教学的过程中更加注重培养学生自主思考、自主学习的能力,不再是传统的"满堂灌"的上课模式。同时也说明,老师们更加注重培养学生阅读、分析、理解文本的能力,不再是教科书式的拿来即用。此外,还有少数老师采用较为传统的板书法进行教学。此法虽传统,但并不过时,它有利于学生通过关键字词来把握作品主旨、理清思路,对复习和回顾也有较好效果。另外,在新课改的大背景下,一些老师在教学方法上有所创新。如孙蕊在其课堂上采用了情景教学法和练习法相结合的教学策略,在讲完母爱这一部分后,播放一段视频,让学生据此练习写作,加深学生对母爱亲情的理解。此外,她在教学设计中还以任务的形式展开,表现出与高中语文课程标准的紧密结合。袁红玉则将朗读与视频配音结合在一起,在学生中推荐出朗读得最好的来作为视频配音候选人。另外,一些老师还布置了延伸阅读以启发学生更好地理解文章主旨。如黄俐花让学生阅读张海迪的《轮椅间的心灵对话》、蒋子丹的《彻悟生死之后才可能拥有的宁静》以及史铁生的《故乡的胡同》。这些都有助于学生更好地把握作品内涵,起到较好的教育效果,对今后教师教学方法的创新也不无启发意义。

三、基于课例分析的教学建议

(一) 确定教学内容

1. 依据课程标准选择教学内容

《我与地坛》被节选入部编版高中语文教材必修上册,因此在确定教学内容时,要紧密结合《普通高中语文课程标准》。根据中华人民共和国教育部制定的《普通高中语文课程标准》(2017年版2020年修订)(以下简称《普高标准》)的规定,普通高中语文要继续引导学生丰富语言积累,提高运用祖国语言文字的能力,要促进学生思维能力的发展与思维品质的提升,培养自觉的审美意识和高尚的审美情趣,培养审美感知和创造表现的能力。《我与地坛》属于当代散文,《普高标准》规定现当代文学研习目标和内容包括把握作品的精神内涵与艺术价值、关注当代文学创作动态、养成撰写读书笔记的习惯以及练习创作等4个方面。《我与地坛》又属于必修篇目,《普高标准》也规定了必修课程的学习要求,包括:(1)丰富学生的精神世界、生活经历和情感体验,完善自我人格,提升人生境界;(2)发展独立阅读的能力;(3)能准确把握和评价作者的观点与态度;(4)自主写作,自由表达;(5)增强人际交往能力;(6)养成有意识地积累的习惯。根据以上诸多规定,再结合《我与地坛》的文本内容,在教学过程中应注重引导学生挖掘《我与地坛》的思想主旨,培养学生正确的生命价值观念,同时也要注重培养学生的阅读理解能力,提高学生的文学艺术鉴赏能力,以及文学创作和语言表达能力。

2. 依据文本体式选择教学内容

文本体式对把握作品主旨、思想感情有着至关重要的作用。如前文所述,《我与地坛》在文体性质上虽然属于散文,但是由于作者自身的创作经验,该文具有一些小说的特征。因此,在教学过程中,老师除了要向学生说明其散文的性质以外,还需要特别强调《我与地坛》对散文文体的突破。比如散文与小说的本质区别,作者在创作《我与地坛》时所使用的小说笔法表现在哪些方面,这与散文笔法有什么不同,等等。这样,学生对散文这种文体有进一步的认识,对把握作品的内核也应能起到较好的作用。

3.依据学情开展选择教学内容

学情是教学活动开展的前提条件,它对学生理解作品、掌握课程内容的重难点有着关键的作用。学情一般表现在2个方面:一是文学作品本身,即该作品在讲解以前,学生对其了解的程度;二是学生本身,即学生之间存在的差异,包括成绩水平、知识涉猎范围、理解能力等诸多方面。因此,教师在进行正式的课堂教学前,应尽可能把握学情。就《我与地坛》而言,首先,学生虽未学习过此文,但对其作者并不陌生,他们在初中时学习过史铁生的另一篇散文《秋天的怀念》。《秋天的怀念》也是回忆母亲的,这与《我与地坛》第二小节存在相似性,但又有着非常大的不同。老师在上课时可以充分利用这一点展开教学。其次,教师在上课前,可以采用多种方式,如访谈交流、查看以往的作业成绩情况等,来掌握学生学习间的差异,以便于有效展开教学。此外,在教学的过程中,老师也可以根据课堂实际情况,灵活变动教学策略,以提高教学效果。

4.巧妙选择教学切入点

在实际教学中,教学切入点甚为重要。因为它不仅关乎能否激发学生的学习兴趣,提高学生的学习效率,同时对学生把握作品的思想主旨、领略作品的艺术魅力,也起到较大的作用。因此,教师在教学设计中,要注重切入点的选择。就《我与地坛》而言,由于此文具有结构宏大、内容丰富、语言质朴而又典雅醇厚、意象繁富而又寓意深刻、思想深邃而富有哲理等特点,而一节课所能讲授的内容比较有限,想在实际教学的过程中抓住所有特点是不可能的,因此切入点的选择就显得尤为重要。根据诸多课例及教学设计的经验,再结合《普高标准》,笔者建议由文学作品的形式(如语言特征、修辞手法、意象选择等)入手,帮助学生分析理解经典语段所展现的文学魅力,然后在此基础上引导学生思考探究其背后的寓意、表现出来的作者情感,最后带领学生总结作品的思想主旨。当然,在实际教学中,应根据学生的实际情况有所侧重。

(二)选择教学方法

1.朗读法

根据《普高标准》的规定,教师在设计课程时要有足够的课时保证学生独立自主阅读,设计促进学生个性化体验的阅读活动。作为一种较为传统的教学方法,朗读法在中学语文教学中依然是一种很重要的教学方法,它不仅能和《普高标准》紧密结合,有助于个性化体验的阅读活动的设计,同时也能提高学生的学习兴趣,促进学生体悟作品的情感特点和语言风格。作为一篇抒情性质的哲理散文,《我与地坛》不仅语言优美,具有诗性,而且饱含作者的思想感情。因此在教学过程中,朗读法是不可或缺的。在笔者所选的10篇课例中,绝大多数老师采用了朗读法,比如在岑斌的教学课例中,朗读法基本贯穿整个课堂,他通过边读边引发学生思考,且读的方式有生读、师读、合读等形式,极大地带动了课堂气氛,达到一种较好的教学效果。因此在今后的教学设计中,应仍旧注重朗读法的灵活使用。

2.合作探究法

根据《普高标准》,语言表达和交流、增强形象思维能力是普通高中语文教学的2个重要目标。它要求学生能够在阅读与鉴赏、表达与交流、梳理与探究活动中运用联想和想象,将自己对现实生活和文学形象的感受与理解,运用口头和书面语言文明得体地进行表达与交流。合作探究法恰好可以培养这方面的能力。特别是对于像《我与地坛》这样一篇具有哲理性质的散文,合作探究法在教学过程中显得尤为重要。它不仅可以锻炼学生的语言表达能力、思维理解能力,同时还能帮助学生深刻理解作品所蕴含的哲理。《我与地坛》所讨论的是生与死、生命的价值与意义这类哲理性的问题,作者在行文的时候,又夹杂着复杂的情感因素,这些都与高中生有着相当的距离。因此,让学生理解体会《我与地坛》的思想主旨是教学过程中的一个重点问题,更是一个难点问题。在教学过程中使用合作探究法,可以充分调动学生交流思考的兴趣,进一步加深他们对生命主题的理解。在实际教学中,老师可根据学情以问题的形式,让学生分组讨论。

3.情景教学法

情景教学法是指老师在教学过程中,借助图片、音乐、影像等再现课文所描绘的情景,让学生身临其境,以达到较好的教学效果。它对渲染课堂气氛,启发学生思考,培养学生情感都有明显效果。如前文所述,对于高中生来说,《我与地坛》是一篇难度系数较大的散文,尤其是主旨思想方面。采用情景教学法,无疑可以快速地引导学生感悟生命挫折和困难,理解生命的重要性。譬如,在讲解文章的第一节第3段的时候,老师可以以幻灯片的形式播放残破的地坛的图片,并配以悲凉哀婉的音乐;讲第5段的时候,则可以播放一些地坛具有生命气息的图片,音乐也由哀婉变为舒缓。这样设置情景,可以加深学生对作者情感变化的理解,有利于学生把握文章主题。在笔者所选的10篇课例中,较少采用情景教学法,这一点比较遗憾。因此本文建议实际教学中应注意采用此法。

四、教学设计参考

课题名称：

《我与地坛》第一节教学设计。

教学目标：

1.通过研读经典语段,培养学生的文学作品的鉴赏能力和艺术审美;

2.把握作者在作品中流露出的真情实感;

3.引导学生理解作品主旨,建立正确的生命价值观念。

教学重点：

1.通过作者对地坛景物的描写,熟悉文学创作手法,提高文学作品的阅读理解能力;

2.把握作者在文章中所流露出的情感,理解作品主旨。

教学难点：

理解作品思想主旨,树立正确的生命价值观念。

教学方法：

朗读法、合作探究法、情景教学法、练习法。

教学过程：

一、教学导入

1.PPT展示史铁生的图片;

2.播放《我与地坛》第一节名家范读录音。

(设计意图:学生已学过史铁生的《秋天的怀念》这篇文章,展示作者图片有助于学生回忆作者信息;通过名家范读,加深理解文章内容。)

学习活动:观看史铁生的图片;跟着范读录音感知全文。

二、阅读与研讨

任务一:找出文章描写地坛的语句,并指出其文学特征。

(设计意图:提高学生的文学作品阅读理解能力、语言表达能力。)

学习活动:先独立思考,然后小组讨论交流。小组代表朗读,其他同学回答作者描写地坛所使用的文学手法。

例1:四百多年里,它一面剥蚀了古殿檐头浮夸的琉璃,淡褪了门壁上炫耀的朱红,坍圮了一段段高墙,又散落了玉砌雕栏,祭坛四周的老柏树愈见苍幽,到处的野草荒藤也都茂盛得自在坦荡……

分析:将谓语前置,突出了地坛的颓败,加强了语言的力度美感。(分析的时候,PPT播放地坛破败时期的图片,同时配以哀伤的音乐。)

例2:"园墙在金晃晃的空气中斜切下一溜阴凉……""蜂儿如一朵小雾稳稳地停在半空;蚂蚁摇头晃脑捋着触须,猛然间想透了什么,转身疾行而去……"

分析:(1)拟人、比喻等手法的使用,让语言活泼生动,富有生命气息,突出地坛破而不败。(2)作者突破散文情景交融的写作手法,采用引文的形式描述地坛。(分析时可播放较有生命气息的地坛图片。)

例3:譬如祭坛石门中的落日,寂静的光辉平铺的一刻,地上的每一个坎坷都被映照得灿烂……

分析:(1)6个"譬如"并非比喻手法;(2)作者采用管窥蠡测的方式,通过地坛典型景物的描写,表现出其对生命的感悟。(分析时播放具有庄重韵味的地坛图片。)

任务二:分析作者与地坛的关系,理解描述地坛时所表现的情感和哲理。

(设计意图:在理解的基础上,掌握作品思想主旨。)

学习活动:小组交流讨论作者在描写地坛时所流露出的情感,以及体现出的主旨思想。

分析1:第一次景物描写,主要突出地坛的破败、无人问津,这与作者双腿残废,前途渺茫相对应,故而作者有"宿命"感。烘托出作者心中的绝望,以及

地坛对其心理的安慰。

分析2：第二次景物描写，带有审视沉思的意味，故而没有直接描写，而是采用了以前的小说文字，突出作者的理性色彩。通过地坛衰而不败的描写，表现出地坛对作者的启示：生命的困境不可改变，人在困境时要保持活下去的勇气。

分析3：第三次景物描写，采用了以点带面的形式，通过地坛的几个典型景物的描写，表现出地坛深邃肃穆的特征，突出作者最终由地坛而感悟生命，超越生死。

三、归纳总结

学习活动：学生思考，归纳总结。

（设计意图：加深学生对作品主旨的理解。）

明晰：《我与地坛》第一节主要是写作者与地坛的关系，作者通过3段的景物描写，运用多种文学手法，如谓语前置、比喻、拟人、排比、情景交融等手法，表现出地坛与作者在情感与思想上的紧密关系：从最先开始的心灵慰藉，到之后的生命启发，再到最后的感悟生命哲理，地坛在这一过程中始终扮演着重要的角色。

四、语言积累与写作

学习活动：观看一小段公园或者老屋的视频，视频要突显出生命旺盛昂扬的特点，如石头上盛开的小花，屋角上峥嵘的野草。学生据此写一段300字左右的写景文章。

（设计意图：进一步加深学生对生命意义的理解，训练学生的语言表达能力。）

五、课后作业

学习活动：1.继续完成课堂写作；2.预习《我与地坛》第二节的内容，思考其与第一节的关系。

（设计意图：加深理解生命意义；训练语言运用能力；为母爱部分的主题探索做铺垫；通过把握文章结构，理解作者的行文布局。）

六、板书设计

      我与地坛(第一节)

  地坛   我

  残破   双腿残废 失落绝望

  荒芜而不衰败 活下去,生的勇气

  肃穆,有意蕴 感悟生命,超越生死

（设计意图：层次清晰，便于回顾课堂要点；重点鲜明，易于掌握文章主旨。）

（撰稿人：赣南师范大学文学院，龙中强博士）

第九课 《故都的秋》文本解读与教学设计

《故都的秋》作者是郁达夫,创作于1934年8月的北京。这是一篇写景散文,收录于部编版高中语文教材必修上册第七单元,最早见于1934年出版的散文集《闲书》中。

郁达夫,原名郁文,字达夫,幼名阿凤,1896年12月7日出生,1945年9月17日被日军杀害于苏门答腊岛丛林,年仅49岁。他参与发起"创造社",也是一位爱国主义作家,代表作有《怀鲁迅》《沉沦》《春风沉醉的晚上》等。陈国恩在《中国现当代文学史》中提出:"他(郁达夫)的散文写景抒情,深得古代小品文真切、清细的神韵,做到了情景兼到,既细且清。"[1]

1934年7月,郁达夫思念故都心切,从杭州出发,途经青岛,终达北平,就是为了"饱尝"故都的秋。这篇《故都的秋》不足2000字,却把北平的秋天描绘得淋漓尽致,形象鲜明,韵味浓厚。作者以看似随性的笔调描摹了故都北平的色与味,语言清新,色彩明媚;通过对清晨、槐树、蝉鸣、秋雨、枣树等细致入微的描写,抓住寻常人视而不见的芦花、柳影等景物,既有时代特征,又凸显地方特色,勾勒出一幅秋天、秋声、秋色交相辉映的秋意图景,寄寓了对北平深切的热爱与赞颂。应当说,《故都的秋》是最能代表郁达夫散文艺术特色的篇目之一。

一、教学文本解读

(一)主题探讨

文章写作前后几年,郁达夫饱受了国乱、丧子等生活的挫折。但他并未消沉,反而以审美的眼光看待故都、怀念故都、品味故都,创作了《故都的秋》这样一篇厚重而又真实的写景抒情散文。

---

[1] 陈国恩.中国现当代文学史(上册)[M].武汉:武汉大学出版社,2011:59.

关于这篇文章的主题,以往的解读多着眼于文中流露出的哀伤情绪。有学者就认为作者受到了当时"白色恐怖"的影响,"由于作者身处的时代,在作家的内心投下了深远的忧虑和孤独者冷落之感的阴影,因此,作者笔下的秋味、秋色和秋的意境与姿态,自然也就笼上一层主观感情色彩"①。也有学者指出:"此生如寄的人生孤寂感,本来就最容易为萧索的秋天所激发,更何况在这多事之'秋'?"②

然而,钱理群先生认为,社会环境对作家是有影响的,但"作家的思想、感情是复杂的,影响作家思想、感情的因素也是多元的;时代、社会对作家思想、感情的影响更是复杂曲折的,作家思想、感情在具体作品中的体现同样复杂,甚至是微妙曲折的"③。他在事实上打破了"时代是苦闷的→作家必定时时、处处隐入单一的绝对苦闷中→他写出的每一作品必定是充满了单一的绝对的苦闷感"④的链条,为后人解读《故都的秋》的文本留下了充足的空间。

既往文学多描写秋天的声、色,而对秋味的描写则很少见。郁达夫开篇即言:"我的不远千里,要从杭州赶上青岛,更要从青岛赶上北平来的理由,也不过想饱尝一尝这'秋',这故都的秋味。"饱尝就是品味、赏玩。郁达夫曾在北京居住过很长时间,深知北京生活的味道。郁达夫以一种品味的眼光观察北京的秋,又以真实的生活体验秋天的滋味,表现出了一种审美的自觉。"陶然亭的芦花,钓鱼台的柳影,西山的虫唱,玉泉的夜月,潭柘寺的钟声",这些文人雅士、外来游客的最爱在他笔下一闪而逝,真正让他留恋的,是世俗日常中流露的普遍深刻的生活美感。所以他带领我们在皇城人海之中"租人家一椽破屋",看"很高很高的碧绿的天色",听"青天下驯鸽的飞声",数槐树叶底"一丝一丝漏下来的日光",静对"像喇叭似的牵牛花(朝荣)的蓝朵"。这些都能体味到十分的秋意,而这种"意"才是郁达夫最为在乎的东西,因此牵牛花底下要有几根秋草,而这秋草还要疏疏落落、尖细且长,正是水墨花鸟画中的形象。

随后,"北国的槐树""秋蝉衰弱的残声""秋雨""北方的果树"渐次被写了出来,中间"着着很厚的青衣单布或夹袄的都市闲人"出现,将秋天北京的闲适

---

① 钱理群.名作重读[M].上海:上海教育出版社,2006:237.
② 易前良.悠悠的态度 颓唐的情调——《故都的秋》赏析[J].名作欣赏,2002(5):100.
③ 钱理群.名作重读[M].上海:上海教育出版社,2006:238.
④ 钱理群.品一品"故都"的"秋味"[J].语文学习,1994(7):16.

写得淋漓尽致,而"唉,天可真凉了——""可不是吗?一层秋雨一层凉啦!"的对话,看似无意义,实则是心灵的沟通。

纵览全文,《故都的秋》中,秋味是需要去品味的,而包括郁达夫在内的北京闲人则是品味这秋的人。二者在故都的文化背景中得到了融合,其结果既有作者开篇点明的清、静、悲凉,也有闲适、满足与从容。两向的情绪勾连在一起,就成了本篇文章的主题。这种悲凉之美实质上也是一种审美,正如孙绍振先生所说:"直面生命的衰败的感觉,启示沉思生命的周期,逗起悲凉之感,也是一种生命的感受……郁达夫却着意表现秋天的悲凉美,难道不可以说是一种审美情感的开拓吗?"[1]

《故都的秋》中描写果树丰收却不同于常人的有悲凉之意,因此,也有学者认为《故都的秋》是郁达夫缅怀爱子龙儿所作。1926年的《一个人在途上》写到父子欢乐,其中便有采摘枣子之事;1936年的《北平的四季》中更是直接写怀念北京最重要的原因就是龙儿。所以《故都的秋》的描写,有可能是情感的隐晦表达。"这种丧子之痛,这种物是人非之感,这种拳拳之爱,怎会不让人感到'特别地''悲凉'?"[2]

以上诸多说法都有其道理,均可自圆其说。

(二)艺术特色

1.结构特殊

《故都的秋》的结构是简单而特殊的。开头2个自然段引起全文,写重游北京的目的,即饱尝故都的秋味。从"不逢北国之秋"开始,作者着墨较多,着重描写故都的秋晨、秋槐、秋蝉、秋雨、秋果,将北京的秋天写得引人入胜。最后3个自然段则收束全文,或议论,或抒情,是对秋的依依不舍,也是对故都北京的留恋。"有些批评家说"的一段是作者的感叹,丰富了主题,把内容写得更加深刻。这一自然段看似使得文章结构松散,实则是作者自然而然的想法。《故都的秋》结构平实自然,层次分明,将个人对秋味的体会和印象明白晓畅地表达出来,如行云流水一般,很少雕饰,只充斥着深深的情思。这种文本结构,

---

[1] 孙绍振.《故都的秋》:悲凉美、雅趣和俗趣[J].福建论坛(人文社会科学版),2006(2):18.
[2] 黎宗泽.我读《故都的秋》当中的"特别地""悲凉"[J].学周刊,2013(10):208.

大致是起承转合的传统写法。在《故都的秋》中,总起部分是文章第1、2自然段,内容是"不远千里,故都尝秋";第二部分3～11自然段是故都五景;第三部分是第12自然段,即感怀;最后2段是南北对比,也即收尾。这4个部分分别对应"总起""写景""议论""总结"的起承转合。"文章'起'包容'合','合'遥接'起','承''转'传递,相互呼应。"①总写分写配合默契,互为照应,是《故都的秋》的长处所在。

也有学者认为:"《故都的秋》之让人言咏不倦的原因之一就在于它古诗诗法结构的引入,而其于作者或者不过是不经意的写作而已。"②可以从语法结构、意象组合结构、画面结构3个方面加以分析。

语法结构上,文章写景部分除评论牵牛花时的"我以为"外,再未出现第一人称代词。这种主语的省略使得每个读者在阅读文章的时候,都能够从自己的角度轻而易举地加以想象。由此出发所描绘的故都之秋,如"早晨起来,泡一碗浓茶,向院子一坐"或"脚踏上去,声音也没有,气味也没有,只能感出一点点极微细极柔软的触觉"等,因缺失了主语,让读者更加身临其境。

意象组合结构上,《故都的秋》描绘了四五幅画面,若将每一幅画面看作一个整体,那么这四五个整体的转换是缺少衔接的,类似梦境一般瞬息转换,或可称作是跳跃性的"蒙太奇"。这样的转换在"一层秋雨一层凉啦"之类的声音之中,自然而然地带来清、静、悲凉之感。不仅如此,每幅画面内部也是蒙太奇一样的组合方式,比如"碧绿的天色""驯鸽""一丝一丝漏下来的日光""牵牛花""秋草",虽然这些东西在现实之中有高下,但作者描写的时候并未设置强烈的顺序,因此其方位变换也具有极强的跳跃性,从而读者脑中形成类似《天净沙·秋思》一样的意象片段,最终构成一个完整的画面。

画面结构上,《故都的秋》形成了一种复沓结构。虽然每幅画面的景物不同,但在意象的色彩上,破屋、浓茶、天色、鸽子、树影、灰土、扫帚、蟋蟀、青色单衣等,都是冷色调;在意象的声调上,驯鸽声、扫街声都是渐行渐远,秋蝉声、秋雨声是逐渐衰弱,斜桥影里的人声"了"也是渐弱的。冷色调的世界里,渐弱的声音更让人有清、净之感。

---

① 王崇明.对《故都的秋》文本结构的重新认识[M]//代泽斌.流动的风景:"少教多学"的探索与实践.北京:中航出版传媒有限责任公司,2019:213.

② 王津.诗之散文 散文之诗——《故都的秋》之古诗式结构赏析[J].名作欣赏,2010(8):73.

2.写景独特

北京之于郁达夫,不仅是曾经的居住地,也是求索未成之地、满布回忆之处。1919年9月,郁达夫自日本归国,在北京参加招录考试,辛苦奔走几月却竹篮打水。彼时的郁达夫在这故都的秋中是飘零的。1925年夏天,郁达夫到北京探望妻子和孩子,10月又来一次。次年6月,龙儿在北京因病夭折,郁达夫再次来京,住到10月初。因此开篇的"我的不远千里,要从杭州赶上青岛,更要从青岛赶上北平来的理由,也不过想饱尝一尝这'秋',这故都的秋味"的千里奔赴与"尝",都带有极强的个人意愿与特色。

在这种个人意愿之下,《故都的秋》呈现出了别样细腻的描写。作者对周边景物的观察细致入微,感受真切自然。"从槐树叶底,朝东细数着一丝一丝漏下来的日光"等场景,若非亲临其境、善于体察,绝难以发现。不仅如此,作者还敏感地体察了秋的足迹,如槐花落蕊及其被扫除干净后"灰土上留下来的一条条扫帚的丝纹",使人见微知著。

总的来说,郁达夫有其独特的写景与造景手法。首先是比较法。文章中总有南北对比:"南国之秋,当然是也有它的特异的地方的,譬如廿四桥的明月,钱塘江的秋潮,普陀山的凉雾,荔枝湾的残荷,等等……比起北国的秋来,正像是黄酒之与白干,稀饭之与馍馍,鲈鱼之与大蟹,黄犬之与骆驼。"这些意境"色彩不浓,回味不永""只能感到一点点清凉,秋的味,秋的色,秋的意境与姿态,总看不饱,尝不透,赏玩不到十足"。其次是渲染法。文章首先创造的图景就是破院秋晨图。作者以交流的口吻把读者以"你"置于皇城中的"一椽破屋",再"泡一碗浓茶",看驯鸽、日光、牵牛花、秋草。视线上下,是一种无意识的随机过程性体验,就将故都的秋"特别地来得清,来得静,来得悲凉"的特点,在这样的"来得"中"饱尝"一番。

比较法与渲染法汇集到一起,便形成了本文最大的写景特色,即"由主观感受和客观描绘的统一而形成的和谐色彩感和画面美"①。文中以真实的笔触描写了自然的色彩,能在读者的脑海中形成非常直观的画面。郁达夫的文章中,秋天的自然与社会是紧密融合在一起的,而且这种融合是自然而然的,它们都具有不修饰、不矫揉的特点。郁达夫写景,往往用粗线条略一勾勒,充满

---

① 王树青.大学生审美[M].北京:北京理工大学出版社,2020:227.

留白,就将北平之秋生动形象地展现了出来。有主观色彩的文字亦是克制且点到为止的,但这种克制的表达正在细微之处影响了文章的情感走向:静谧安然的"清",深沉寂寥的"静",落寞萧条的"悲凉",都是故都的秋,只是不同的侧面。"很高很高的碧绿的天色"之下,这样静谧的、深沉的、悲凉的情感融合在一起,形成了一幅幽静深邃的图景,意境丰满,引人深思。

3.抒情自如

作为写景抒情散文,《故都的秋》的抒情与其写景紧密联系在一起,二者难以割裂。字里行间,读者能够体会到作者对北平之秋的亲切。这一情感隐匿在了许多独特的意象上。无论是"驯鸽",还是槐树叶底"漏下来的日光",文中的景物都是人人可见却又往往容易忽略的。郁达夫从潭柘寺的钟声、钓鱼台的柳影中捡起这些在胡同两旁、宅院内外的寻常景象,将自己的眼睛放置到千家万户之中,这样的秋意秋景自然而然地带有了人间的烟火气息。那种对故都景色的热爱、对北平风土的眷念、对故都的秋的缱绻,便与深沉而又真切的民族情感融为一体,成为整篇文章的底色。这种抒情的手法无疑是借景抒情,但作者很好地做到了情景的合二为一。如槐花落蕊的片段。作者写槐花"像花而又不是花",却又不写花在树上的样子,只写地面落花。那些在夜间悄然坠落在地上的槐花"铺得满地",无声无味,只给人"一点点极微细极柔软的触觉"。扫街的清扫之后,这柔软便消失了,但地上却又留下了"扫帚的丝纹"。目睹丝纹后,便又让人心生落寞。作者在"觉得细腻""觉得清闲"之余,又"觉得有点儿落寞",便是从这些细小的场景下自然而然地生发出的情感的联想,其落寞的感伤需要读者同样敏感的心去体察。

总体而言,作者敏锐地捕捉到了北平之秋的独特景象,寄寓了自己对北平的深刻眷恋之情。"作者对北国的秋有着特殊的感情,因而也有着特殊的敏感,他似乎更能领会秋意,更能寻觅到'秋'的足迹。"①文章开头点明了故都之秋的特点后,依次描写了故都的秋景。最后的3个自然段,对秋发表了议论,抒发了作者对北平之秋的喜爱,同前文的景物描写一道,分别间接、直接地抒发了感情,将秋日写得既有生机情趣,又有他自己所言的"清、静、悲凉"。

---

① 胡凌芝.情真意切故都秋——《故都的秋》赏析[J].语文学习,1984(7):39.

二、典型课例分析

《故都的秋》作为一篇经典散文，其语言特色、构思艺术、情感色彩均是中学生学习的重点，为进一步了解历年来《故都的秋》这一课文的教学情况，笔者搜集了10篇较为典型的教学课例，对其教学目标、教学重难点、教学内容、教学方法进行归纳梳理，以期结合具体案例深入解读该课文。表1是对10篇教学课例中的教学目标与教学重难点的梳理。

表1 10篇《故都的秋》教学课例中的教学目标与教学重难点梳理表

课例	教学目标	教学重难点
胡滨:《〈故都的秋〉课堂教学实录》,载罗代国:《言意统一的语文教学实践》,中国言实出版社2017年版	品味文章优美的语言,掌握方法,即主要抓住"绘秋"部分的3幅图景,帮助学生掌握品味语言的方法	教学重点: 在理清全文思路的基础上,学习、品味文章精妙传神的语言
童志国:《在品读"这一篇"中走近"这一位"——〈故都的秋〉教学设计》,《中学语文》,2022年第5期	1.在诵读中感受作品文辞的精美 2.能利用换词法、改写法、补写法等去理解文本准确的言语表达 3.通过还原法、知人论世等方法,体认与分享郁达夫"以悲凉为美"的个性化的审美情趣	教学重点: 梳理内容,厘清脉络;鉴赏语言,体悟情感
朱正茂:《中学语文感悟式教学法的探索与实践》,安徽师范大学出版社2020年版	1.赏析本文秋景,领悟作者文中流露的情感及借景抒情的写法 2.品味明白、晓畅、清丽的语言,提高语言鉴赏能力,掌握语言表达的一些技巧 3.学习借鉴本文紧扣文眼的选材,理解散文形散神不散的特点	教学重点: 引导学生分析故都的秋的特点,体会作者对故都之秋的赞美之情;学习本文情景交融的写法
朱诵玉:《我的常态语文:常态阅读教学经典案例研究》,安徽师范大学出版社2019年版	1.初级目标:诵读。诵读出情绪、气氛及对文章内容的初步了解 2.中级目标:欣赏。赏析作者笔下故都秋景的特点——冷色调与清净闲 3.高级目标:品味。品味作者写景的主观性及作者对"悲凉美"的偏爱	教学重点: 感知、欣赏文章文本,品味语言,体味情感 教学难点: 文章主旨探索;品味郁达夫写景的主观性及其对"悲凉美"的偏爱

续表

课例	教学目标	教学重难点
程红辉：《〈故都的秋〉课堂教学设计》，载张学忠：《元阅读理论与实践》，西南交通大学出版社2021年版	1.培养品读能力，品味语言，体会作品表达的思想感情 2.掌握散文寓情于景、以景显情的写作技巧 3.体会作者试图传递出的清雅绝俗的审美追求	教学重点： 通过品味散文语言，赏析故都的秋"清、静、悲凉"的意境 教学难点： 把握作者美与萧条淡泊、荒寒清远的意境的统一
粉笔教师：《极致试讲·语文（上）》，新华出版社2017年版	1.知识与技能目标：学生能整体把握课文内容，概括文中5幅秋景图，明确作者笔下故都的秋天的特点 2.过程与方法目标：(1)品味文章优美隽永、清新雅致的语言。把握文章低沉的感情基调，体会作者对故都深深的眷恋之情。(2)体会课文"形散而神不散"的散文特点，掌握文章以情驭景，以景显情，情景交融的写作手法 3.情感态度与价值观目标：学习美文，陶冶学生性情，提高审美鉴赏能力	教学重点： 了解作者笔下的"清、静、悲凉"的秋，体会作者抒发的对故都深深的眷恋之情 教学难点： 体会作者以情驭景、以景显情所创设的"物""我"之间完美融合的写作手法
于沛文：《〈故都的秋〉教学设计》，载卢卫东：《纯粹语文行思录》，东北师范大学出版社2017年版	1.知识与技能目标：学习作者调动多种感觉描绘景物的方法，透过景物描写，分析作者的主观感情 2.过程与方法目标：方法提点，学习鉴赏；分析文本，模仿写作 3.情感态度与价值观：发现散文里的"自我"	教学重点： 以情选景，分析细致景物描写中渗透的作者的主观感情；联系写作背景，理解作者秋情所系 教学难点： 美读文本，提炼信息；品析文本，深入阅读；学以致用，当堂表述
张麒麟：《〈故都的秋〉教学设计》，《语文建设》，2014年第5期	领悟故都的秋色与作者主观心情融合的特点	教学重点： 培养学生健康的审美情趣和审美能力 教学难点： 体会散文中情与景的交融

续表

课例	教学目标	教学重难点
陈晓翠:《〈故都的秋〉教学设计》,《中国教育技术装备》,2011年第31期	1.知识与技能目标:(1)学习本文以情驭景、以景显情的写法,培养学生有感情地诵读散文的能力;(2)品味本文语言,提高语言鉴赏能力及掌握运用语言进行表达的一些技巧 2.过程与方法目标:诵读、感悟、理解、讨论、鉴赏、仿写 3.情感态度与价值观目标:体会作者在山河破碎、内外交困的现实下,赞美自然风物的真情以及内心的忧思及落寞	教学重点: 引导学生对故都秋景的特点进行分析;掌握文章以情驭景、以景显情、情景交融的写法 教学难点: 鉴赏文章清丽、晓畅的语言,体会作者在景物的细致描写中渗透的主观感情
祝宇:《〈故都的秋〉教学设计》,《现代语文(教学研究版)》,2010年第6期	1.知识与技能目标:(1)感知作家独特的视角,领悟情景交融的表现手法;(2)引导学生对故都秋景的特点进行分析 2.过程与方法目标:(1)培养朗读感悟、品味揣摩语言的能力;(2)理解本文"主观情"与"客观景"的自然融合 3.情感态度与价值观目标:(1)体会作者内心的忧思及深沉的爱国之情;(2)品味语言,陶冶性情,提高审美能力	教学重点: 理解本文作者"主观色彩"的情与"客观色彩"的景的自然融合;学习以景显情、以情驭景的表现手法

(一)教学目标

通过梳理以上10篇教学课例中的教学目标,制成图1。

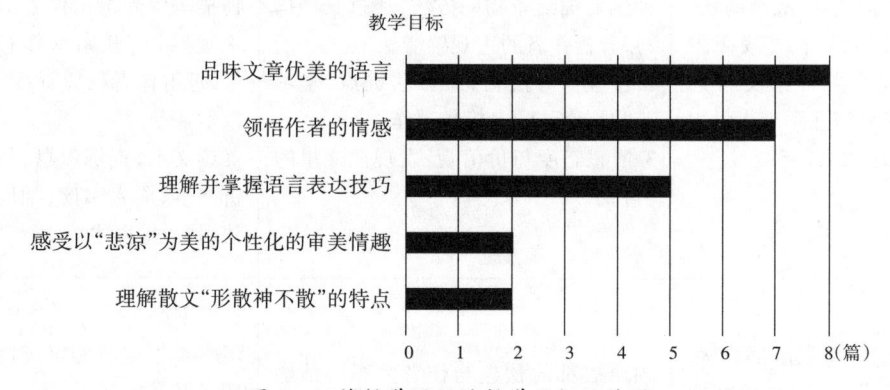

图1 10篇教学课例的教学目标统计图

结合表1和图1,可以发现10篇课例的教学目标主要侧重于3个方面。一是品味文章优美的语言;二是领悟作者的情感;三是理解并掌握语言表达技巧。10篇课例中有8篇将"品味语言"作为教学目标,可见教师们普遍意识到《故都的秋》作为写景抒情散文佳作的语言艺术成就,因而十分重视对文章语言之美的体味;7篇课例进一步要求学生领悟作品中的情感,即体会文章中作者表达的思想感情;5篇课例希望能使学生理解文本准确的言语表达,这都建立在对文章语言品味的基础上。课例中,大多数教师首先请学生朗读课文,而后以几幅秋景图的细致描绘引导学生自主感受。

10篇课例中,2篇将感受以"悲凉"为美的个性化的审美情趣作为教学目标,这2篇课例认为《故都的秋》的主题即悲凉,因此致力于使学生了解现在之悲凉与郁达夫之悲凉的不同,还进行了深入的文化探源。如童志国老师以"秋"为题目,引导学生阅读"万里悲秋常作客"等古代文学经典作品,归纳其意象,分析其情感,将"秋"主题作品分为悲秋与赞秋两类,确认《故都的秋》与传统的悲秋不同,具有独特的审美意味。此外,还有2篇课例希望通过对文章的阅读,理解散文"形散神不散"的特点。这与《故都的秋》独特的散文布局有关。在文章主体充分描写了北平秋景之后,文章结尾又加入了3段议论,论述"中国的秋的深味,非要在北方,才感受得到底"。课例往往通过反复的朗读与文本细读,希望学生自觉地领悟到文章形散而神不散的散文特质。

(二)教学重难点

通过梳理以上10篇教学课例中的教学重点,制成图2。

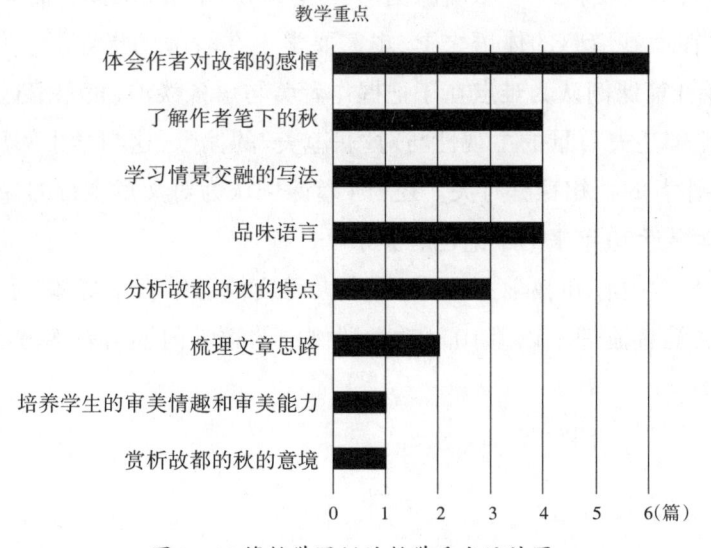

图2 10篇教学课例的教学重点统计图

结合表1和图2可以发现,教学重点与教学目标基本一致,教师们希望学生能够品味语言,了解作者笔下的故都的秋,体会作者的思想感情,只是各自有所侧重。万变不离其宗的是,对文本的细致阅读与讲解的主要目标在于培养学生的审美能力,而对相关段落的深入分析则是为了建立对文本的理解与相关手法的掌握。部分教师在讲授时,会有意引入时代背景,以凸显文章写作的具体动因,从而使学生更好地理解文章的"悲凉"。如陈晓翠老师希望在品味语言的同时,引导学生对故都秋景的特点进行分析,因此她从"清、静、悲凉"入手,请学生依次对作者描写的秋景进行反思,启发学生思考什么是"清"、什么是"静"、什么是"悲凉";进而,陈老师引入当代诗歌《我热爱秋天的风光》,将二者进行比对,在合作探究后,导入郁达夫独特的生活背景与人生经历,从而使学生更好地体会作者的情感。

　　有4篇课例希望通过学习《故都的秋》使学生掌握情景交融的写法,有1位老师进而希望能够培养学生的审美情趣和审美能力。如祝宇老师在精细讲解文章后,让学生模仿《天净沙·秋思》,用郁达夫《故都的秋》中的景物写一首小令。

　　教学难点方面,大部分教师认为,郁达夫情景交融的描写之体味与其完美融合的写作手法的学习是较为困难的。郁达夫的散文写作中,情感的表达往往不露痕迹,寥寥几笔便能勾勒出画面及其隐含的情感,这种微妙情感只能通过读者的敏感接收。因此10篇课例,大多有多次朗读或细读。而写作手法的学习建立在微妙情感的体悟之上,也需要学生在教师的指导下一步步模仿。另外,也有1篇课例认为难点在于把握作者美与萧条淡泊、荒寒清远的意境的统一,品味郁达夫写景的主观性与对"悲凉美"的偏爱,这与学生阅历尚浅、生活环境与作者的大相径庭有关。还有1篇课例认为对文章主旨的探索也是难点,这与学界近20年来的争论也有关系。

　　分析教学内容和教学方法,能够最大程度地总结教学经验、了解教学成效。因此,笔者梳理了以上10篇教学课例中的教学内容与教学方法,总结出表2的内容。

表2　10篇《故都的秋》教学课例中的教学内容与教学方法梳理表

课例	教学内容	教学方法
胡滨:《〈故都的秋〉课堂教学实录》,载罗代国:《言意统一的语文教学实践》,中国言实出版社2017年版	1.学生阅读文章,寻找作者思路 思秋、恋秋、绘秋 2.带领学生找出关键词语 清、静、悲凉 3.带领学生比较不同句式 4.引导学生思考作者对景物的选取,找出文章中的5幅图景:破屋秋色、街面落蕊、室内鸣蝉、桥头秋雨、庭院枣树 5.引导学生品味语言,体会具有深层含义的语句:如都市闲人的描写 6.学生诵读精彩文段	点拨法 朗读法 文本细读法 问答法 合作探究法 情景教学法
童志国:《在品读"这一篇"中走近"这一位"——〈故都的秋〉教学设计》,《中学语文》,2022年第5期	1.解读文题,预设伏笔 标题"故都的秋"中包含了哪些信息？为什么不能换成"北平的秋" 2.梳理内容,厘清脉络 梳理文本内容,找出5幅秋景图的描写对象、技法及其体现的情感;用文中的句子概括故都的秋的特点;思考北国之秋的呈现方式及其效果 3.鉴赏语言,体悟情感 赏析"北国的秋,却特别地来得清,来得静,来得悲凉"等句子,揣摩其中的情感 4.群文阅读,文化探源 阅读"悲哉,秋之为气也。萧瑟兮草木摇落而变衰"等古典诗词名句,辨析郁达夫在《故都的秋》中的情绪 5.辨析主旨,提升思维 引导学生思考,本文是对秋的赞歌还是悲歌 6.读写结合,小试身手 借鉴《故都的秋》"庭院晨观图"写景的方式,写一段200字左右的文字	点拨法 朗读法 问题讨论法

续表

课例	教学内容	教学方法
朱正茂:《中学语文感悟式教学法的探索与实践》,安徽师范大学出版社2020年版	1.创设情境,导入新课 提问学生这篇文章选用了哪些平常景物描写故都的秋,要求每个景物均带秋字 2.诵读感悟 (1)师生共读,读准字音,读懂词义 (2)提示学生,本文感情深厚,文辞优美,诵读时宜慢不宜快;直接述怀部分要读得意味深长 3.整体感知 (1)作者是如何描写秋花、秋蕊、秋蝉等景物的 (2)明确开头结尾两段的含义,前者指对北国之秋的向往,后者直接抒发对故都秋的眷恋 4.感悟重点 (1)作者为何不写香山、颐和园,只选取清静悲凉的景色?——借此抒发苦闷与忧愁 (2)本文为什么要插入对写秋诗文的议论?——创造一种文化氛围 5.感悟美点 阅读课文,圈出喜欢的句子并说明喜欢的原因;综合全文选取恰当的角度,评价文章 6.布置作业 整理写秋的诗文;以"秋"为中心词,拟标题写一段话	点拨法 朗读法 文本细读法 问题讨论法
朱诵玉:《我的常态语文:常态阅读教学经典案例研究》,安徽师范大学出版社2019年版	1.诵读环节 教师选段诵读,示范引导;学生自由诵读,初步感知;学生个别诵读,了解点拨 2.赏读环节 让学生谈文章的景致及景致的特点 3.品读环节 引导学生品味郁达夫写景的主观性及他对悲凉美的偏爱。	点拨法 朗读法 讲授法 问答法 文本细读法

续表

课例	教学内容	教学方法
程红辉:《〈故都的秋〉课堂教学设计》,载张学忠:《元阅读理论与实践》,西南交通大学出版社2021年版	1.导入 由中国文化中"层林尽染""寒江瑟瑟"的秋,引入《故都的秋》 2.识景 通过南国之秋和北国之秋的对比,观察北国之秋的特点、作者描写的图景 3.明法 找到内容最丰富的图景进行分析,朗读并体味 4.观志 联系作者生平,更深层次地理解郁达夫作品的特点 5.总结,布置作业 选择一处家乡的秋景,加以描写	点拨法 朗读法 问答法 文本细读法 问题讨论法
粉笔教师:《极致试讲·语文(上)》,新华出版社2017年版	1.诗情画意,情境导入 教师播放秋的图片,配乐朗诵秋的诗歌,引出课题 2.粗读课文,整体把握 师生合作,朗读课文,请学生思考作者主要从哪方面写故都的秋味;思考作者写了哪些秋景来表现秋味——秋院、秋蕊、秋蝉、秋雨、秋果 3.合作探究,品味秋味 小组讨论哪个秋景最有味道及其原因;教师引导学生多角度地欣赏文本之美 4.拓展延伸,明确写法 情景交融 5.布置作业 模仿《天净沙·秋思》,根据课文内容写一首诗歌	点拨法 朗读法 问题讨论法 情景教学法
于沛文:《〈故都的秋〉教学设计》,载卢卫东:《纯粹语文行思录》,东北师范大学出版社2017年版	1.课前预习 学生自主阅读课文 2.初步应用 听音乐写下联想到的与"秋"有关的事物 3.合作探究 诵读品析,鉴赏文本;概括景物,分析画面。(1)故都秋情;(2)故都秋景 4.总结升华 5.过关检测	点拨法 文本细读法 合作探究法 读写结合法

续表

课例	教学内容	教学方法
张麒麟:《〈故都的秋〉教学设计》,《语文建设》,2014年第5期	1.导入 教师从"看万山红遍,层林尽染""无边落木萧萧下"等诗句中引出"文学作品都是作者的主观感受和客观现实的结合体",导入《故都的秋》 2.作者简介 郁达夫生平,即幼年丧父、日本受辱、壮年牺牲等 3.写作背景 九一八事变后个人隐居,1934年辗转到北平 4.进行感受型朗读课文,体味文章的意境美 5.整体感知,思考问题 (1)郁达夫笔下"故都的秋"的特点是什么 (2)作为南方人的郁达夫,因为什么对北国的秋产生令人难以想象的情感呢 6.品读鉴赏(串讲重点部分3~11段) 根据课文描摹的景物,师生共同整合出5幅秋景图:破院秋色图(第3自然段)、落蕊秋意图(第4自然段)、秋蝉残声图(第5自然段)、秋雨话凉图(6~10自然段)、秋枣奇景图(第11自然段) 7.布置作业 同学们可以自己写一首诗来回味一下故都的秋味	朗读法 讲授法 文本细读法
陈晓翠:《〈故都的秋〉教学设计》,《中国教育技术装备》,2011年第31期	1.预习指导 初读课文;查找作者生平 2.导语设计 齐背杜甫《登高》,引入《故都的秋》 3.解题 "故都"在哪儿？为什么不直呼北平、北京？明确"故"字蕴含的眷恋之情 4.自主、合作、探究 (1)美读全文,整体感知 (2)鉴赏文章的画面美 (3)鉴赏文章结构的对称美 (4)品味文章语言的音韵美。学生自由诵读,读出自己喜欢的句子并尝试鉴赏 5.结语 本文通过对北平秋色的描绘,赞美了孤独的自然风物,抒发了向往、眷恋故都之秋的真情,流露出忧郁、寡淡的心境;故都的秋,是清静悲凉的中国历史文化精神的象征 6.布置作业 模仿《天净沙·秋思》,根据课文内容写一首小令	点拨法 朗读法 讲授法 情景教学法 合作探究法

续表

课例	教学内容	教学方法
祝宇:《〈故都的秋〉教学设计》,《现代语文(教学研究版)》,2010年第6期	1.创设情境,激趣导入 通过"春花(秋月)何时了"等古典诗词的填字游戏,引入秋天以其特有魅力吸引了文人墨客,导入现代散文《故都的秋》 2.探讨文本,厘清结构 (1)破题:"故都"北平,即现在的北京。作者为什么不称"北平的秋"而叫"故都的秋"呢 明确:"故"的"从前的""过去的"意思,从标题看出眷恋之情 (2)入题:在作者笔下,"故都的秋"呈现出什么特点 明确:清静悲凉 (3)理清思路 ①生齐读1~2段,说一说这2段主要写了什么 明确:南北对比,向往北国之秋 ②请同学们说说,3~10段具体写了哪些景物 明确:秋晨、秋槐、秋蝉、秋雨、秋果 ③请同学们找出这篇文章中的议论性的段落,说说其作用 明确:进一步赞颂北国之秋 ④齐读最后2段,明确内容 明确:与开头呼应,写对北国之秋的眷恋 ⑤合作研讨 <1>故都之秋,可写的景物很多,为什么作者不选取其他景来写呢 明确:紧扣"清静悲凉"的主题 <2>既然作者是为了描写北国之秋,开篇和结尾部分为什么又要写南国之秋 明确:以对比凸显北国 (4)讨论 作者将故都之秋,写得优美而又动人,却为什么会有"悲凉"之感呢 明确:作者的个人经历、社会背景、写作理念、传统文化因子决定 3.合作探究,拓展思维 关于这篇文章的感情基调,有2种说法,有人认为是悲秋,但有人认为是颂秋。说说你的看法 明确:一曲悲凉的颂歌 4.结合文本,迁移训练 模仿《天净沙·秋思》,根据课文内容写一首诗歌 5.作业:仿照《故都的秋》写一篇《××的秋》	朗读法 情景教学法 合作探究法

(三)教学内容

笔者总结了10篇课例的主要教学内容,如图3所示。

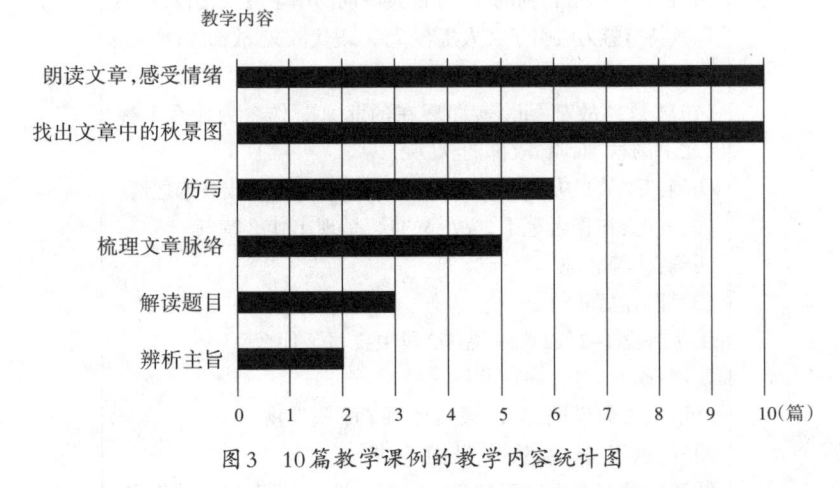

教学内容

- 朗读文章,感受情绪
- 找出文章中的秋景图
- 仿写
- 梳理文章脉络
- 解读题目
- 辨析主旨

0　1　2　3　4　5　6　7　8　9　10(篇)

图3　10篇教学课例的教学内容统计图

结合表2和图3可以发现,《故都的秋》的教学内容主要集中在以下3个方面。

第一,朗读文章,感受情绪。选取的10篇课例全部都对文章进行了至少一次的朗读。如朱诵玉老师在上课之初就自己选段朗读,给学生以指导示范;而后请学生自由朗读,最后由个别学生朗读,形成一种对文章的初步感知,继而在此基础上进行点拨。再如张麒麟老师,简单导入、介绍作者与写作背景后,就与学生一起感受性地朗读课文,感受文章的整体韵味;紧接着一段段地品读,在朗读中发现不同图景,进行针对性的讲解。这种朗读的目的在于感受文章的整体氛围,在朗读之中,学生能够感受到文字的流畅,形成一定的语言能力。这样的朗读是应当保存的。但是,部分教师的朗读仅仅是课程的一部分,未能有效地更深一步。

第二,阅读全文,找出文章中的秋景图。这一环节在朗读之后完成,如祝宇老师,请学生朗读文章之后,说一下每个段落分别写了什么;再如丁沛文老师,朗读文本之后,要概括景物,分析故都秋景的画面。胡滨老师也是如此。总的来看,尽管命名有差异,但老师们对《故都的秋》的图景概括大约都是5幅秋景图:破院秋晨图(第3自然段)、秋槐落蕊图(第4自然段)、秋蝉哀鸣图(第5

自然段)、秋雨话凉图(6~10自然段)、秋日枣树图(第11自然段)。这样的讲解自然是有其道理的,但目前课例中均未对5幅图景做一个大的整合,忽略了《故都的秋》实质上是一整幅动态图景的现实,将其割裂为一个一个的小部分或许并不合适。因此,可以做更进一步的修改。在概括图景的同时,教师往往让学生寻找最喜欢的句子或写得最好的句子,感受这样写的好处,以进行意境的品味与语言的鉴赏。

第三,仿写。有6位教师在课上或课下布置作业,要求学生从《故都的秋》出发,描写自己的心灵世界。如程红辉老师在课堂结束时,引入林清玄赏景的三重境界和王国维的"以我观物",请学生在下课后,选择一处家乡的秋景加以描写;再如祝宇、陈晓翠、粉笔教师均以《天净沙·秋思》为例,请学生根据课文秋景内容撰写《天净沙》。

纵观以上课例,可以发现《故都的秋》的教学模式存在着一定模式化的情况,教师们往往按照"导入—朗读—图景分析—情感分析—归纳总结"的思路授课,时常有"仿写"等模块掺入。这样的教学模式具有一定趣味性,但主要依赖于教师的个人魅力和课堂氛围的调动能力。

当然,除以上内容外,还有一些频次较低的内容。解读题目、辨析主旨分别有3篇、2篇课例提及。解读题目可以引发学生的兴趣,如童志国老师在课程伊始,便立即询问学生标题中包含的信息等,以此统摄课堂。辨析主旨是课程收尾,祝宇老师以合作探究的方式开展,以讨论的形式增进学生对课文主旨的理解。

(四)教学方法

总结10篇课例,教师们主要使用的教学方法频次如图4所示。

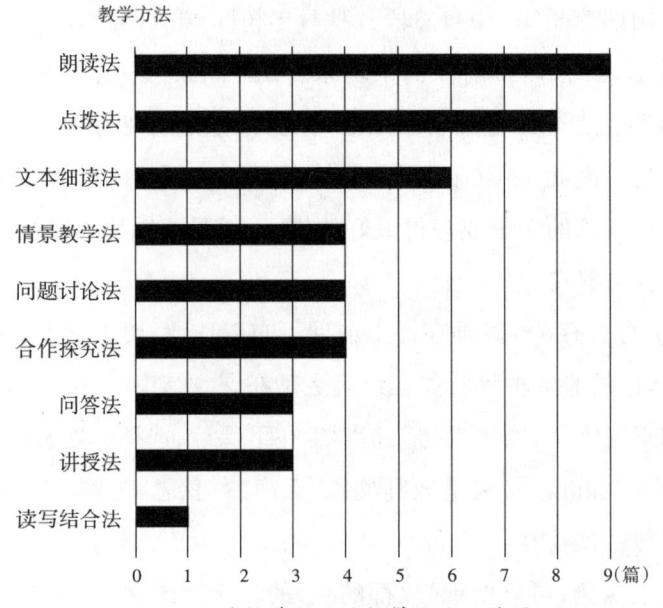

图4 10篇教学课例的教学方法统计图

综合表2和图4可见，几乎所有教师在授课时，都使用了朗读法和点拨法。教师们在教学方法的选择上考虑到了散文这一文体的特殊性，以文本的体悟式感受为主，充分发挥教师的点拨作用，达到了对散文文笔美与精神美的双重教育。6篇课例运用了文本细读法，注重散文字句的使用，尤其是在画面描绘上的精准使用。4篇课例运用了情景教学法，如于沛文老师充分利用了通感原理，在课堂开始之初播放音乐，并请学生写下与"秋"有关的事物。值得注意的是，老师们非常注重学生的主体能动性，分别有4篇课例运用了问题讨论法和合作探究法，有3篇课例运用了问答法，如朱诵玉老师多次请学生回答相关问题，并与学生一起探讨悲凉美的原因；祝宇老师非常注重学生之间的讨论，多次请学生进行小组讨论以启发各自灵感并激发学生的表达欲望。还有1篇课例使用读写结合法，让学生在阅读的同时进行仿写，以求掌握情景交融的写法。

综上所述，《故都的秋》是一篇写景抒情散文，讲授时，大水漫灌式的直接讲授不利于学生对相关情感的感受和写作手法的学习。因此，教师们较少使用讲授法，更多地注重在朗读与细读的同时，带动学生的主观能动性，让学生成为学习的主体，逐渐拥有体察细微情感的能力，并能够发现问题、回答问题。

三、基于课例分析的教学建议

(一)确定教学目标

根据前文对10篇课例的分析可以发现,10位教师紧跟语文课程标准的要求,紧抓语文课程"工具性和人文性相统一"的基本特点,同时结合文章的文体特征确定了教学目标。如张麒麟老师等遵循课程标准的要求,同时抓住了《故都的秋》写景抒情散文语言优美、思想深远的特点,围绕朗读、培养学生的审美情趣和审美能力、体会散文中的情景交融等教学目标。10位教师的教学目标大多做到了语文"工具性"和"审美性"的结合,此后的教学目标也当如此,不仅要把握课文内容,体会散文特点,感受作者情绪,也要能陶冶学生性情。

(二)确定教学重点

在上述课例中,大部分教师紧紧围绕教学目标,同时关注到了课文中的单元导读提示,将教学重点放在了引导学生朗读、分析故都秋景的特点、掌握情景交融的写法等方面上。如陈晓翠老师在教学中自解题开始就注重情与景的结合方式,从个别字词的选择上让学生感受作者对北京的眷恋情感,而后才进入景物分析。但是,《故都的秋》的授课对象是高中生,正处在世界观、价值观形成的关键时期,具备一定的辩证思考能力。因此,各位教师应当在美的感受之外,加入悲凉之美形成原因的介绍,这样才能够使学生最大限度地了解《故都的秋》与郁达夫的作者形象。

(三)选择教学方法

在教学方法的选择上,基本上所有教师都选用了朗读法,在不断朗读中体悟课文,在精读课文中深化学生对文本字句的理解。与此同时,教学过程中,教师能够根据学生的反应灵活设问,选用各种不同的教学方法,调动学生的学习热情,将课堂交给了学生。但是,运用情景教学法的课程设计较少。《故都的秋》所描绘的景色存在于80多年前,驯鸽、北京闲人距离普通学生有较远的距离,"一椽破屋"的"椽"更是学生丝毫未接触的领域。因此在讲授时,如果能够合理运用多媒体手段帮助学生身临其境,则可有事半功倍、置身其中的效果。

(四)选择教学内容

教学内容方面,教师们都可以依据散文的文本特征,围绕教学目标、教学重点选择内容,并能够自朗读开始带领学生感受文章的美感。但是教师们往往不对5幅图景加以整合,容易给学生造成割裂的感受。因此,教学应当更加注重文本的整体性,尤其是散文这一诗性文本整体的画面感。

(五)安排教学环节

10位教师都能遵循循序渐进的教学原则来合理安排教学流程:自导入开始,至整体美感,再到具体的画面构成分析、字句特点、写作手法,最终总结。这样的由浅入深、"总—分—总"结构的教学环节确实能够让学生体悟其美。但"悲凉"何以为美的问题被忽略了,这种深植于传统文化的悲凉美不是日本的物哀美,而是中华民族所特有的。因此,教学应适当地引入传统文化的熏陶教育。

四、教学设计参考

教学目标:

1.知识技能:学生能够概括5幅秋景图,明确郁达夫笔下故都的秋天的特点。

2.过程方法:品味文章优美的语言,体会郁达夫对故都的深切眷恋之情;掌握散文情景交融、以景写情的写作手法。

3.审美价值:体会传统的"悲秋"之美,陶冶学生的性情。

教学重点:

1.体会故都秋天"清、静、悲凉"的特点,领会作者深切的情感。
2.掌握作者以景写情、物我融合的写作手法。

教学难点:

感受以悲凉为美的创作与构思。

教学方法:

情景教学法、朗读法、讨论法、点拨法。

教学过程:

一、导入

"提到秋天,你能想到什么?"

(一)秋景视频

碧空、大雁、湖泊、秋山、落叶、红高粱、柿子树;北京秋天的香山、红叶、鸽哨……

(二)秋天的诗词

停车坐爱枫林晚,霜叶红于二月花。

多情自古伤离别,更那堪,冷落清秋节!

塞下秋来风景异,衡阳雁去无留意。

袅袅兮秋风,洞庭波兮木叶下。

…………

(设计意图:让学生回顾秋天的诗词,唤醒学生对秋天的多样印象。)

引出问题:我们对秋天的态度是怎样的?快乐,还是悲伤?郁达夫的《故都的秋》是什么情绪?

二、整体感知

(一)解题

"看到文章的标题,你有怎样的感受?"

"'故都'是指北平、北京,那课文题目用'北平的秋'如何?"

1.学生自由发言。

引导学生从字面上分析"故""都"与"故都":故,是旧、老,年代久远;都,是都城;故都是年代久远的破旧都城,而且是曾经的都城。这样的标题能够给人以历史的变迁之感。

(设计意图:标题是文章的眼睛,对标题的破解有助于加深学生的理解。)

2.播放背景音乐,学生自由朗读课文。

"读完这篇文章,你有什么样的感觉?"

学生自由发言。

"你觉得,故都的秋有什么样的特点?"

学生自由发言。

引导学生从课本中找到答案:"清,静,悲凉。"

"你觉得作者写得悲凉吗?为什么?"

(设计意图:郁达夫的悲凉之美是审美上的而非情感上的悲伤荒凉,这个问题的提出能够使学生更深入地了解美的多样性。)

3. 郁达夫写了故都的哪些景物?

跳读,查找,讨论,发言。

5幅画面:破院秋晨图、秋槐落蕊图、秋蝉哀鸣图、秋雨话凉图、秋日枣树图。

"这样的图景是怎么融合到一起的呢?你觉得是怎样的排列顺序?"

(设计意图:《故都的秋》的5幅图景是生活的5个片段,它们共同从属于寻常人的生活。构建一个完整的样态能够更好地统合,防止割裂。)

三、具体深入

分析文中写了哪些景物,这些景物有哪些特点,作者是如何描写这些景物的,从中体会作者的情感。

1. 破院秋晨图。

景物:一椽破屋、一碗浓茶、很高很高的碧绿的天色、青天下驯鸽的飞声、槐树叶底、一丝一丝漏下来的日光、牵牛花(朝荣)的蓝朵、疏疏落落的尖细且长的秋草。

作者偏爱蓝白色,即简单的不浓艳的冷色调。

寓情于景。

(设计意图:从细节上加深学生对文本的感知力,学习情景交融、寓情于景的写作手法。)

2. 秋槐落蕊图。

景物:满地的落蕊,"灰土上留下来的一条条扫帚的丝纹"。

作者偏爱的细腻、清闲、落寞、深沉。

3. 秋蝉哀鸣图。

景物:家家户户的蝉衰弱的叫声。

(设计意图:加强文本的前后联系,声音往往是叠加的。)

4. 秋雨话凉图。

景物:灰沉沉的天、凉风、雨、晴天、太阳、都市闲人、斜桥、桥头树底。

加入话剧《茶馆》片段,了解北京人聊天说话的语气;请班上同学模仿都市闲人聊天的样子:

"唉,天可真凉了——"(这了字念得很高,拖得很长。)

"可不是吗?一层秋雨一层凉啦!"

(设计意图:加深学生对秋天北京、北京闲人的认识。)

5.秋日枣树图。

景物:屋角,墙头,茅房边上,灶房门口,枣子树,显出淡绿微黄的颜色的像橄榄又像鸽蛋似的枣子颗儿,小椭圆形的细叶。

作者偏爱尚未全熟的枣与枣树,对这种中庸形态的偏爱与渴望,只因这中庸是青春与美好,充满着希望。

(设计意图:景物的描写是依托于具体环境的,需要加强学生对图景底色的认识,并从字里行间发掘作者偏爱的原因。)

6.重新回到问题:"这样的图景是怎么融合到一起的呢?"

《故都的秋》有一种时间上的重合和空间上的俯仰高下,引导学生将故都的秋形成一幅三维立体的生活图景。

四、情感体验

讲解郁达夫身世,提请学生联系时代背景进行分组探讨,而后请代表发言。

观点:

1.悲凉的心境。郁达夫是一个具有悲剧意识的艺术家,由于早年的经历与个人性格,他常感到虚无与孤独。而他又恰恰生活在一个动荡不安的年代,这更加深了他悲凉的心境。这样的心情、心境与故都独特的秋景交织在了一起,构成了"清、静、悲凉"的秋味。

2.传统"悲秋"文化。传统文化处处可见对秋天的咏叹,无论是赞颂还是惋惜,都出自对秋景、秋情的密切体验。作为国学功底深厚的学者,这样密切的体验在郁达夫心中留下了"悲秋"的种子,而且愿意将其扩展到全体人类、动物的共同心理:"有感觉的动物,有情趣的人类,对于秋,总是一样地能特别引起深沉、幽远、严厉、萧索的感触来的。"

3.平民视角。以往的秋景描写,往往着重于颐和园、西山等非常典型、看似大众的景色,而缺乏普通人日常可见、日日皆见的景物。郁达夫则另辟蹊径,选取平凡的破屋、槐树、驯鸽等平民寻常生活中的景物,构建出真正大众的、典型的故都秋景。

4.故都情结。"故都"之所以"故",自然是因为非现在、非此时。郁达夫身在杭州,对南方的秋有所不满,亦有对故都深切的怀念。这种怀念的情绪集中

寄托在对故都的秋的思念上,由此他才不惜一切北上,历经坎坷,重尝秋味。其钟情,可见一斑。

5.忧国情怀。郁达夫对祖国的热爱,体现在他一生的行迹之中。日本侵华后,他始终奔走在抗日救国的一线,并最终因此殉难。因此,《故都的秋》中作者所表现出的"清、静、悲凉"或许正是作者有感于国家命运而自然生发的情绪。

五、深入讨论

(一)议论性的文字在《故都的秋》中起到什么作用

明确:扩宽题材,深化主题。

(二)群文阅读

结合导入部分的诗词,完成对诗句意象、情感的整理与总结。并进一步思考:郁达夫在《故都的秋》中表现的情绪是悲还是颂?他的描写与古代的诗人有何不同?

明确:

总结部分可以表格的形式呈现,如下:

序号	诗句	意象	情感
1	落霞与孤鹜齐飞,秋水共长天一色。——王勃《滕王阁序》	…………	…………
2	晴空一鹤排云上,便引诗情到碧霄。——刘禹锡《秋词》	…………	…………

"悲秋"与"赞秋"之间,郁达夫更倾向于后者,但又有一些因秋而生的忧愁,因此他的《故都的秋》应是处在悲秋与赞秋之间、融两者为一体的。进而引入"悲凉"作为一种文化审美的作用。

六、课后作业

1.按照时代顺序,再次搜寻描写秋天的诗词,针对具体作品做深入阅读。

2.用情景交融的手法,写最喜欢的季节。

3.对比阅读《故都的秋》和《荷塘月色》,你更喜欢哪一篇?为什么?

(撰稿人:中山大学中文系,夏朝阳博士)

第十课 《荷塘月色》文本解读与教学设计

《荷塘月色》是朱自清的经典散文作品。《荷塘月色》发表于1927年7月10日,载《小说月报》第18卷第7期,署名佩弦。1927年国民党反动派发动了"四一二"政变,"白色恐怖"的阴影笼罩着全国。身为文人的朱自清内心充满了彷徨和愁苦,彼时的他在清华大学任教,住在清华园西院。为了排遣心中的苦闷,朱自清独自夜游清华园。面对美丽的月下荷塘,他不禁将自己的情思寄托在美景之中,创作了《荷塘月色》。《朱自清年谱》中记载道:"该文以'心里颇不平(宁)静'始,以'到底掂(惦)着江南'终,在写月色下的荷塘美景之中,婉曲地流露了因南方政局风云变幻而感到的苦闷和忧虑。全文结构精巧,描写细腻,语言优美,在艺术上获得很大成功。"①自《荷塘月色》发表以来,就不断地被各个时期的中学教材和散文选本选入,早已经在中国现代散文史上被经典化。本文以部编版高中语文教材必修上册收录的课文《荷塘月色》为基础进行文本解读与教学设计。

一、教学文本解读

(一)主题探讨

关于《荷塘月色》的主题,历来有两种不同的看法。

首先是情爱主题。持这种观点的学者一般不认可对《荷塘月色》的政治化解读,认为《荷塘月色》表现的只是朱自清个人的情感体验。例如杨朴从美人幻梦的角度分析道:"《荷塘月色》是朱自清的一种潜意识愿望的表现。朱自清以'荷塘月色'的幻梦似的描写,把潜意识中的美人原型和爱欲投射在了荷花的意象上,这就使荷花——《荷塘月色》成为朱自清潜意识愿望的象征。"②杨朴

---

① 姜建,吴为公.朱自清年谱[M].北京:光明日报出版社,2010:61.
② 杨朴.美人幻梦的置换变形——《荷塘月色》的精神分析[J].文学评论,2004(2):125.

认为从写实的角度去分析《荷塘月色》是一种误读,朱自清所描写的朦胧月色、曲折幽深的小路,都有着"幻梦性"的特点。他笔下的"荷花"象征着美人,"采莲"则隐喻着男女情爱,这些都反映出了作者潜意识的欲望。①倪浓水也如此说,他指出:"至于'月',则历来寓寄相聚、美满团圆或相思,而《采莲赋》和《西洲曲》的引用又明确暗示,荷莲与男女情事有关。"②这些解读不仅分析了朱自清笔下景物的独特性,还关注到了朱自清对文化传统的继承。此外,高远东从心理分析的角度出发,认为"文中触目可见的朵朵荷花、田田绿叶、缕缕清香、溶溶月色、隐隐远山等优美意象其实正是一个个隐喻和象征,由其组织的诗一样的意境也就成为一个有别于日常生活的心理的和象征的世界,那些优美意象背后自然隐含了作者的情感、精神、哲学"③。他认为,《荷塘月色》其实写的是朱自清以优美的自然景物以及古代传统文化来平息自我爱欲的过程,体现出了一种"日常生活的中和主义"④和"刹那主义"⑤的审美化人生观。⑥

其次是人生感伤的主题。持这种观点的学者一般都着眼于文中"这几天心里颇不宁静"的叙述,分析朱自清"不宁静"的原因,探究他的情感世界。如吴周文就结合朱自清所处的时代背景,指出"大革命失败以后,严酷的斗争现实使他陷入极度的苦闷和徬(彷)徨"⑦。也有学者认为朱自清的内心"不宁静"是源于家庭生活。例如封先勇就认为《荷塘月色》一文开头和结尾都出现了"妻"这个人物,作者写"妻"是有其用意的。他指出,"这绝不是如有些论者所说的写'妻'是为了烘托静谧的夜景,作者也绝不是对'妻'酝酿的静谧夜景报

---

① 杨朴.美人幻梦的置换变形——《荷塘月色》的精神分析[J].文学评论,2004(2):126-129.
② 倪浓水.《荷塘月色》情爱主题的叙事学证明[J].浙江社会科学,2008(1):116.
③ 高远东.《荷塘月色》:一个精神分析的文本[J].中国现代文学研究丛刊,2001(1):221-222.
④ "日常生活的中和主义":朱自清在1922年11月写给俞平伯的信提到了"日常生活的中和主义",即从日常生活细节入手,做到"既不执着,也不绝灭",使生活处处和谐。这种人生观在创作中则体现为:①情感适度,不怨不怒;②描写适中,柔美秀气;③语言温柔敦厚。——郭҆恒.论朱自清散文的"中和"之美[J].河南师范大学学报(哲学社会科学版),1989(1):69-71.
⑤ "刹那主义":朱自清在1922—1924年间写给俞平伯的信中,详细阐述了"刹那主义"的人生观。他认为,每一个人的人生历程都是由刹那组成,每一个刹那都有其独特意义和价值,人们应当认真地度过每一个生命的"刹那",使每一个"刹那"都和谐、健全。——段美乔.论"刹那主义"与朱自清的人生选择和文学思想[J].中国现代文学研究丛刊,2003(3):118-138.
⑥ 高远东.《荷塘月色》:一个精神分析的文本[J].中国现代文学研究丛刊,2001(1):222.
⑦ 吴周文.论朱自清的散文艺术[J].文学评论,1980(1):103.

以欣赏的口吻,而是对'妻'不能与自己感情共鸣的责备"①。在文中,"我"的内心世界,"妻"是浑然不觉的。作者对《采莲赋》与《西洲曲》的引用,体现了他对爱情的歌颂,也反映了他在现实世界的孤独。②也有学者认为朱自清内心"不宁静"是因为和父亲的紧张关系以及对故乡的思念。在《背影》一文中,我们已经细致分析过朱自清父子的关系,父子二人的关系在很长一段时间都比较紧张,朱自清多年未曾回家看望父亲。朱金顺指出:"开头所说'这几天心里颇不宁静',就是朱自清动了思乡之情,怀念他的父母、儿女和亲人。但是,时局的不太平,父亲的不理解,使他'颇不宁静'。"③以上分析从各个角度探索了朱自清内心"不宁静"的原因,皆能自圆其说,可供参考。

(二)艺术特色

1. 意象的匠心营造

(1)月亮意象

从《荷塘月色》的标题可以窥探出"月"是这篇文章的核心意象之一。自古以来,文人墨客都爱借"月"来抒发自己的情感。"月"在中国传统文化中多代表着纯洁、思念、团圆,如陶渊明的"皎皎云间月,灼灼叶中华"(《拟古·其七》);再如李白的"床前明月光……低头思故乡"(《静夜思》);又如白居易的"西北望乡何处是,东南见月几回圆"(《八月十五日夜湓亭望月》);等等。有学者指出:"在《荷塘月色》中,'月'是整个环境的背景底色,无论是月光下的荷塘,还是荷塘上的月色,都营造出了和谐、静谧的氛围,完美烘托出朱自清当时所思所想。"④朱自清由于"心里颇不宁静",因而渴望在柔和的月光下寻求宁静。当他一个人走在路上,在清淡朦胧的月色中,他"像超出了平常的自己,到了另一世界里"。朱自清仿佛暂时超脱了现实世界,来到了梦幻世界中,潜意识中的情感得以释放。他不禁感慨道:"一个人在这苍茫的月下,什么都可以想,什么都可以不想,便觉是个自由的人。"苍茫的月色,让他感觉可以尽情驰骋,由此生出了一种自由、喜悦的情绪。月光下的荷花"有袅娜地开着的,有羞涩地打着

---

① 封先勇.智者的孤独——对《荷塘月色》主题的再思考[J].中学语文教学,1998(9):14.

② 封先勇.智者的孤独——对《荷塘月色》主题的再思考[J].中学语文教学,1998(9):15.

③ 朱金顺.为何"这几天心里颇不宁静"——对《荷塘月色》的一点理解[J].语文建设,2002(7):27.

④ 王丽艳.从月意象探寻《荷塘月色》中作者的情感转向[J].文学教育,2019(7):60.

朵儿的；正如一粒粒的明珠，又如碧天里的星星，又如刚出浴的美人"。荷花如晶莹的明珠，闪烁的星星，娇羞的美人，这样的观感也带有梦幻色彩，可见作者内心的柔情。"叶子和花仿佛在牛乳中洗过一样，又像笼着轻纱的梦"，这一句不仅写出了荷花的柔美，也写出了月光的皎洁无瑕，体现了作者朦胧的情思以及对纯洁美的追求。"虽然是满月，天上却有一层淡淡的云，所以不能朗照"，云层的遮挡使得月光更为朦胧，也使得整个月下荷塘更为梦幻幽静。月光下的景物是静谧的，"这时候最热闹的，要数树上的蝉声与水里的蛙声"。"蝉声"与"蛙声"反衬了环境的安静，也勾起了作者内心的孤独、落寞之感。他感叹："热闹是它们的，我什么也没有。"而后作者"忽然想起采莲的事情来了"，从而感叹"这令我到底惦着江南了"。从中可以看出，"月"承载着朱自清对自由爱情的向往，对家乡的思念，对团圆美满的渴求。在文中，月色虚化了现实世界，作者由此进入一个梦幻缠绵的虚拟世界，含蓄地表达了内心的情思与渴望。

（2）荷花意象

除了"月"以外，朱自清在《荷塘月色》中还花了大量的笔墨来描绘"荷"这一意象，不仅描写了现实世界的"荷"——月光下的荷塘，还写了他想象世界的"荷"——《采莲赋》和《西洲曲》中的"荷"。在中国传统文化中，"荷"象征的是"出淤泥而不染，濯清涟而不妖"的君子品格。但在《荷塘月色》中，朱自清于"荷"中所寄托的情思则有所不同。如有学者指出，朱自清"时刻都在惦念着远在南方的朋友。和现在生活相比，他感到过去和朋友们一起过的那段'山乡山水'、'水乡梦乡'的日子，十分有味"[1]。1927年，朱自清被"四一二"的枪声扰乱了心绪，充满了迷茫与惶然。与此同时，其妻子武钟谦又有了身孕，家庭负担越来越重。面对苦闷的生活，荷花作为"南国之花"，在一定意义上也象征着江南水乡，自然也就承载着朱自清对往昔幸福生活的追忆与向往。在文中，朱自清提到《采莲赋》《西洲曲》，二者都描绘了江南人民自由自在的生活场景，与作者动荡不安的生存环境形成了强烈对比，使朱自清不由得想起了过去在白马湖幸福美满的生活。也有学者指出，朱自清"把潜意识中的美人原型和爱欲投射在了荷花的意象上"[2]。朱自清面对眼前的荷塘月景时，不禁将"荷"幻化为婀娜多姿、娇羞纯洁的美人。如文中"叶子出水很高，像亭亭的舞女的裙""又

---

[1] 陈孝全.朱自清传[M].北京：北京航空航天大学出版社，2008：80-81.
[2] 杨朴.美人幻梦的置换变形——《荷塘月色》的精神分析[J].文学评论，2004（2）：125.

如刚出浴的美人""袅娜""羞涩"等女性化的描写。"荷"的美人形象,激起了朱自清对爱情的幻想。于是他联想到了《采莲赋》和《西洲曲》,"妖童媛女,荡舟心许",少男少女们眉目传情;"低头弄莲子,莲子清如水",青年女子思念意中人的场面在作者脑中浮现,这些体现了他对美好爱情的向往之情。

2. 锤炼的语言

(1) 叠词的使用

朱自清在文中运用了大量叠词描写景物,如"弯弯"的柳树、"淡淡"的月光和云、"曲曲折折"的荷塘、"田田"和"层层"的叶子、"脉脉"的流水、"峭楞楞"的灌木等等。这些叠词形象生动地勾画出了各种景物的物态情貌,如在写荷叶时,朱自清先是用叠词"田田""层层",分别从平面和纵向两个维度写出了荷叶的茂密感;此外,他还用"脉脉"一词形容流水,既写出了流水无声无息的特点,又写出了流水含蓄缠绵的情味。朱自清采用叠词来修饰景物,将抽象的景物描绘得具体形象,如一幅静谧的画一般展现在读者面前。叠词的使用还使文章语言富有音韵美和节奏感。

(2) 动词的使用

在《荷塘月色》中,朱自清还运用了很多绝妙的动词。如"月光如流水一般,静静地泻在这一片叶子和花上。薄薄的青雾浮起在荷塘里。叶子和花仿佛在牛乳中洗过一样,又像笼着轻纱的梦"一句中,"泻"这个动词将静态的月光写得具有了流动之美;"浮"字的运用,不仅写出了薄雾轻柔的特点,还展现出了薄雾自下而上轻轻浮动的动态美;"洗"字写出了叶和花在月光与薄雾浸润中娇艳欲滴的情态,同时衬托出了月光的皎洁;"笼"字写出了荷塘在淡淡月光覆盖下所呈现出来的朦胧美。"泻""浮""洗""笼"4个动词用得十分精妙,营造出了静谧而唯美的意境。

3. 多种修辞手法的使用

(1) 比喻、拟人

"《荷塘月色》中运用了大量的比喻,喻体也是丰富多样,这些喻体的使用使作者所描写的荷塘景色美轮美奂、多姿多彩,合理、恰当地体现了语言的具象美。"[①]朱自清写景,往往比喻与拟人兼用,丰富了景物的描写。如"层层的叶子中间,零星地点缀着些白花,有袅娜地开着的,有羞涩地打着朵儿的;正如一

---

① 侯彬.美不胜收的《荷塘月色》语言与修辞[J].中学语文教学参考,2018(6):51.

粒粒的明珠,又如碧天里的星星,又如刚出浴的美人"一句中,朱自清用"袅娜""羞涩"2个拟人化的词语,将荷花娇柔的情态描写得淋漓尽致。随后连用3个比喻句,描绘了月光下的荷花景致。他将荷花比作"明珠",写出了荷花在淡淡月光下晶莹剔透的情状;后又将荷花比作"星星",写出了被绿叶包裹的花朵明亮闪烁的情景;最后将荷花比作"刚出浴的美人",写出了荷花洁净无瑕、婀娜多姿的美态。又如"树缝里也漏着一两点路灯光,没精打采的,是渴睡人的眼"这一句,朱自清将树缝中漏出的"路灯光"比作"渴睡人的眼",既形象地写出了灯光的暗淡,也流露出了内心的落寞。

(2)通感

通感又被称为移觉,语言学家张寿康认为,"'移觉'就是人们在描述客观事物时,用形象的语言使感觉转移,把人们某个感官上的感觉移植到另一个感官上,凭借感受相通,相互映照,以收到启发读者联想,体味余韵,用来渲染并深化诗文意境的积极修辞方式"①。朱自清在《荷塘月色》中,运用通感的修辞手法,将嗅觉、视觉感受转换为听觉感受,使抽象意义上的自我感受转化为具象化的描写,既抒发了自我情感,又能引发读者联想。如在"微风过处,送来缕缕清香,仿佛远处高楼上渺茫的歌声似的"这一句中,朱自清将嗅觉转化成了听觉,使香气和声音联系了起来,让读者调动自己的感官知觉,想象远处若有若无的歌声传来的情景,从而更好地感受荷塘中飘来的时淡时浓的荷香。又如文中"塘中的月色并不均匀;但光与影有着和谐的旋律,如梵婀玲上奏着的名曲"一句中,朱自清将本是视觉感受的"光与影"描绘为美妙动人的旋律,这种视觉和听觉的转换,赋予了读者丰富的想象空间,可以让读者从快慢舒缓的旋律中感受到荷塘月色明暗交织的朦胧意境。

二、典型课例分析

《荷塘月色》作为一篇经典散文,其主题表达、意象群落、语言特色和修辞手法均是中学生学习的重点。为进一步了解历年来《荷塘月色》这一篇课文的教学情况,笔者搜集了10篇典型的教学课例,对其教学目标、教学重难点、教学内容、教学方法进行归纳梳理,并结合具体案例深入解读该课文。

---

① 张寿康.文章丛谈[M].北京:知识出版社,1982:218.

表1　10篇《荷塘月色》教学课例梳理表

课例	教学目标	教学重难点	教学内容	教学方法
孔祥坤:《〈荷塘月色〉教学设计》,《中学语文教学》,2013年第9期	1.了解散文这一文体,特别是散文细读的方法 2.探究作者的情感(自由)	教学重点:文章景物描写的艺术 教学难点:主旨的探究	1.自由朗读课文 2.从关键句入手初步体察课义 3.小组研讨。首先,读第4自然段,细心体会作者的写景手法及意境表现方式;其次,用绘画和自己的语言描摹"月下荷塘图" 4.修辞手法的学习。学生分小组选择感兴趣的主题,如通感、比喻、叠词等进行学习,教师相机点拨 5.主旨探究。补充相关的资料,小组再读课文,讨论:如何理解课文中的"自由",是政治的自由还是伦理的自由	问答法 朗读法 文本细读法 合作探究法 点拨法
唐忠义:《〈荷塘月色〉教学设计》,《中学语文教学》,2013年第9期	1.体会本文的语言美、情韵美、意境美 2.鉴赏本文写景状物的艺术手法,触摸作者独特的心灵世界	教学重点:1.朗读指导 2.厘清作者的情感线索,体会作者的情感变化 3.文章艺术特色 4.情景交融的意境之美 教学难点:通过体会作者对"荷塘"的描写,感受作者独特的心灵世界	1.教师导入。播放流行金曲《荷塘月色》的旋律,导入课文 2.学生朗读课文,教师进行朗读指导并概括文章的语言美、意境美和情韵美 3.学生分别朗读和感受自己认为文中写得最美的句段,教师示范朗读并播放录音朗读,让学生沉浸于声情并茂的朗读,进一步体会散文的优美 4.让学生初步概括文章清新优美且富有抒情性的语言特点,根据作者的行踪和情感2条线索,梳理文章的结构 5.让学生依据背景资料,思考作者"心里颇不宁静"的缘由 6.赏读。学生回答2个问题:本文以"荷塘月色"为题的用意;文中围绕"荷塘月色",采用虚实结合的笔法集中描绘了哪几幅精彩的画面 7.分析修辞艺术。学生结合文中的句子,分析比喻、比拟、通感修辞的运用 8.结合文章中对《采莲赋》《西洲曲》的描写,让学生探究作者的思想感情	朗读法 文本细读法 问题讨论法 讲授法 练习法 情景教学法

续表

课例	教学目标	教学重难点	教学内容	教学方法
项香女:《〈荷塘月色〉"读议述"教学设计》,《语文建设》,2012年第21期	1.诵读,感知全文内容,欣赏朱自清的语言艺术 2.讨论,深入核心内容,走进朱自清的三重世界 3.描述,回顾重点内容,勾画荷塘月色图	教学重点:欣赏朱自清的语言艺术 教学难点:理解作者的精神世界	1.通过流行音乐《荷塘月色》的歌词导入新课 2.学生自由朗读课文,感受朱自清的语言艺术 3.学生分小组讨论,走进朱自清的精神世界。提炼朱自清颇不宁静的原因:一是家庭原因,二是时代社会,三是单纯地想散散心 4.学生讨论"六朝采莲"在文中的作用。教师点拨学生体会到朱自清心中的荷塘是一片自由的天地,也是人性自觉时代的象征,是充满了爱情的理想世界 5.师生共同点评学生基于对文本的理解并对文本进行再创造的作品。请学生自由表述,再现你心目中的荷塘月色	朗读法 合作探究法 文本细读法 练习法
罗春花:《〈荷塘月色〉"品读"教学设计》,《语文建设》,2012年第21期	1."情景交融"的表现手法 2.理解文章所蕴含的作者情感	教学重点: 1.学习文中"情景交融"的表现手法 2.体会作者在文中所蕴含的思想感情 教学难点: 作者情感	1.学生细读课文,理清作者思路。思考文章所写景象的观察点有无变化。若有,说说变化体现在哪里 2.学生品读课文,厘清情与景的关系。教师明确月下的荷塘的景物是明亮、欢快,荷塘上的月色的基调是暗淡、沉郁 3.探究情感和表现手法。学生自由轻松朗读第3自然段,体会这一段独白到底流露了朱自清怎样的心情 4.利用PPT展示当时的时代背景和作者的经历,点拨学生更好地了解作者的感情变化 5.课堂小结。总结本文的结构、思想感情和主要表现手法(情寓于景,情景交融) 6.作业布置。首先,任选校园中一处景物,参照第5、6自然段,写一段文字,要求做到情景交融;其次,在课外找2篇朱自清的散文阅读,进一步感受朱自清散文的特色	朗读法 问答法 问题讨论法 文本细读法 点拨法 练习法

续表

课例	教学目标	教学重难点	教学内容	教学方法
伍阳斌:《本色鉴赏 品悟真意——以〈荷塘月色〉教学实录为例》,《教育科学论坛》,2012年第3期	1.概括作者所记事件 2.梳理作者见闻感想 3.能够把握阅读的情感共鸣点	教学重点:作者所见 教学难点:1.作者所感 2.作者所想	1.学生概括朱自清在文章中记叙去荷塘散步的句子 2.学生根据文章语句,把作者在散步途中的所见、所感概括出来,在此基础上思考作者为什么内心"不宁静",文中写《采莲赋》《西洲曲》的用意何在 3.让学生从2个方面把握阅读的情感共鸣点。一是理解情感的缠绵与景色的朦胧相和谐,从而认识作者通过记事、描写,营造了情景和谐、飘忽虚幻的艺术效果。二是文章表达了人类的一种怎样的共同情感,教师引导学生从字里行间感受作者的失意、愁闷悲凉、不满、向往、淡然等情绪。引导学生理解这种情绪可能发生在我们每个人身上	问题讨论法 文本细读法
蒋芸云:《从写作的角度来教——〈荷塘月色〉教学设计》,《语文建设》,2012年第5期	1.感受文章的画面美、语言美、意境美 2.理解作者的情感 3.学习散文写作的方法	教学重点:1.关注描写的内容(具体细节) 2.了解内容的组织(细节的连缀方式)	1.介绍《荷塘月色》的写作背景 2.学生自读、齐读课文,了解本文的写作特点后,尝试口头描绘学校的某处风景 3.学生阅读课文,并找出文中各处的细节描写,理解作者感受与描写的细节、细节间的连缀方式以及文章的整体内容 4.学生自由阅读课文,探究文本的写作特色,体会作者的感情 5.教师指导学生理解细节描写,例如比喻、通感等艺术手法的运用,并启发学生如何运用到写作之中 6.让学生思考是否赞同删除文中对"六朝采莲""西洲曲"的联想,并说明理由 7.课后作业。写作的实战要求,想象你要描绘的自然景物(如学校园林),记下用来描绘它的细节——形状、色彩、声音、气味、引发的联想等	问答法 朗读法 文本细读法 情景教学法 练习法 讲授法

续表

课例	教学目标	教学重难点	教学内容	教学方法
郑萍:《〈荷塘月色〉教学实录》,《中学语文教学》,2020年第12期	1.把握文章的情感基调和语言节奏,学习情景交融的写作手法 2.准确理解文中所反映的作者复杂的情感	教学重点: 文章艺术特征 教学难点: 作者的思想感情	1.学生朗读课文,把握文章的大致内容 2.学生根据对文本特定情境的理解,为《荷塘月色》设计1幅插画 3.学生快速浏览课文,尝试将全文分为3个板块,分别提炼出表现作者心境的词句 4.教师讲解《诗经·蒹葭》的创作方法,学生根据示例,重新完成板块划分和作者心境词句的提炼 5.学生思考是否赞同"作者已经得到了宁静,或者是暂时寻求到了宁静"这一说法 6.学生思考讨论:作者为何在第6段最后一句中用了"热闹"一词?从修辞角度探讨他是怎么写"热闹"的,并谈谈在热闹之余的其他体会与思考,体味文章的艺术特征 7.教师呈现《一封信》的内容,同时讲解作者在荷塘月色特定情境中的内心情感 8.学生根据"虽然____,却____,所以_____;但我认为_____。"的句式,将自己阅读这篇课文的感受或思考写下来 9.作业布置:尝试从课文中选取情景交融的段落为课文拍摄插画,并选择熟悉的词牌名为文中的景物填一阕词,以期达到"画中有诗,诗中有画"的效果	朗读法 合作探究法 文本细读法 问答法 点拨法 问题讨论法 练习法 讲授法

续表

课例	教学目标	教学重难点	教学内容	教学方法
信金焕：《创设真实情境，触动生命体验——〈荷塘月色〉课堂实录和教学叙事》，《语文教学通讯·高中》，2020年第1期	1.理清文章的行文思路 2.学习文章的写作方法	教学重点： 1.文章的行文思路 2.写作指导 教学难点： 把握作者的情感线索	1.以感受《荷塘月色》的美为话题，导入新课 2.明确学习任务：学习《荷塘月色》之后，写一篇《校园月色》的拼车式作文 3.教师展示自己完成的开头与结尾，学生进行评价 4.学生朗读课文，画出并展示《荷塘月色》的行文思路图 5.引导学生找出课文中作者的行踪和情感2条线索。随后教师讲解课文的第3条线索 6.学生小组内部进行研讨，围绕"心里颇不宁静"构思《校园月色》的行文思路图，确定好每位同学要写的内容	朗读法 文本细读法 合作探究法 问答法 情境创设法 点拨法 练习法
何杰：《鉴赏景物描写，体会作者情怀——〈荷塘月色〉必修课单篇教学设计》，《语文建设》，2009年第12期	1.理解朱自清在文中表达的情感 2.鉴赏文中对荷塘景色的描写 3.体会朱自清的内心情怀	教学重难点： 1."这几天心里颇不宁静"中的"不宁静"的原因是什么 2.荷塘景物的描写特点是什么 3.为什么写完"荷塘月色"后又写到"六朝采莲"	1.学生研读课文前3段，思考朱自清去荷塘的原因 2.学生研读第4~6段，鉴赏作者对"荷塘月色"的描写 3.学生探讨为什么作者会想到六朝采莲，为什么会想到江南（照应前面"这几天心里颇不宁静"的探讨）	问题讨论法 文本细读法 讲授法 点拨法

续表

课例	教学目标	教学重难点	教学内容	教学方法
李奇:《朱自清和卖火柴的小女孩——再读〈荷塘月色〉教学设计》,《中学语文教学》,2014年第9期	1. 深入文本,品味优美的语言 2. 准确把握作者的感情脉络,理解作者在文中要表达的深层次感情 3. 深化对文中主题的理解	教学重难点: 1. 引导学生学会质疑,抓住文章中的矛盾解读课文 2. 文章中潜藏的两个世界(现实世界、虚拟世界)反映出的朱自清的内心世界和精神状态	1. 学生朗诵课文并回答:散文表达了朱自清什么样的情绪 2. 学生仔细研读课文,教师设置悬念。《荷塘月色》中的朱自清和安徒生笔下的某个童话有神秘的关联 3. 学生研读并讨论荷塘的两个"世界"。现实世界与虚拟的"月下荷塘"世界、"江南采莲"世界、"西洲曲"世界 4. 学生回忆《卖火柴的小女孩》,教师启发学生思考:小女孩不是在火柴点亮中看到温暖和幸福,而是现实的冷酷和生活的凄惨。同样地,引导学生理解体会出"月下荷塘"世界、"江南采莲"世界、"西洲曲"世界背后隐藏着朱自清怎样的辛酸苦楚与挣扎呐喊	朗读法 文本细读法 问题讨论法 对比阅读法 问答法 点拨法

(一)教学目标

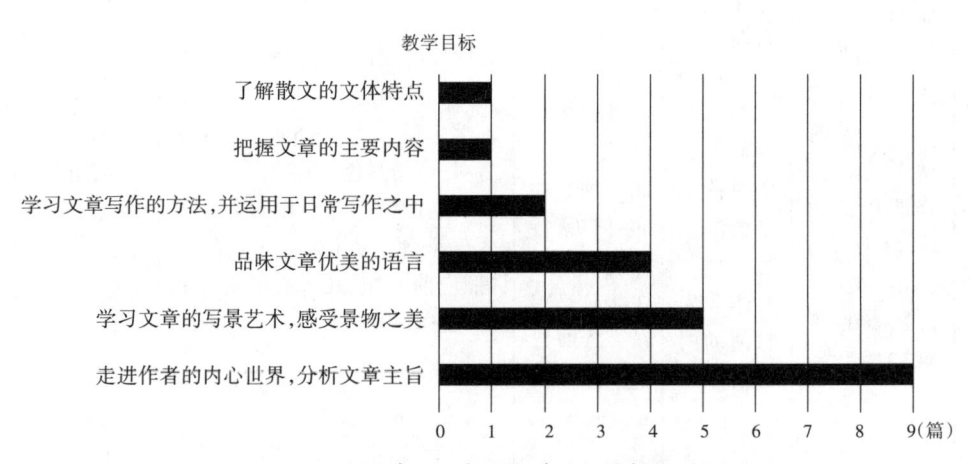

图1　10篇教学课例中的教学目标选择概况图

结合表1与图1,可以发现10篇课例的教学目标主要侧重于3个方面。一是走进作者的内心世界,分析文章主旨;二是学习文章的写景艺术,感受景物之美;三是品味文章优美的语言。除此之外,还有2位老师将"学习文章写作的方法,并运用于日常写作之中"作为教学目标之一。《荷塘月色》作为一篇写景名篇,其高超的艺术手法、生动优美的语言历来为人所称颂。而朱自清借助景物描写,展现出了复杂的内心世界,文章主旨内涵较为丰富。从教学目标的选取来看,大多数老师都关注到了《荷塘月色》的这些特点,围绕此来设定教学目标。

(二)教学重点

10篇课例中教学重点的选择如图2所示。

教学重点
- 写作指导: 2
- 朗读课文,体会文章的语言美: 2
- 体会作者的思想感情,理解文章主旨: 4
- 学习文章的写景艺术,鉴赏景物之美: 5

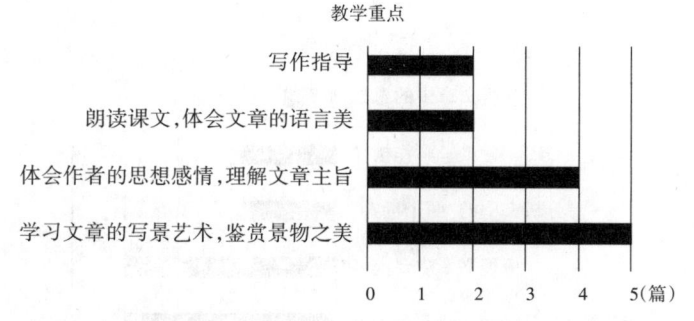

图2 10篇教学课例中的教学重点选择概况图

结合表1与图2,《荷塘月色》的教学重点与教学目标基本保持一致,主要有以下4个方面:一是学习文章的写景艺术,鉴赏景物之美。有5位教师将教学重点设置为讲解文中高超的写景艺术,注重引导学生品析文中主要的写景段落,学习文中巧用修辞、寓情于景等写作手法。二是体会作者的思想感情,理解文章主旨。有4位教师将此作为教学重点。《荷塘月色》一文描绘了朦胧的月下荷塘景色,体现了作者对美的理想的追求,也流露出了感伤的情调。作者究竟为何而感伤?作者的情感变化是如何的?作者为什么忽然提及《采莲赋》和《西洲曲》?这些问题都关乎对文章主旨的理解,也是学生较难把握的。三是朗读课文,体会文章的语言美。《荷塘月色》语言优美,文中大量使用了比喻、拟人等修辞手法,并巧妙地使用了叠词、动词,绘景生动,韵律感强,很适合朗读。部分教师注重从语速快慢、音节轻重以及语气强弱等方面指导学生朗读,同时引导学生分析文中叠词、动词的使用,从而体会文章清新优美的语言特点。另有2位教师将"写作指导"作为教学重点,指导学生将文中的写景手法运用到日常写作之中,做到学以致用。

(三) 教学难点

《荷塘月色》教学的难点主要有2个方面:一是引导学生理解朱自清心里颇不宁静的原因;二是如何讲述朱自清的"两个世界",即现实世界和想象世界,让学生理解这两个世界背后反映出的作者内心世界与情感状态。造成以上2个教学难点的主要原因是朱自清的情感表达比较含蓄,文中描绘的景物有着丰富的象征意义,学生较难通过此体察作者的内心世界。

(四) 教学内容

教学内容

教学内容	篇数
赏析文章中的意象	1
写作指导	2
分析文中的"两个世界"	2
梳理文章主要内容	4
朗读课文,品味文章优美的语言	4
思考作者"不宁静"的原因	5
讨论"六朝采莲"和《西洲曲》的作用	5
学习文章情景交融的写作手法	4
分析文章的修辞手法	5

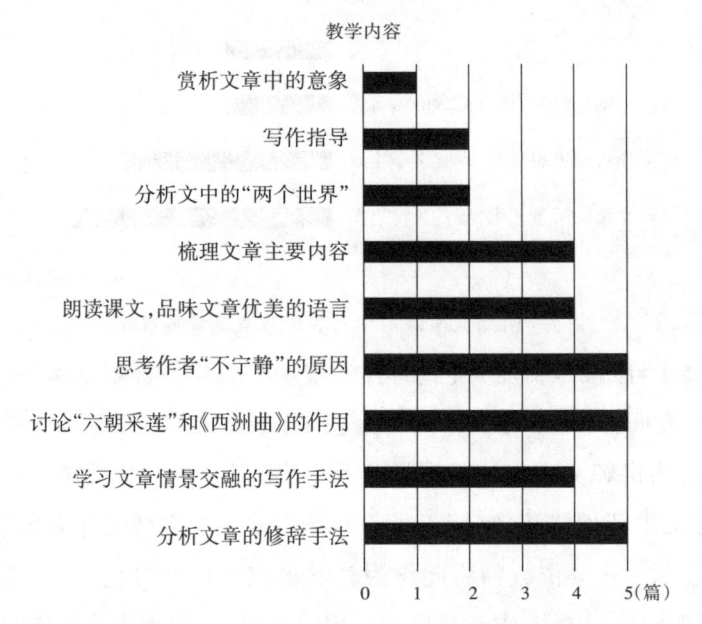

图3 10篇教学课例中的教学内容选择概况图

从表1与图3可以看出,《荷塘月色》这篇写景抒情散文的教学内容主要有以下6个方面。

一是分析文章的修辞手法。有5位老师在教学中注重对文章修辞手法的讲解。如蒋芸云老师在教学过程中带领学生鉴赏文章第4段等写景段落,分析比喻、通感等修辞手法,感受文章和谐朦胧的景物美。二是思考作者"不宁静"的原因。有5位老师抓住文章开头"不宁静"的表述,引导学生展开对作者情感的分析。如项香女老师就引导学生思考作者为什么会"忽然想起"荷塘,让学生认识到朱自清心里"不宁静"是因为受到了社会(大革命失败)、家庭(工作压力大、家庭负担重)的双重困扰,而"荷塘"这个自由的世界,给朱自清带来了抚慰与宁静。三是讨论文中"六朝采莲"和《西洲曲》的作用。有5位老师注重引导学生讨论作者在文中提及"六朝采莲"和《西洲曲》的用意。如伍阳斌老师让学生深入分析《采莲赋》和《西洲曲》中的句子,体会诗中所描绘的少男少女的自由生活,再结合作者当时的生存环境,感受作者对现实环境的不满,对自由、宁静生活的期盼。四是学习文章情景交融的写作手法。有4位老师注意引导学生探究文章中情与景之间的关系,体会文章情景交融的艺术境界。如罗春花老师注重引导学生分析文中的景物描写与作者情感变化之间的联系。五是朗读课文,品味文章优美的语言。有4位老师注重引导学生分析文章的写景段落,品味文章优美生动的语言。但这4位老师的切入点各有不同。总体看来,有2位老师将文章中的动词作为切入点,如郑萍老师在教学过程中引导学生分析"泻""浮"等动词的表达效果,体会月下荷塘的朦胧美。再有2位老师注意引导学生品味叠词的表达效果,如孔祥坤老师引导学生讨论"亭亭""蓊蓊郁郁"等叠音词的作用,体会文章清新优美的语言。六是梳理文章主要内容。有4位老师在教学过程中注意引导学生概括文章的主要内容。如伍阳斌老师在教学初始环节要求学生阅读课文,概括作者在散步途中的所见所感,让学生从整体上把握课文内容,为后面深入解读文本做准备。

除了以上较为集中的内容,还有3个占比相对较低的教学内容。有2篇课例将文中所描绘的"两个世界"作为分析作者情感的切入点。如李奇老师让学生把握作者生活的现实世界和文中描绘的虚拟世界这两个世界,引导学生依次欣赏文中柔美和谐的"月下荷塘"世界、自由欢畅的"江南采莲"世界与热烈缠绵的"西洲曲"世界这3个想象世界,分析作者在想象世界和现实世界之间的3次来回,体会作者脑中虚拟世界和充满束缚的现实世界之间的强烈反差,感受作者对现实生活的不满以及欲逃离而不能的无奈感伤。还有2位老师注意在教学过程中指导学生写作,如信金焕老师从写作的角度开展教学,让学生学习文章的精巧结构,理清作者的行文思路,指导学生进行写作构思。除此之外,只有何杰老师引导学生分析了文中频繁出现的"荷花"意象,体会作者对美好爱情的向往,理解作者"中和主义"的人生观。

(五) 教学方法

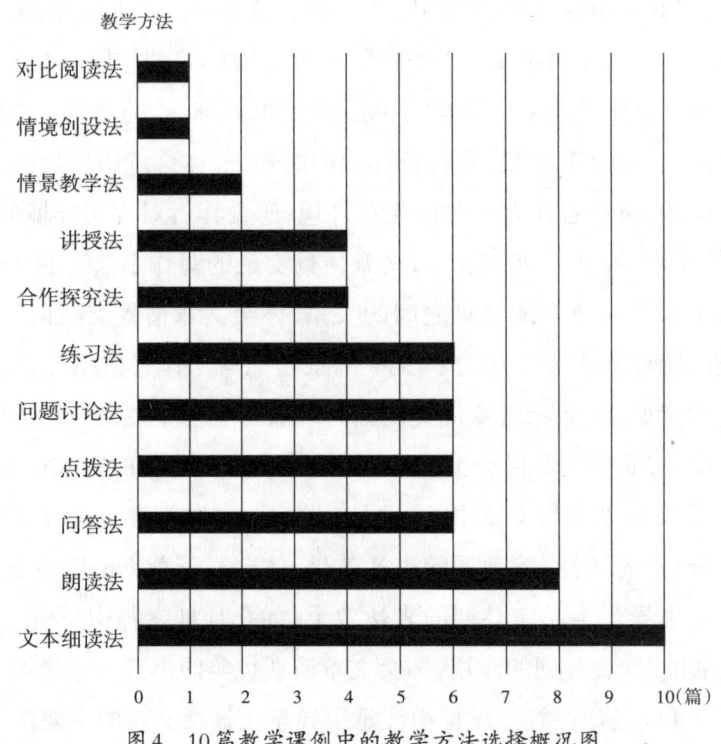

图4 10篇教学课例中的教学方法选择概况图

（柱状图数据，教学方法 — 篇数）：
- 对比阅读法：1
- 情境创设法：1
- 情景教学法：2
- 讲授法：4
- 合作探究法：4
- 练习法：6
- 问题讨论法：6
- 点拨法：6
- 问答法：6
- 朗读法：8
- 文本细读法：10

从表1和图4可见，10篇课例中所有老师在教学中都采用了"文本细读法"，引导学生细读文本，赏析文中的景物描写，品味文中的语言，从而体会作者的思想感情。有8位老师使用了"朗读法"，前文已述，《荷塘月色》中朱自清运用了大量叠词，兼以比喻、拟人等修辞手法，描绘了一幅月色朦胧、荷香缕缕的动人美景，而朗读是体会文章语言美，走进作者情感世界的良好途径。除此之外，老师们采用得比较多的教学方法还有"练习法""问答法""点拨法""问题讨论法"。有6位老师运用了"点拨法"进行教学，如郑萍老师用《诗经·蒹葭》中的"复沓"手法来点拨学生，引导学生关注文章中"忽然想起""于是又记起"等重复或近似的关键词句，据此将文章划分为1～6段、7～9段、10段这3个板块。也有6位老师让学生在课中、课后展开练习，巩固课堂所学知识。如罗春花老师让学生参考文章第5、6段的写景段落，选择任意一处校园景物，运用文中的写作技巧，写一篇不少于300字的文章。还有4位老师采用了"合作探究法"，如孔祥坤老师在教学中让学生以小组为单位，结合补充的背景资料，探讨文中提到的"自由"是属于政治的还是伦理的,让学生自由阐述观点,充分尊重学生的独特阅读体验。

此外,还有2位老师运用了"情景教学法"。例如唐忠义老师通过播放音乐《荷塘月色》导入课文,这样既能让学生迅速集中注意力,又能激发学生的学习兴趣。另有1位老师运用了"对比阅读法",如李奇老师指导学生对比阅读《荷塘月色》和《卖火柴的小女孩》两篇文章,以此让学生理解作者隐藏在"现实世界"和"想象世界"背后的复杂情感。信金焕老师在教学时采用了"情境创设法",她在开课之初创设了小组拼车式作文的情境任务,让学生带着写作任务学习《荷塘月色》,掌握文中的写作手法。

三、基于课例分析的教学建议

《荷塘月色》属于部编版高中语文教材必修上册第七单元,学习该单元,"要关注作品中的自然景物描写和人生思考,体会作者观察、欣赏和表现自然景物的角度,分析情景交融、情理结合的手法;还要反复涵泳咀嚼,感受作品的文辞之美"[1]。另外,教材针对该课文的阅读教学,给出了"重点学习作者如何写景,如何在景物描写中自然地融入感情,以及如何通过比喻和通感来激发读者的联想和想象"[2]的学习提示。基于此,将"品味文章优美的语言"与"学习文章的写景艺术,感受景物之美"作为《荷塘月色》的教学目标是符合单元教学要求的。再者,《荷塘月色》是一篇情景交融的抒情散文,文中的景物凝聚着作者独特的情感体验,并关涉对主旨的理解,是一大教学重点。因此,教师可以考虑将"走进作者的内心世界,体会作者复杂的思想感情"作为教学目标之一。

从教学内容的选择上来看,大部分教师注重引导学生品味文章优美的语言,分析文中比喻、通感等修辞手法的运用,以提升学生的语言运用能力及写作能力。高一阶段的学生对比喻、通感等修辞手法以及情景交融的表现手法并不陌生,因此,在《荷塘月色》的教学过程中,教师可以充分调动学生的学习

---

[1] 中华人民共和国教育部.普通高中教科书 语文 必修 上册[M].北京:人民教育出版社,2019:105.

[2] 中华人民共和国教育部.普通高中教科书 语文 必修 上册[M].北京:人民教育出版社,2019:111.

经验,引导他们自行鉴赏文章的主要写景段落,分析文章高超的写景艺术。对作者情感世界的分析是重要的教学内容,也是教学难点所在。目前大多数教师都会结合背景资料,从社会、家庭两方面引导学生分析作者"心里颇不宁静"的原因,但目前较少有从心理分析的角度去体会作者缠绵的情思,对"月""荷"意象的分析是不够的。《荷塘月色》中朱自清的情感表达是比较含蓄委婉的,文中景物有着丰富的象征意义。对这篇散文主旨的理解,目前也没有形成统一的定论。因此,教师不妨引导学生从多元的视角进行解读,从而丰富学生的思考。

再者,鉴于《故都的秋》与《荷塘月色》属于同一单元的写景抒情散文,且都是情景交融的典范。教师在讲解《荷塘月色》时,可以采取对比阅读法,让学生通过对比这两篇文章在写法以及情感表达上的不同,把握文章的不同特色,深刻体会郁达夫和朱自清的独特情感。

四、教学设计参考

教学目标:

1.朗读课文,品味文章清新隽永、优美动人的语言。

2.欣赏文中所描绘的荷塘月景,学习文中的修辞手法,体会情景交融的写景艺术。

3.细读课文,鉴赏文中的"月""荷"意象,体会作者的情思。

教学重难点:

分析"月""荷"意象,体会作者的情思。

教学方法:

朗读法、问答法、文本细读法、合作探究法、对比阅读法。

预习要求:

了解朱自清的生平经历;阅读课文,尝试概括每一段的主要内容。

教学过程:

一、第1课时

(一)导入新课

同学们,你们还记得朱自清吗?(学生自由回答)在之前的学习中,我们领略了朱自清笔下的春景,感受了他与父亲之间的深厚情感。那么今天,让我们再一次走近朱自清,欣赏他外出散步时的所见所闻所感。

(二)整体感知,把握文章主要内容

1.让学生朗读第1自然段,思考:你从中可以获得哪些信息?

明确:从这段话可知,作者因为"心里颇不宁静",所以外出夜游荷塘以舒缓心情。

2.让学生快速阅读全文,思考:作者夜游荷塘,分别去了哪些地方?请找出作者的行踪路线。

明确:作者行踪:家中院子—小煤屑路—荷塘—回家。

(设计意图:引导学生抓住作者的行踪线索,整体感知课文内容。)

(三)研读文本,分析作者的所见所感

1.让学生聚焦文章第1~3自然段,分析作者在"家中院子—小煤屑路"期间的所见所感。

(1)作者家中的院子是什么情况?作者为什么突然想起了荷塘?

明确:在院子里已经听不见墙外孩子们的欢笑声,妻子在屋里轻声哄闰儿睡觉,周遭是安静的。作者想起荷塘的原因是"心里颇不宁静",而柔和的月光勾起了他外出寻求宁静的想法。可见,朱自清是有意识地想要从现实世界中抽离出来。

提问学生:作者为什么会觉得"心里颇不宁静"?请结合相关背景资料展开思考。

相关资料:①1927年,"四一二"反革命政变爆发,社会动荡不安,"白色恐怖"笼罩全国。

②近年来为家人的衣食,为自己的职务,日日地忙着,没有坐下闲想的工夫;心里似乎什么都有,又似乎什么都没有。——朱自清《哪里走》(1928年2月)

③朱自清与父亲关系紧张,一度引发家庭矛盾。朱自清的妻子武钟谦虽与他相处和睦,但她文化水平不高,在很多时候无法在精神层面上与丈夫产生共鸣。

由此可以看出,造成朱自清心里"不宁静"的原因是多方面的,既有来自社会的,也有来自家庭的。

(2)作者走上的小煤屑路是什么样的?(预设学生回答:曲折、幽僻、阴森。)作者又有什么样的感受呢?可用原文中的词句回答。

明确:原文:①没有月光的晚上,这路上阴森森的,有些怕人。今晚却很好,虽然月光也还是淡淡的。

②我爱热闹,也爱冷静;爱群居,也爱独处。像今晚上,一个人在这苍茫的月下,什么都可以想,什么都可以不想,便觉是个自由的人。

③这是独处的妙处,我且受用这无边的荷香月色好了。

在清淡朦胧的月色下,朱自清走在曲折幽深的小路上,仿佛暂时超脱了现实世界,走向了意识的深处。整个环境是静谧的、梦幻的,作者潜意识中受到压抑的情感得到了释放,由此生出了自由、愉悦的情绪。

2.让学生聚焦文章第4~6自然段,分析作者在荷塘的所见所感,鉴赏景物之美,体会作者的情感。

(1)来到心心念念的荷塘,作者主要欣赏了哪些景色?

明确:月下荷塘(第4段)—塘上月色(第5段)—荷塘四周(第6段)。

(2)你们认为哪处景色最美?请参考示例,以小组为单位选择一处最喜欢的景色进行鉴赏,分析朱自清是怎样写出景物之美的,其语言有何特点。(提示:可从修辞手法、叠词、动词入手。)

示例:

①"曲曲折折的荷塘上面,弥望的是田田的叶子"中"曲曲折折"形象地描绘出了荷塘的形貌,"田田"则写出了荷塘茂密的情态。

②"层层的叶子中间,零星地点缀着些白花,有袅娜地开着的,有羞涩地打着朵儿的;正如一粒粒的明珠,又如碧天里的星星,又如刚出浴的美人。"一句中,作者用"袅娜""羞涩"2个拟人化的词语,将荷花娇柔的情态描写得淋漓尽致。他将荷花分别比喻为"明珠""星星""美人",写出了月色下荷花的晶莹、闪烁和妩媚。

③"微风过处,送来缕缕清香,仿佛远处高楼上渺茫的歌声似的。"一句中运用了通感的修辞手法,作者将嗅觉转化为听觉,将香味与声音联系起来,使读者不禁想象远处若有若无的歌声传来的情景,从而更好地感受荷塘中飘来的时淡时浓的荷香。

在学生汇报时,提问学生:作者将荷花比作"亭亭的舞女""刚出浴的美人",请联系之前学过的关于"荷"的诗词,思考其中蕴含了作者怎样的感情。

预设诗词:

①出淤泥而不染,濯清涟而不妖。——周敦颐《爱莲说》

②制芰荷以为衣兮,集芙蓉以为裳。——屈原《离骚》

③江南可采莲,莲叶何田田。——汉乐府《江南》

朱自清从小就接受了古典文化的熏陶,也是一名新诗诗人。在传统文化中,"荷"拥有高洁之姿,象征着纯洁的品质,而荷花作为"南国之花",也象征着江南水乡。"莲"与"怜"同音,古人常用"莲"表达怜爱之意。月光下朦胧的荷花景色,勾起了朱自清内心的情思,他将荷花比作"舞女""美人",透露出了他心中的爱怜之意。

(3)让学生归纳总结文章的修辞手法和语言特点。

(4)让学生齐读第4～6自然段。

(设计意图:引导学生根据作者的行踪逐步分析他的所见所感,培养学生细读文本的能力。)

二、第2课时

(一)课堂导入

上节课,我们初步领略了朱自清从家中院子到荷塘期间的所见所感,欣赏了荷塘月色的美景,学习了比喻、拟人等修辞手法的妙用,品味了文章优美动人的语言,初步感受了作者寄寓在景物中的感情。这节课,让我们进一步深入体会作者的复杂情感。

(二)研读课文,深入分析作者的情感

1.提问学生:作者笔下的"月下荷塘"有何特点?(预设学生回答:优美、朦胧、宁静。)那么,(PPT出示清华园荷塘的实拍图)现实中的清华园荷塘是否和作者笔下描绘的一样?(学生:不一样。)那么这是为什么呢?请同学们自主思考,可与同桌互相讨论。

明确:夜色幽深,只有淡淡的月光轻柔地洒照在荷塘上,使得荷塘仿佛"笼着轻纱"一般,增添了梦幻的色彩。在文中,月色笼罩在景物之上,虚化了现实世界,作者由此进入一个梦幻缠绵的想象世界,含蓄地表达了内心的情思与渴望。

2.作者是否完全沉浸于自己所营造的安静和谐的"月下荷塘"世界？他得到了心灵的宁静吗？

明确：原文：①树色一例是阴阴的,乍看像一团烟雾;但杨柳的丰姿,便在烟雾里也辨得出。

②树梢上隐隐约约的是一带远山,只有些大意罢了。树缝里也漏着一两点路灯光,没精打采的,是渴睡人的眼。

③这时候最热闹的,要数树上的蝉声与水里的蛙声;但热闹是它们的,我什么也没有。

树色是"阴阴的,乍看像一团烟雾","树梢上隐隐约约的是一带远山,只有些大意罢了"。作者通过对阴影的描写,对景物形态的勾勒,写出了景物的层次,体现出了月光的隐约美。同时也可看出,作者的情感从欢愉转向了寂寥、落寞。"蝉声"与"蛙声"反衬了环境的安静,也勾起了作者内心的孤独,引发了作者对家乡的思念、对爱情的渴求。

3.教师播放"六朝采莲"的视频以及"西洲曲"的音乐,出示相关背景资料以及作者的生平经历。小组讨论：作者为什么会突然提到《采莲赋》和《西洲曲》？

资料链接：①梁元帝《采莲赋》：赋中描写了颇为热闹风流的"江南采莲"世界,当时的少男少女大大方方地"荡着小船",脉脉传情,无拘无束,随意洒脱。

②《西洲曲》：本是描写女子对心上人的思念,此处用来表达作者对江南的怀念,对爱情的渴求。

③朱自清曾长居扬州,时常和夏丏尊、俞平伯等志同道合的好友相聚畅饮。其作品《白马湖》有言："离开白马湖是三年前的一个冬日。前一晚'别筵'上,有丏翁与云君。我不能忘记丏翁,那是一个真挚豪爽的朋友。"

提示：朱自清因感到孤独而升起思乡之情,借《采莲赋》和《西洲曲》两首南朝诗歌,描绘了自在热闹的"江南采莲"世界和温柔缠绵的"西洲曲"世界,表达了对充满束缚的现实世界的不满以及对家乡的思念,而《采莲赋》和《西洲曲》都关乎男女爱情,体现出作者对爱情的向往。

至此,我们可以发现作者描绘的"月下荷塘"世界、"江南采莲"世界和"西洲曲"世界,这3个虚拟世界和朱自清充满束缚的现实世界形成了鲜明对比,表现出了他对自由的向往、对爱情的渴求、对家乡的思念。

4.文章末尾,"妻已睡熟好久了"一句有何意味?

明确:①照应开头关于妻子的描写。自始至终,作者外出寻找荷塘的行为,以及其婉曲深邃的内心世界,妻子是浑然不觉的。作者笔下的"荷塘月色"是一种对现实的抽离。

②点明作者已回归现实世界,无论想象中的世界多么美好,朱自清都保有一分清醒和理智,享受却不沉迷,这体现了朱自清"中和主义"的人生观。

(设计意图:引导学生阅读相关资料,分析文章的重点语句,从而深刻体会作者复杂的思想感情。)

(三)对比阅读《故都的秋》,体会朱自清、郁达夫的情感世界

1.请同学们结合所学知识,开展小组讨论,完成表格的填写。

篇名	主要景物/意象	意境氛围	作者情感
《故都的秋》			
《荷塘月色》			

2.小组代表汇报,师生共同总结。

篇名	主要景物/意象	意境氛围	作者情感
《故都的秋》	破屋、牵牛花等冷色调景物	清、静、悲凉	浓郁热烈
《荷塘月色》	"月""荷"意象	静谧、朦胧、和谐	平淡适度

3.对比阅读小结:尽管郁达夫、朱自清二人所描绘的景物不尽相同,其所营造的意境氛围、在景中寄寓的感情也不相同,但是他们都在景物描写的过程中抒发了自己独特的个性化情思,在景与情的交融中获得了心灵的解放。

(设计意图:将两篇同是情景交融的文章展开对比阅读,深化学生对二人情感以及情景交融手法的理解。)

(四)布置作业

1.完成《学习指导用书》。

2.选择一处自己的灵魂栖息地,运用所学习到的写作方法对其进行描绘,注意要融入感情,不少于300字。

(撰稿人:赣南师范大学文学院,吴泰松博士)